MINERVA現代経営学叢書⑰

日中合弁企業のマネジメント
―技術・資金・人的資源―

兪 成 華 著

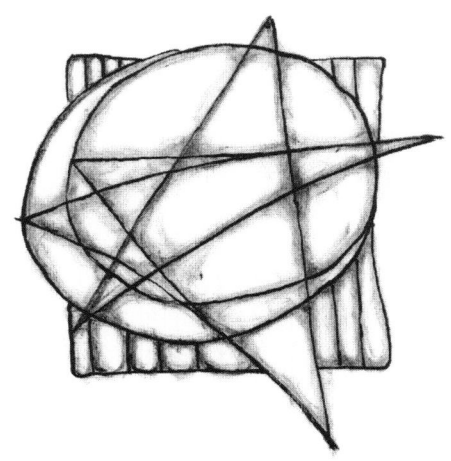

ミネルヴァ書房

日中合弁企業のマネジメント
——技術・資金・人的資源——

目　次

序　章	日中ジョイントベンチャーとは何か…………………	1
1	問題提起………………………………………………………	1
2	本書の目的…………………………………………………	3
3	本書の構成…………………………………………………	4

第1章	日本企業の対中直接投資と役割………………………	7
1	中国経済発展の概観と日本企業の対中直接投資…………	7
2	中国経済発展と日中ジョイントベンチャーの役割………	43

第2章	ステークホルダー・マネジメントの定義づけ…………	51
1	ジョイントベンチャーに関する定義………………………	51
2	日中ジョイントベンチャーに関する定義…………………	64
3	ステークホルダーに関する定義……………………………	70
4	明らかにならなかった課題…………………………………	79

第3章	ステークホルダー・マネジメントを捉える理論………	81
1	日中ジョイントベンチャーを捉えるフレームワーク……	81
2	戦略選択とステークホルダー・マネジメント……………	93
3	持続的な関係形成における信頼の役割……………………	99
4	ステークホルダー・ネットワークにおける中心性………	104

第4章	形成と発展に関する実証…………………………………	107
1	対象を選ぶ理由と特徴………………………………………	108
2	データの収集方法……………………………………………	111
3	福建富士通信息軟件有限公司………………………………	113
4	東南（福建）汽車工業有限公司……………………………	135
5	日立（福建）数字媒体有限公司……………………………	156

目　次

第5章　成長プロセスにおけるインプリケーション………… 183
　1　事例から発見した事実………………………………… 184
　2　マネジメントの考察…………………………………… 195

終　章　日中ジョイントベンチャーの実態と今後の課題…… 209
　1　ステークホルダー・マネジメントの実態…………… 210
　2　今後残された課題……………………………………… 213
　3　日中ジョイントベンチャーの転換期………………… 214

参考文献…… 219
あとがき…… 245
索　　引…… 249

序　章
日中ジョイントベンチャーとは何か

本章は，本研究が何を解明しようとしているのかという問題を提起して，その研究目的を明らかにすると同時に，本書の全体構成を明らかにするものである。

1　問題提起

中国が「経済改革・対外開放」に踏み込んだのは，1978年末である。わずか30年ほどの間に，「安くて豊富な労働力」の輸出生産拠点から「世界の工場」に一変する。また，中国の外資をテコにした急速な経済成長が国民の生活水準の向上による高度な消費生活をもたらし，膨大な需要を喚起することによって，「巨大な市場」を期待されるものになってきた。2000年ごろから，それぞれの立場で中国の未来像に関する議論である「中国脅威論」も，「中国好機論」も，日本を含む世界各国間で広がった。そこで21世紀の現在，同地域の経済大国である日本と中国の関係が好ましい方向に向かい，産業・企業が相互に深く係わり合うことが不可欠なことはいうまでもない。そして，この30数年間に積極的に中国に進出した日本企業が，今後の日中間を実り豊かにする主要な担い手として活躍していくことが期待される。まさに，日本企業の中国へ

の進出がますます増加する現在，その足跡を振り返り，次の時代を展望していくことが不可欠になっていると思う。

また，中国は 80 年代の当初から多くの産業分野の国産化を意識した。特に軍需産業を優先できた中国は，家電，バイクなどの民需用の消費財の部門では，外国との技術の差が大きく，外国企業からの技術導入に積極的に取り組んできた。そこで家電，バイクは日本が得意分野とするものであり，日本企業が技術を支援することになった（関，2003）。90 年代になって，当時の最高指導者であった鄧小平の「南巡講話」を発表された時，それまで技術支援をしていた日本の企業が一斉に資本参加し，合弁に切り換えてから，日中合弁企業が，急増している。本書では日中合弁企業は「日中ジョイントベンチャー（Joint Venture）」という表現を用いている。合弁は外国の企業が中国に進出する最も重要な方式となった上で，外国の資本・技術導入をしながら，製品技術・生産管理ノウハウが現地企業に移転・波及し，中国の急速な経済成長と産業発展に寄与していた。換言すれば，合弁は中国の改革開放政策の牽引力の役割を果たしていた。

2001 年 12 月 11 日に，中国が WTO の一員になった。これに伴って中国経済の開放が一段と進むことが期待されている。特に，中国の輸入関税が段階的に引き下げられることが予想され，中国の国内市場も新たな局面を迎えていくことになろう。中国国内では，外資企業，ジョイン

---

(1) 鄧小平の「南巡講話」とは，1992 年に武漢，深圳，珠海，上海を視察し，改革開放の堅持と経済成長の加速を呼びかけた講話である。当時中国の中では姓「資」姓「社」論争（中国は社会主義なのか資本主義なのか）がおきていた。そこで鄧小平は改革開放に反対する保守派の主張を牽制し，改革開放政策のさらなる発展を述べた。そして，この「南巡講話」を契機にして，改革開放に拍車がかかり，中国は高度経済成長を見せるようになった。

トベンチャー，中国ローカル企業との競争が，すでに始まっている環境の中で，まず投資環境はどのように変化しているか，日中ジョイントベンチャーは，どのような目標や動機でいかに進出しているか。次に中国国内には，輸入の最高級品，ジョイントベンチャーの製品，そして急速にレベルを上げているローカル製品という大きく3種類の製品が流通することことになる。特に急速に製品レベルを上げているローカル企業に対して，中間レベルの日中ジョイントベンチャーは，どのように自らの強みを発揮し，存続・発展しているか，経営を順調に展開している日中ジョイントベンチャーは，自らを取り巻く中国の環境において，その成功要因が，どのようなものであるかを理解しなければならない。その意味では，ジョイントベンチャーに対する研究は，研究者にとっても実践的な経営においても，より重要になっている。

2　本書の目的

本研究の目的は，ジョイントベンチャーの成長過程に注目して，親会社，競争相手，顧客，ジョイントベンチャー，政府，地域の他に存在する多数のステークホルダーを考慮に入れ，成長の各段階においてこれらのマネジメントとダイナミックな関係変化のプロセスを解明する理論の構築などを試みることである。そのために急速に発展してきた中国経済環境の中に，日中ジョイントベンチャーのそれぞれの目標や動機を追求しつつ，中でも急速に競争力を上げているローカル企業に対して，日中ジョイントベンチャーは，どのように自らの強みを発揮しつつ，存続・発展しているか，日中ジョイントベンチャーの成功要因は何かを実証的に研究する。とりわけ，日中ジョイントベンチャーが成長・発展してい

く過程におけるステークホルダー及びそのマネジメントという点に焦点を絞り，いかにしてこれらのステークホルダーとの関係をダイナミックに構築していくかを，組織間関係論とステークホルダー理論により考察するものである。

3　本書の構成

本書は全7章から構成され，図0－1が本書の構成を図式化したものである。以下，各章の概要を説明する。

序章では，問題提起，研究目的および本書の全体構成を明らかにする。

第1章では，中国政府が1978年12月に「経済改革・対外開放」という政策を打ち出してから今日まで3度にわたって到来した「対中直接投資ブーム」に分けて，統計データを用いて，時代ごとのマクロな中国経済発展の特徴を明らかにし，日本企業の対中直接投資及び日中ジョイントベンチャーが果たした役割について検討する。

第2章では，先行研究を通じて，日中ジョイントベンチャーの分析枠組みを構築するための準備作業を行う。具体的には，ジョイントベンチャー，ステークホルダーに関する既存研究を中心にレビューし，これまでに重要であると議論されてきた成果について再検討する。その結果を踏まえ，既存研究の問題点を指摘する。

第3章では，第2章での先行研究レビューを踏まえ，既存研究の問題を解答するため，中国の経営環境で資源依存パースペクティブをもとに，資源重要性，協力可能性，信頼，ネットワーク中心性という概念を取り入れて，日中ジョイントベンチャーの成長プロセスにおいて，日中ジョイントベンチャーとステークホルダーとのダイナミックな関係形成・強

序　章　日中ジョイントベンチャーとは何か

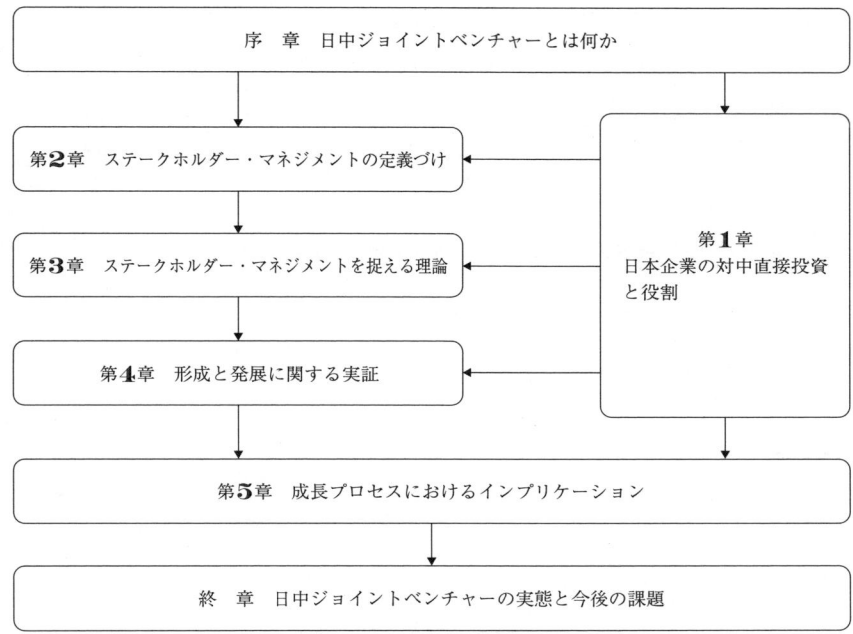

図0-1　本書の全体構成

出所：筆者作成。

化・拡大を分析する枠組みの構築を試みる。

　第4章では，第3章で提示された分析枠組みをベースに，3つの日中ジョイントベンチャー事例を取り上げて分析する。まず，これらの事例を選んだ理由，事例に関するデータの収集方法について説明する。つぎに「福建富士通信息軟件有限公司」「東南（福建）汽車工業有限公司」「日立（福建）数字媒体有限公司」という3つの会社がいかに形成・発展してきたのかを，時間の流れに伴い，段階に分けて外部環境の変化を対応していくための必要な経営資源を分析する。経営戦略を転換していく中で，重要なステークホルダーである親会社・顧客・地方政府・競争

5

相手・サプライヤー・組合との関係構築，信頼による関係の強化，ネットワークの形成による関係拡大という側面から考察していきたい。

　第5章では，第4章で取り上げた事例分析から引き出した発見事実について記述・説明し，これらを第3章の分析枠組みも合わせて考察していきたい。

　終章では，本書の結論と今後の研究課題・展望について述べる。

第1章
日本企業の対中直接投資と役割

　本章では，中国が1978年12月に打ち出した「経済改革・対外開放」政策の実行過程における経済政策・法制度の変化，国家戦略の転換について記述・説明し，統計的な資料を用いて中国のマクロ経済発展を分析する。この背景の中で日本企業から中国への直接投資の流入の推移とその特徴を概観する上で，時間の流れに沿ってそれからの直接投資により日本企業が中国経済発展プロセスにおいて，いかなる重要な地位を占めているのかについて明らかにする。最後に対中直接投資の主要な形態である日中ジョイントベンチャーの役割を検討していきたい。

1　中国経済発展の概観と日本企業の対中直接投資

　中国の政府は1978年12月に「経済改革・対外開放」政策を施行してから，経済政策・法制度が時間の経過に伴い，修正・変化していくと同時に，中国の経済発展も成長と停滞を繰り返していることが見られた。これを合わせて日本企業の対中直接投資も中国の経済発展変動の波と同様に変化しながら，いく度かの「中国ブーム」が起こった。本節では，中国の経済発展における日本企業の進出特徴も検討していく（図1－1）。

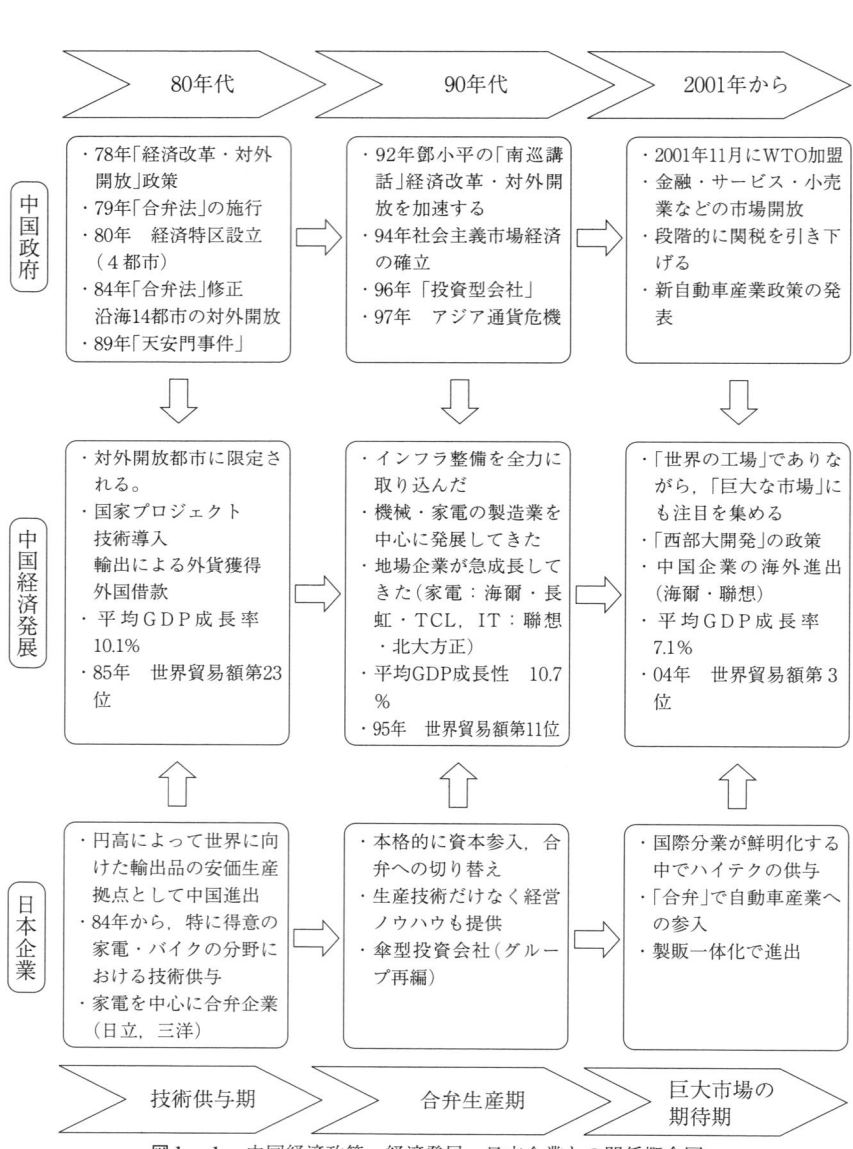

図1-1　中国経済政策・経済発展・日本企業との関係概念図
出所：筆者作成。

第1章　日本企業の対中直接投資と役割

中国経済発展の概観

中国は1978年12月の第11期中央委員会第3回全体会議で打ち出した「経済改革・対外開放」政策の始まりにおいて，経済成長の目標として90年代末までに国内総生産を4倍に拡大させることを宣言した。その目標を達成するために，農業改革，国有企業改革，税財政改革，行政改革など種々の制度改革に取り組んだ（柯，2005）。そこで社会主義の大前提である従来の計画経済に替わって，市場メカニズムが機能する市場経済と競争原理を導入し，経済成長を求めていた。中国政府は「中国の特色の社会主義市場経済」を全面に打ち出した。すなわち，中国では政治制度が共産主義のままで，経済体制が資本主義と社会主義のハイブリッド経済である。

2004年まで右肩上がりの中国経済（国内総生産：GDP）は過去26年間にわたり，年平均9.0％の高い成長を成し遂げてきた。一人当たり国内総生産も1979年の417元（151ドル）から2004年の9,073元（1,096ドル）までに増加した（World Bank, 2004）。同時に国際貿易も，輸出は1979年の137億ドルから2004年の4,382億ドル，輸入額は157億ドルから4,128億ドルにそれぞれ拡大し，2004年の国際貿易総額は初めて1兆ドルを突破し，日本を抜いて米国，ドイツに次いで第3位となった。

しかし，図1－2で示すように，世界の対中直接投資の投資件数・契約金額・実行金額の推移をみると，中国経済発展は，決して順風満帆に進められてきたわけではなく，成長と停滞を繰り返していた。特に「経済改革・対外開放」の早期において，さまざまな経済政策・法制度そのものは，最初から明確な制度設計に基づいて実行されたものではなく，試行錯誤しながら進められてきたものである。「経済改革・対外開放」政策の性格上，制度や各経済部門間の調整があまりうまく機能しなかっ

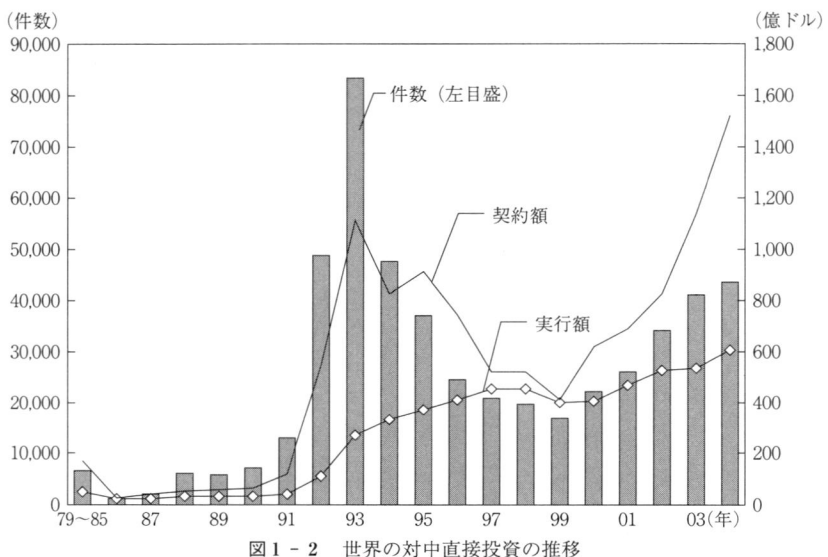

図 1 - 2 　世界の対中直接投資の推移
出所：(財) 日中経済協会編『データで見る中国経済と日中経済関係』2005年。

たから，外国企業から経済政策・法制度が一貫性の欠如と不透明さを指摘されてきた。さらにグロバールな舞台に置かれて，国内の要素だけでなく，国際的政治・経済の動向からの影響にさらされた。特にこの現状は，1997年のアジア通貨危機以降，顕著になってきた。

ここでは，これらの要因の影響を分析して，中国の経済発展は，①80年代の沿海部に開放からスタート，②90年代市場経済の本格化，③21世紀の初めの世界経済との一体化に区切って記述・検討していく（図 1 - 1 ）。

沿海部の開放から
スタート（80年代）
1978年12月18日から22日にわたって開催された中国共産党11期中央委員第3回全体会議いわゆる「三中全会」（中国共産党の党大会）において，それまでの革命

路線から中国経済の国内改革及び対外開放路線への転換が決定された。これは、その後の中国の「経済改革・対外開放」政策の出発点となり、文化大革命の失脚から返り咲いた鄧小平の新時代の幕を開けたといわれている。

　中国政府は、経済改革において農村部の土地改革・郷鎮企業の改革と都市部の工業国有企業の改革を同時に進めてきた。まず、改革政策は農村部から始まった。毛沢東時代の人民公社(1)を解体し、生産責任制の導入によって、農民をその束縛から解き放った。いわば、土地の公有制の下で、農民に土地の経営権を与えた。収穫の一定量を国に収めれば、あとは自由に売買できるようになったことで、農民の意欲を引き出し、自由市場が発達した。農民の収入は増大し、農村経済の発展に結びついた。

　農村改革と併行する形で、国有企業についての改革も「放権譲利」（後述）と「鼓励競争（競争原理の導入）」を中心として、各地で実験的に進められ、今日の国有企業改革に繋がる流れが打ち立てられた。当初この改革は、「三中全会」に先立つ1978年ころから一部の地域で試行されたが、その成功を踏まえ、1979年7月には、国務院（最高国家行政機関）によって「国営工業企業の経営管理自主権の拡大に関する若干の規定」「国営企業の利益留保の実施に関する規定」など、5つの改革規定が制定され、1980年末ころまでには全国的に拡大試行されるに至った（21世紀政策研究所，2001）。中国では1978年12月に打ち出された「経済改革・対外開放」政策の最重要な課題としては、農村改革と併行する

---

(1) 農村を基盤として作られ，工・商・農・兵・学が結合した「政社合一」を特徴とした農業集団組織。そのため農業生産のほか行政，経済，軍事，学校，医療などを併せて持った。大躍進政策によって1958年に作られたが，1982年の憲法改定によって政社分離が定められたことから，1984〜1985年にはほぼ解体された。

国有企業改革であった。そのために1979年7月国務院は「国営工業企業経営管理自主権を拡大する若干規定について」を制定・施行した。その結果，1980年代半ばまでの国有企業に対して，公有制あるいは計画経済制度を堅持しながら，経営管理自主権の拡大を中心とした改革は，経営者と従業員のモチベーションを高めたが，経営管理自主権を得た国有企業が上納すべき「利益」をもって賃金上昇や福利厚生費の流用などの助長や，経営者の個人業績による短期的志向で利益への追求によって，過剰生産・過剰投資体質を生むなどの当初改革予期に反するものを露呈していた。

そこで国有企業改革の主題は企業への一定の経営管理自主権と利益留保権利を認めた「放権譲利」，すなわち，それまで行政機構が全面的に保有していた企業の経営管理自主権を，「工場長責任制」などの導入による各企業に委譲するとともに，利益についても全額を国家に上納するのではなく，その一定割合を企業内に留保することを認めることであった。いわば，政府は国有企業の経済活動に対するコントロールと規制を段階的に撤廃し，国有企業に対し，一定範囲での経営管理自主権の付与が行われたわけであるが，この点は「三中全会」においても，権限の過度の集中を排し，農村部と都市部工業国有企業により多くの経営管理自主権を持たせるべきであることが指摘されていた。この経済改革は，まず農村部の郷鎮企業から，都市部工業部門である国有企業がこれを忠実に実行したものである（21世紀政策研究所，2001）。

しかし，国有企業に経営管理自主権を付与することによる利益の流用などの弊害が，直接に政府の財政収入減に繋がった。その抜本的な改革としては「利改税」（従来の「利益」上納制度が「税」の納入制度に改められた）の政策を打ち出された。この改革は，1983年4月に国務院が「国

営企業での利改税に関する実施方法」を批准したことに始まって以来，1986年までの間，2段階に分けて実施された。その第1段階には1983年6月に国有企業に対して，固定率の所得税を徴収し，双方の交渉を経て利益の上納税率を決めること。1984年10月に始めた第2段階には利益の上納制度を廃止し，単一の法人税制度を導入したと同時に，資源税・資産税などの新たな税制度も設けた。その改革の目的は，国有企業自らが支配できる利益を確保しながら，税の収入を通じて政府の財政収入を安定化・増加させる仕組みを確立することにあった。

次に，国内改革を受けて，「対外開放」において1979年7月1日に第5次全国人民代表大会第2次会議に制定した「中華人民共和国中外合資経営企業法」（以下「合弁法」という）により，外国の資本・技術と管理ノウハウを利用して合弁企業を経営することによる国内経済発展を実現させる。華僑や欧米資本を積極的に導入することで，資本や技術移転などを成し遂げた一方，経済特区での「税制度」改革も着々と進んだ。まず1979年7月15日に国務院は，香港に地理的に近接している広東省と台湾に近い福建省が経済活動に対する特別な政策と重要な措置の実施という報告を承認し，深圳，珠海，汕頭，厦門（アモイ）の4都市に輸出特区を実験的に設置した。これらは1980年5月に外国資本・技術を受け入れる窓口として，「経済特区」という正式な名称で呼ばれた。経済特区は関税の免除，優遇税制，100％外資の許可などを通じて外国資本を積極的に導入することを図った。80年代前半までは，経済政策と法制度の不透明さやインフラの不備などの投資環境に関する問題点が多く，資本・財産を国有化・押収されるかもしれないという不信が残ったまま，積極的な資本投入を避けながら，技術ライセンスが活発的に行われていた。また100％出資の独資企業が深圳，珠海，汕頭，厦門という4つの

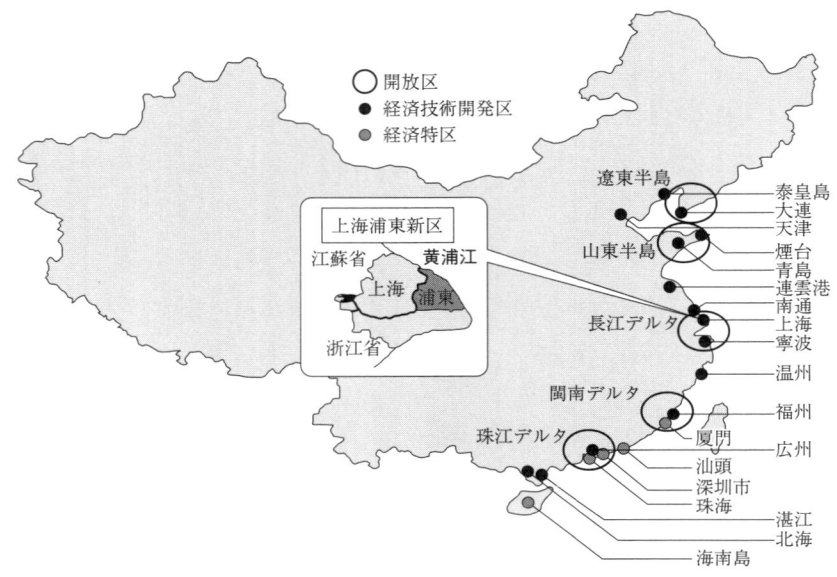

図1－3　経済特区・経済技術開発区・開放区の地図
出所：現代中国経済（http://kccn.konan-u.ac.jp/keizai/china/05/03.html）。

経済特区しか認められていなかったため，独資形態の対中投資は極めて少なかった。

　その後に中国の外資導入政策は，経済開放地域の段階的な拡大を通じて進められてきた。1984年には経済特区に続くものとして経済技術開発区を，大連，秦皇島，寧波，青島，煙台，湛江，広州，天津，南通，連雲港，福州など沿海の主要14都市に新たに設けた。1985年1月には長江デルタ，珠江デルタ，閩南（厦門・漳州・泉州）デルタ及び遼東半島などの沿海開放区が設定され，さらに，1988年4月には海南島を広東省から分離，省に昇格させるとともに，全省は経済特区に指定され，上海浦東開発区に続き中国第5番目の経済特区になった。（図1－3）。

80年代半ばまで経済開放地域を拡大していくにつれ，経済体制・関連法律の一貫性が欠如していたものが一層表面化してきた。外国企業は中国の投資環境について政策の頻繁な変更，法制度の未整備など，関連制度・政策運営の不明確さの問題がよく指摘する。80年代後半から中国側もこれらの問題点の改善に力を入れるようになった。1986年10月に公布された「外国投資奨励に関する国務院規定」では，企業所得税の減免措置などが実施され，輸出企業や先進技術企業の生産型企業を優遇する方針が打ち出された。さらに1986年4月12日に第6次全国人民代表大会第4次会議で通過された「中華人民共和国外資企業法」(以下「独資法」という) では，多様な条件をつけながら，経済特区以外でも外資系企業による100％投資が認可された。また同年10月には外資投資奨励規定で，製品輸出企業と先進技術企業を優遇する方針を打ち出した。さらに，1987年には「外商投資吸収方向指導暫定規定」を制定し，外資導入業種を奨励・許可・制限・禁止の4つに分類した。製造業への投資を奨励した背景には，80年代前半までの外資導入が不動産・ホテルなど非製造業に集中したことがあげられる。

　経済開放がこれらの沿海地域を中心として行われてきた理由のひとつに，中国政府が工業製品の輸出拡大を意図したことがあげられる。1985年頃から外資導入業種を選別し，直接投資により輸出を促進する方向性が明確になった。1986年10月に「外国投資の奨励に関する国務院の規定」が設けられ，その中に輸出を拡大する「輸出型外資企業」と先進的な生産技術・開発技術を提供する「先進技術型外資企業」に対する権益を守り優遇税制を約束しながら，製品輸出や技術移転がこれまで以上に積極的に求められたのに続き，1988年3月には「沿海地域経済発展戦略」が提唱されて，特に沿海地域の郷鎮企業を中心とした加工輸出を促

進した。沿海地域の開放と輸出拡大による中国経済発展戦略が鮮明になった。これにより，沿海地域と内陸地域との経済格差が一層広がった一因になった。

　この時期の中国経済は決して安定したものではなかった。市場の未成熟が法制度の不備や経済政策の動揺を引き起こし，金利の引き上げや引き下げのように数度の放（緩和）と収（引き締め）が繰り返された。インフレが進行して，物価が上昇し，国民生活は不安定となった。80年代後半にはいると，「経済改革・対外開放」の副産物としてのさまざまな社会問題を顕在化しつつあった。1986年には官僚の特権と腐敗問題で学生たちによる民主化運動が起きた。1987年1月に民主化運動に寛容的な姿勢をとったとして胡耀邦総書記が突然解任された。1989年6月の天安門事件は，人気の高かった胡耀邦が心臓病で急死し，その追悼を契機として，反官僚の特権と腐敗という旗を掲げて民主化を求める学生と大衆の不満が結合した結果，引き起こされた。首都北京は戒厳令が敷かれ，中国人民解放軍が武力弾圧し，多数の死傷者がでた。当時，中央政府の長老（保守派）の意向に反して，学生たちに同情的な姿勢をとった趙紫陽総書記が失脚し，上海市党委員会の書記であった江沢民が総書記を引き継いだ。鄧小平は胡耀邦，趙紫陽と2代にわたって改革開放の旗手を更迭したことになった。これが「天安門事件」と呼ばれる事件で，国際的非難を浴び，アメリカ・日本・欧州諸国は中国に対する経済制裁を実施した。この問題をきっかけに外資の流入は，一時的に停滞した。その後実際90年半ばまで経済成長は鈍化し，社会は不安定となった。

　1989年6月の「天安門事件」でアメリカ・日本・欧州諸国などが対中国「経済制裁」に踏み切ったことによって外資導入が難しくなると，投資環境の改善や規制政策の緩和が進められた。1979年に制定された

「中華人民共和国中外合資経営企業法」は，1990年4月に改正され，合弁企業の国有化と収用を行わないこと，外国人董事長（日本の「取締役会長」の意）の就任を認めること，海外に子会社の設立，さらに製品の輸出，合弁期間を制限しないことが盛り込まれた。このような難局を打開するため，さまざまな法制度の改正や経済政策を摸索していた。外国企業が再び対中直接投資を取り戻るように努力した。

80年代において中国政府は，社会主義下で「経済改革・対外開放」政策がもたらす経済高成長に自信を持つようになった。積極的な外資導入政策こそが高度成長をもたらすと認識したのである。中国の経済発展に必要な資金・技術・市場などを対外関係に依存することになった。中でも外資の導入は，「経済改革・対外開放」政策の推進力になる重要な構成部分である。中国における「外資」とは，「対外借款」（金銭を借り入れること，政治的借款と経済的借款がある），「外国企業による直接投資」（合弁企業，合作企業，独資企業などのいわゆる三資企業による投資）である。「対外借款」と「外国企業による直接投資」は車の両輪で，急速に中国の経済発展を可能にした（JETRO，1982）。しかし図1－4で示すように，中国経済発展につれ，それぞれの金額ベースを大きく変化していた。例えば，1979年に外資導入を開始してから，「対外借款」が外資導入の主体であったが，1992年により「外国企業による直接投資」が「対外借款」を逆転して，外資導入の最重要な手段になった。80年代の中国経済発展の特徴は，以下のような2点が挙げられた。

第1に，80年代に「経済改革・対外開放」政策の下で，中国政府は経済特区，経済技術開発区及び沿海地域という特定の対外経済開発区で積極的に対中投資を誘致してきた。1979年12月の故大平首相の訪中の際に，中国に対する円借款の供与が決められたことである。ODA（政府

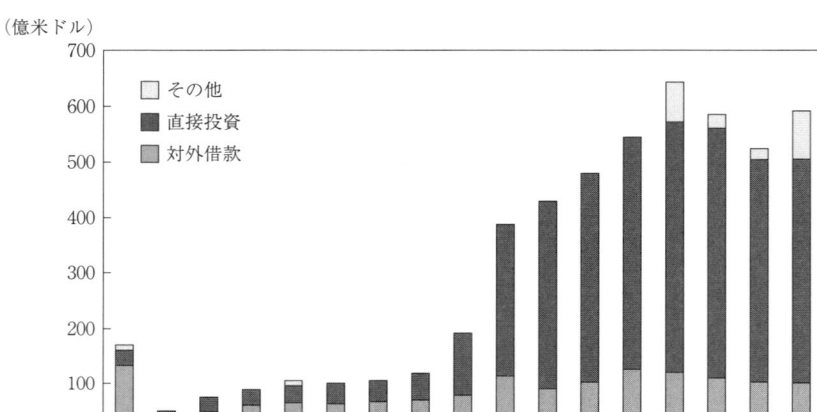

図1-4 中国の外資利用実績（金額ベース）の内訳（1979～2000年）
注：金額が小さいため1979～84年は累計額にて図示。
出所：中華人民共和国国家統計局編『中国統計年鑑』2001年。

開発援助）などの対中円借款は，主に鉄道・電力などの大型プロジェクトで利用されていた。これに基づき1980年4月に締結された借款協定によると，海外経済協力基金が外国投資管理委員会に対し，石臼所港建設に70億8,500万円，克州・石同所間鉄道建設に101億円，北京-秦皇島間鉄道拡充に25億円，広州-衡陽間鉄道拡充に114億円，秦皇島港拡充に49億1,500万円，五強渓水力発電所建設に140億円の合計500億円が初年度分に貸し付けられることになった。これは，中国が第1次5ヵ年計画期にソ連から借り入れて以来，初めて中国が受け入れる外国政府借款である。中国は，大がかりな近代化計画推進のための膨大な資金需要の一部を海外に求めるため，外国借款，外国直接投資の受け入れを決定し，前者は1976年末から1979年末までの間に約270億ドルの信用枠を獲得した。さらに上述のように1979年7月合弁法を制定・

公布し，海外投資家に中国への投資を呼びかけている（JETRO, 1981）。

この時期の特徴は，華南地区を中心とした沿海部を開放し，外資，とりわけ華僑資本を呼び込むことで経済発展の牽引車になった。1987年の13回全国人民代表大会（国会）で趙紫陽総書記は沿海地区経済発展戦略を提起した。この戦略が成功するためには，外国の投資家が儲かるかどうかが最も重要だと明言している。こうした政策が奏功し，2ケタ成長へと突き進むことになる。その後，沿海発展戦略は全方位発展戦略へと拡大していった。

この他，対外貿易においても各レベルの積極性を引き出すため，地方への分権化が大幅に実施されている。これは，1978年より進められている貿易形態の多様化などが一体をなして，対外貿易をさらに活発化させるものと期待された。

第2に，中国政府は外国からの技術導入をも積極的に推進してきた。1979年の中国の対外経済関係で特筆すべきは，外国借款の大量導入のほか，7月に制定・公布された「中華人民共和国中外合資経営企業法」で，これにより海外の投資家の対中投資が可能になった。合弁企業は経済発展のための資金の不足を補填するのみならず，共同経営を通じて技術・管理ノウハウを移転・吸収しやすくなった。その結果，国内企業は短期的に技術力のキャッチ・アップが可能になった。中国は広東省，福建省の沿海地域に一種の自由貿易地域の設置をすすめるなど，製造業部門での対中投資も積極的に誘致している。しかし，関連法規の未整備などのため，数多くの投資案件の交渉が最終合意に達していない状況にあった。

こうした技術政策ないし科学技術政策の一般の重要性に対する認識は，1978年「4つの近代化」[2] 3政策が本格的に開始された時に，すでにか

なりの程度まで深まっていたといえるかもしれない。すなわち「4つの近代化」という，機械化と産業技術の高度化を主内容とする工業・農業の近代化は，当然それを支える科学技術の近代化を前提としなければならない（国防の場合も同様）。いいかえれば「4つの近代化」の根幹は，科学技術の発展とりわけ産業化の速度如何では，産業技術の発展にこそあると捉えられているのである。従ってその意味では，科学政策・技術政策の重要性もまた，十分に認識されていたと考えたい。

　事実，その後の対外開放政策の進展とともに，技術政策の重要性がしばしば強調され続けてきたのである。しかしそこで1つ気になる点は，そうした技術政策や技術改造あるいは技術導入などの重要性が強調される際の，技術に対する視点ないしは理解の問題に他ならない。

　つまりそこで捉えられている技術の概念は，あまりにも機械設備にひき付けられた概念内容であるといわざるをえないのである。もとより多くの場合，技術は機械設備に具体化されていることも確かである。従来，いわゆる技術的「ハード」面ばかりを追求しすぎた。しかし技術をそのように狭く理解するならば，どうしても生産技術や管理ノウハウなどのソフトウェア技術の意義だけでなく，技術の移転や所有，普及といった問題の重要性に対しても，十分な認識が得られなくなるといわざるをえないのである。当時，外国から輸入された機械設備が使用・管理ノウハウを持つ人がいなかったから，放棄された現象はしばしばあった。

　この背景で80年代において，日本と中国との貿易が，日本の得意分野である家電・バイクを中心に，合弁企業の設立，技術ライセンスなどを通じて盛んに行われていた。特に80年代の半ば対中輸出の最も注目

---

(2) 中国現代化のスローガン，農業，工業，国防，科学技術の近代化のことである。70年代中盤に周恩来によって積極的に提唱された。

される動きの1つが家電などの耐久消費財であった。中国国内の家電ブームに支えられて、日本の各電器メーカーには引き合い・商談が殺到した。かつて"三種の神器"と呼ばれた自転車、腕時計、ミシンはすでに飽和期を迎えており、代わってテレビ、冷蔵庫、洗濯機の"新三種の神器"に人気が集中している。例えば1985年において、輸出にもこの傾向がはっきりと表れ、日本の輸出全体の中での中国向け輸出は、冷蔵庫1位（シェア20.1％），洗濯機1位（同17.3％），カラーテレビ2位（同24.9％），白黒テレビ2位（同8.3％）と一躍主要マーケットに踊り出た（JETRO, 1986）。

日中貿易拡大の要因は、輸出では主に中国の国民所得水準の向上による消費ブーム、貿易体制改革による貿易権限の地方分権化、輸入では日本の景気回復、中国の工農業生産の好調などが挙げられる。中国の消費ブームの背後には、ハイインフレ是正策として民間の通貨を吸い上げようとする政府の思惑も働いており、80年代後半に入ってカラーテレビなどの売れ筋商品20億ドル相当をこの目的のために日本、西独などから緊急輸入したと発表された。

貿易取引の急速な拡大と歩調を合わせるように、日本との関係では、1984年末から1987年初めにかけて日本産業界に大規模な「中国ブーム」が発生した。中国側の貿易体制の分権化と投資環境の整備、及び低迷する国際経済と台頭する各国の保護主義的な傾向とを背景とした貿易・投資市場としての中国の急浮上であったから、日本の対中投資も大きく進展した。そこで、日中合弁事業が急進展をみた要因には、中国側としては①対外開放政策の加速的進展、②投資環境の整備、③経済の好調があり、これを受けて対中投資に関心を持ち始めた日本側企業間に、大きなビジネス機会の到来を認識させ、中国ブームに乗り遅れまいとす

る競争意識が働いたことなどが挙げられる。

　80年代において，日本の対中直接投資の特徴は，主に2点を取り上げることができる。第1に，投資の規模・分野からみると，慎重的な出足と規模の小ささである。日本の対中投資実績を全体的に見て「小さいものが多く，大きいものが少ない。技術集約型，資本集約型のものはさらに少ない」と指摘されていた。特に80年代前半において非製造業の直接投資が多かった。1986年までに日中合弁企業（ホテル，タクシー，住宅が多い）のうち，非製造業が半分以上に占めていた。他の国平均投資額が1件当たり208万ドルに比べて，1件当たり96万ドルの投資額は，小規模であった（JETRO, 1988）。第2に，外資優遇政策が採用されている沿海開放地域と大都市では，インフラの整備，現地情報の提供，交通と通信手段の提供，政策上の優遇などの面で内陸地域よりも外資吸収力が大きかったから，実際日本企業はこれらの地域への投資がやはり大半を占めていった。

市場経済の本格化（90年代）　中国にとって90年代前半は，1988年秋以来の厳しい経済調整によって過熱から一転して冷却した経済をいかに回復させ，また1989年6月の天安門事件以後悪化した対外経済関係をどう修復するかに努力した期間であった。中国政府は，これらの問題に対して，主に3つの対策を打ち出した。

　第1に，経済政策を継続しながら，内需拡大による適度な経済成長率を維持する。1990年3月の全国人民代表大会では，それまでの総需要抑制や輸入抑制といった経済調整策の継続実施の構えは崩さなかったものの，国内は景気刺激策への転換が図られた。この景気刺激策に転じたねらいは，行政的措置によってインフレが鈍化しつつある中で，低迷する工業生産や消費水準を回復させ，経済活動を活性化することにあった。

第1章　日本企業の対中直接投資と役割

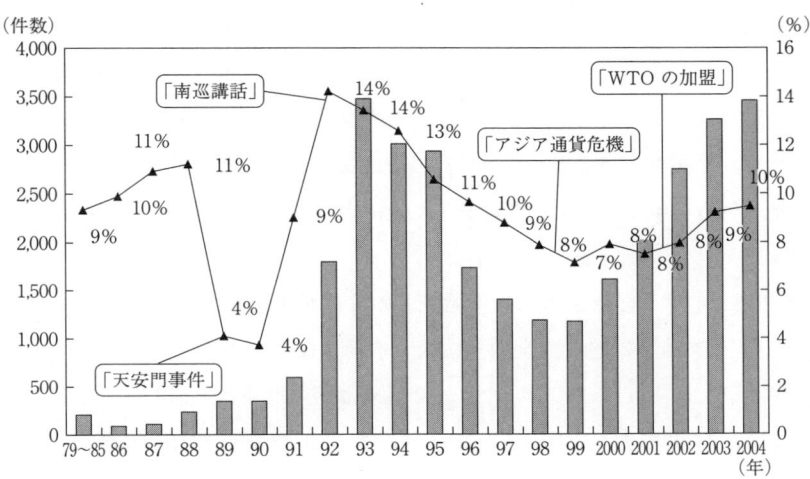

図1-5　中国のGDP成長率と日本の対中直接投資の件数
出所：『中国統計年鑑』各年版を基に筆者作成。

そこで銀行貸出量の増大，金利の引き下げなどの金融緩和措置や一部製品価格の値下げにより，生産と消費，投資を刺激した結果，景気は1991年後半からやっと回復し始めた。

第2に，「経済改革・対外開放」政策の維持と政治の安定性は，国家リーダーを介して全世界に発信していた。1989年の天安門事件により生じたマイナス影響を払拭したのは，1992年の鄧小平の「南巡講話」である。武漢，深圳，珠海，上海を視察し，改革開放の堅持と経済成長の加速化を呼びかけた国家指導者のこの講話により，中国の国際化志向が一層明らかになった。これまで香港経由であった投資も各国・地域からの直接投資は，図1-5で示すように急速に増加してきた。ここに第2次対中直接投資ブームが到来した。

第3に，中国政府は，1992年ごろから「以市場換技術（市場と技術の

交換)」政策が明確に打ち出された。これまで中国の外資認可基準は原則として「輸出」と「先進技術」であるが，この政策では，技術移転を外資導入の主たる目的とし，生産された製品を中国国内の販売も認められた。つまり，経済成長に伴い，外資政策における直接投資の資金の不足・外貨の不足補塡の役割は低下した。さらに地場産業への技術移転にシフトしてきていた（柯，2005）。

　1992年は「経済改革・対外開放」の具体策も加速した。価格自由化が商品の80％に達し，金融，技術，不動産などの市場も形成され，市場経済化は着実に進んでいた。また従来は沿海地域と大都市を重点としていた対外開放は，揚子江沿岸都市，国（辺）境都市，内陸省都にも広げられるとともに，それまでは輸出型製造業を中心としていた外資導入奨励業種が，流通，運輸，不動産，金融などのサービス産業（第3次産業）へも拡大され，その後に1993年3月の全国人民代表大会の政府活動報告で打ち出された「経済全方位開放戦略」へ向かっていった。

　1992年10月の第14回中国共産党大会と1993年3月の全国人民代表大会を経て，ポスト鄧時代へ向けた政治・経済体制を固めた。まず政治面において国家権力の継承，安定政治への一歩を踏み出したといえる。その人事面では，常設機関であった顧問委員会が廃止され，長老（保守派）と呼ばれる指導者たちが完全引退したこと，経済に明るい朱鎔基を副総理に抜擢した他，その朱鎔基や胡錦濤を，党のトップ7人である中央政治局常務委員へ特進させたことが挙げられる。そして経済の基本路線としては，「政治では社会主義の堅持を通じて統一と安定を維持するとともに経済では大胆に市場経済化を進める」とし，全国人民代表大会では，所有形式は公有制や集団所有制を主体とし，経済運営は市場経済によることを内容とする「中国の特色の社会主義市場経済」を憲法に盛

り込んだ（www.peoplechinacom.cn,2004年4月10日）。

とりわけ，上海を中心とした長江デルタ地帯である。上海市に江蘇・浙江両省を加えた長江デルタは，中国最大の先進工業地域であり，その潜在能力は広東省を中心とした華南地区を上回る。さらに沿岸部の安徽，江西，湖北，湖南，四川の各省を加えれば，人口4億人を抱える中国最大の経済圏が成立する。

しかし，1996年3月31日に外資優遇政策のひとつの柱であった自家用設備免税輸入制度（三資企業が自ら使用する生産設備の輸入について，関税及び輸入間接増値税を免税とするという制度）が廃止されたことをきっかけとして，第2次日本企業の対中直接投資ブームが終焉を迎えた。この間，日本企業の対中直接投資は，図1-5で示すよう契約ベースの金額で1996年以降4年連続，実行ベースでは1998年から3年連続で前年実績を下回るなど停滞した。これは，日本国内経済の長引く不況感に加え，1997年のアジア通貨危機以降，欧米から強く要請した「人民元切り下げ」リスクに対する懸念，1998年の広東国際信託投資公司（GITIC）[3]の破産による金融信用不安の拡大などの内外事情が，さらに日本企業の対中投資意欲にブレーキをかけたことによる。

その後，1997年のアジア経済危機を契機に，日本などアジアの企業は急速に進展するグローバル化に積極的に対応し始めた。経済のグローバル化の進展で世界的に競争が激化する中，自らの生産拠点，部品調達，物流，販売などの再編を図った（丸屋，2001）。つまり，企業はASEAN

---

(3) GITICは，多額の負債を抱え，経営破綻状態にあったことから，清算に追い込まれた。このような事態に至った背景としては，設立の歴史的経緯からきた構造的欠陥が，GITICと外国投資家の双方のモラル・ハザードを招いたことが挙げられる。その上，国内景気の低迷やアジア金融危機がGITICの財務状況を悪化させた。

だけでなく中国を含めた東アジア地域での最適生産，調達を模索するようになった。その結果，巨大な国内市場を擁し，かつ安価な労働力や豊富な資源によるコストパフォーマンスが高く，産業集積あるいは技術蓄積で比較優位に立つ中国が，生産拠点として依然注目されるようになったということである。このため，最近ではASEANから中国へ生産基地をシフトする企業も増えている。

　90年代の中国経済発展の特徴は，本格的に市場化に向けて，機械・家電の製造業を中心に発展してきた。そこでは海爾集団（ハイアール）・聯想集団（レノボ）・TCLなどのローカル企業が急成長してきた。中国政府は，「経済改革・対外開放」政策により，80年代で技術導入，外国借款を中心に取り込んできたが，90年代には三資企業を積極的に導入し，来料加工（中国の製造委託先を取引先とした無償委託加工取引のこと。具体的には外部の製造委託工場に材料を無償で支給し，加工後の製品を加工賃で買い取る取引）とよばれる資本財・中間財を輸入して組み立て，製品を輸出する外資が中心的であった。また中国国内で部品の調達が難しかったことが，この背景にある。このため欧米・日本など諸外国の企業や華人・華僑企業は，安く豊富な労働力の利用を目的とした「生産輸出拠点」として中国を捉えてきた。

　1997年のアジア通貨危機により，日本やASEANから中国への直接投資が激減した。金融方面の改革の遅れで，国家財政は四大国有商業銀行の不良債権処理や破産申請中の広東国際信託投資公司（ＧＩＴＩＣ）など政府系ノンバンクの整理といった問題を抱えており，厳しい状況にあった。そこで政府は，このような難局を打開し，より目覚しい成長を遂げるため，財政出動による公共事業投資や金利引下げを実施するなど，さらなる景気刺激を試みた。例えばGDPの約60％を占める国内消費は

低迷傾向にあった。中央銀行である中国人民銀行は個人消費を刺激するため，1998年に3度の金利引下げを実施するなどの内需拡大策を打ち出した。

1994年「社会主義市場経済確立の問題に関しての決定」で財政・関税制度改革を試行し，そこで中央財政強化のため「分税制」が導入された。対内税制と海外税制の統一化によるいくつかの外国投資優遇措置が撤廃・修正された。これは内外企業間の競争が公平になった一方で，外国企業にマイナスの影響を与え，外国直接投資伸び率の鈍化をもたらしたひとつの要因であったが，経済特区や経済技術開発区など外資系製造業向けの受け皿を用意し，そこに投資した企業に対して優遇措置を与える方法であった。

90年代後半になると，中国の政権の世代交代を順調に進められたことを受け，改革開放は後戻りするかもしれないという内外の懸念はさらに薄れた。1997年香港復帰を前にして鄧小平が死去した。しかし，江沢民政権は動揺することなく，ますますその権力基盤を固めたのである。当時中国政府は「中国の特色の社会主義市場経済」と合わせて，「経済全方位開放政策」を打ち出し，開放地域が従来の経済特区と沿海部から，内陸部と国（辺）境の地域までに広げられた。さらに1997年香港復帰後の一国二制度の安定も投資家を安心させ，華僑や欧米資本の投資は増加した。一方で，外国企業から技術移転により，特に家電分野における中国国内企業の躍進も目立つようになってきた。例えば家電最大手である海爾集団やパソコンの聯想集団などの有名ブランドは，外資企業との値引き競争など激しい競争に勝ち抜いた。

中国政府はそれまで沿海地域・大都市・経済特区の対外開放を優先的に取り込んできた。その結果，都市と農村，沿海部と内陸部の所得格差

も広がる一方だった。1999年6月に中央政府は陝西，甘粛，青海，寧夏，新疆，内蒙古，西蔵，広西，雲南，貴州，四川，重慶など省，市，自治区を含む西部大開発政策を打ち出し，2001年1月から本格的にスタートさせた。西部大開発の目的は内陸部の豊富な資源を都市の需要と結びつけることで，国土の均衡発展を実現することである（王・魏，2003）。西部大開発の成否は，今後の中国の社会安定化に大きな影響を与える。

90年代における日本と中国との貿易は，合弁への切り替えに伴い，技術供与だけなく，経営ノウハウも提供し始めた。またサービス・小売業などの投資分野の拡大による広い分野で展開し，着実に成果を出してきた。日本の対中投資は，90年代から本格的段階に入りつつあるが，中国の外資導入に占める割合はまだ低い。投資先をみると，東部沿海地域に集中しており，上海市を中心とする長江デルタ地域は最大の進出地域となっていた。そして，90年代前半までの対中投資は，非製造業に集中し，輸出生産拠点としての進出が多かったが，90年代後半から日本自動車メーカーは中国自動車メーカーとの合弁企業を本格化した。そこで自動車完成品そのものだけでなく，関連部品メーカーも積極的に中国進出した。その結果，機械産業を中心とする製造業の投資が大幅に増加し，現地市場を狙った進出が増えた。

しかし，90年代後半，優遇税制の見直しを含む外資企業に対する種々の課税の強化課税問題では，自家用機械設備に対する輸入税の免除の廃止と増値税の問題が経営に与えるマイナス影響が最も大きかった。また，販売競争の激化や販売代金の回収難など国内販売の困難さも増えた。さらに1995年以降，中国はモノを作れば売れる時代から供給過剰の時代になり，欧米，韓国，台湾及びローカル企業との激しい価格競争

を繰り広げた。とりわけカラーテレビ，エアコン，電子レンジなどの家電は，1997年は前年比2～5割値下げと，日本の対中直接投資は絶対金額とシェアのいずれも大幅に減少した。その要因は日本の対中直接投資の直接投資総額に占める割合が明らかに減少したことである。日本側の統計によると，1995年の日本の対中直接投資は44.7億ドルであり，日本直接投資総額の8.8％を占めていた。しかし，1999年の日本の対中直接投資は7.5億ドルしかなく，当年度日本直接投資総額の1.1％に止まった。その後，若干持ち直したが，レベルは依然として低い（JETRO, 2000）。

この事態は，日本企業の中国の投資環境と見通しに関する判断だけではなく，日本企業の投資戦略にも関係している。日本国内における歴史的な円高，失業問題の悪化に対する配慮，競争ライバルの意識などの原因で，日本国内のメディアは「産業空洞化」に対して，強い懸念を示していた（余, 2002）。

世界経済との一体化（21世紀の初め） 1999年9月に対外貿易経済合作部（2003年3月に商務部となる）は福建省廈門で開催したセミナーで，製造業分野について，改革開放の国有企業の技術移転・吸収を達成する手段として，多数の場面で合弁企業の形態を強制してきたのを改め，原則として独資会社の形態で実施することを認めると発表した。これを契機として独資企業の形態による対中直接投資が急増する。

また，1999年11月にWTO加盟に関する米中二国間協議が締結されたことを経て，中国はGATT加盟交渉開始から15年経った2001年12月11日にWTOへの正式加盟を果たした。WTOの加盟国は，加盟と同時にWTOの協定を原則として一括して受諾することが要求される。中国もWTO加盟に伴い，多くの協定の規則を受けることになった。

対外貿易経済合作部によれば，2001年末までに中央政府・各部門が見直しを行った法令は合計で2,300本，うち廃止が230本，改正が325本に上ったといわれている。このうち，投資関連では外国企業が対中投資を行う際の基本法である「中華人民共和国中外合資経営企業法」（合弁法），「中華人民共和国中外合作経営企業法」（合作法），「中華人民共和国外資企業法」（独資法）の3法とその実施細則が改正された。主な改正点は，①外貨バランスの維持義務の廃止，②現地調達率要求の廃止，③輸出義務の撤廃，④各企業の生産経営計画の政府への届け出規定の削除などである。

さらに，WTO加盟時の約束に基づき，中国政府は外資導入に対する規制緩和を進めている。2003年から主に金融・小売業・流通・通信などのサービス分野での投資規制緩和が進められており，同年3月には「中外合資対外貿易企業設立に関する暫定弁法」を施行し，外国企業の貿易会社設立条件が緩和され，地域制限も撤廃された。同弁法では，中外合弁の貿易会社の登録資本中，外国投資企業の占める割合は25％以上と規定している。資本の上限は規定していないため，外国企業が資本の過半を取ることが可能になった。ただし，通信，石油，自動車などの基幹産業は依然として外国企業が過半数の出資を認めないのが現状である。

2004年3月には，「外国企業の投資による投資性企業（傘型企業：持ち株会社）設立に関する規定」が施行された。同規定では，多国籍企業の地域本部として認定された傘型企業について，一般の傘型企業より広範な業務の実施を認めている。多国籍企業の地域本部の認定を受けることにより，傘型企業は，さらに広範な分野で事業活動を効率的に行うことが可能となった。同年6月には外資系企業による中国国内の小売・卸売

業への参入制限を撤廃し，さらに小売・卸売業分野での独資会社の設立が許可され，小売業の設立地域の制限も撤廃された。

　外国から資本流入・技術移転と国内企業の発展で，中国は「世界の工場」と呼ばれるようになったが，一方で経済発展に伴い，国民所得水準の上昇による消費拡大も進み，「巨大な市場」としての期待も高めていた。専門家による中国経済の将来に関する予測もさまざまであった。例えば，これから20年間は依然として高い成長が続くという見方があったし，他方で2008年の北京五輪，2010年の上海万博までは高度成長を維持するという見方もあった。

　2002年11月に16回中国共産党大会が開催された。「3つの代表」[4]が「毛沢東思想」「鄧小平理論」と並んで中国共産党の規約に盛り込まれた。先進的生産力の発展に取り込むようになっている資本家である私営企業家の入党が認められたことを明記した。これによって，中国共産党は労働者・農民・知識文化人の階級政党から国民政党へと脱皮の第一歩を踏み出し，中国共産党のあり方そのものが議論を呼んだ。「3つの代表論」は，20年余にわたる改革開放・社会主義市場経済の帰結でもあるだろう（中国綱，2004年2月26日）。

　胡錦濤が総書記に選出され，江沢民第3世代から第4世代へと権力交代が行われた。一方で，江沢民が中央軍事委員会主席に再任されるなど，完全な世代交代にまでは至らなかったが，公式的に胡錦濤体制への転換が完了した。2003年3月に開催された第10回全国人民代表大会で，胡錦濤国家主席，温家宝総理，呉邦国全人代常務委員長など，新しい国家，

---

(4)　江沢民が提起してきた①中国の先進的な社会生産力の発展の要求，②中国の先進的文化前進の方向，③中国の最も広範な人民の根本的利益。この3つの要求を代表しなければならないという。

政府，議会の指導者人事が行われた。

　胡－温体制の中国政府は，2020年のGDP（国内総生産）を2000年の4倍にすることを設定し，「全面建設小康社会（国民がある程度の豊かさのある社会を全面的に建設する）」という目標を掲げた。そのためには年率7％以上の成長が不可欠である。さらに，（沿海地域と内陸地域との）格差是正，官僚の腐敗撲滅，環境対策，両岸関係（台湾との関係），そして政治改革は，胡－温体制が成し遂げなければならない大きな課題である。

　前述したように中国はWTO加盟に伴い，第3次対中投資「ブーム」を引き起こした（図1－5）。こうした急増する対中投資の背景には，中国のWTO加盟が挙げられる。中国はWTO加盟に際して，全品目の大幅な輸入関税の引き下げ，輸入割当（2005年までに）の撤廃などの非関税障壁の撤廃，貿易権自由化（加盟後3年以内）などいっそうの規制緩和，ローカルコンテンツ要求，輸出入バランス要求などの貿易関連投資措置協定（Trade-Ralated Investment Measure：TRIM），サービス部門（流通，金融・保険，旅行・観光，通信，運輸など）の自由化（General Agreement on Trade in Services：GATS），著作権保護法や商標保護法など知的財産権に関する協定（Trade-Ralated Aspects of Intellectual Property Rights：TRIPS）を受け入れることで合意した（鮫島・日本経済研究センター，2001）。こうしたグローバルな貿易・投資ルールを中国が受け入れたことで，中国市場が一層開放され，かつ中国の経済制度・法制度の透明性を確保し，公平かつ合理的に実施するとの期待が外国企業の対中進出を加速している。2004年までの経済発展の特徴には次の2点が挙げられた。

　第1に，「世界の工場」でありながら，「巨大な市場」にも注目を集めていた。すなわち，中国国内市場向け投資を増加していた。WTO加盟

に伴い,「中外合資対外貿易企業設立に関する暫定弁法」の施行によって,中国への直接投資が大幅に増加した(図1－5)。そこで既に中国に進出している多国籍企業が事業拡大のための大幅増資,傘型企業による広範囲な事業を再編することが可能となった。合弁事業を通して自動車産業では中国におけるモータリゼーションの進展を背景に,自動車メーカーの現地生産を本格化するために,製品自体のみならず関連部品の中国への生産拠点の移転が加速した。

中国のIT(情報技術)産業は,①コンピュータ産業,②通信産業,③基礎産業(ICなど),④電子産業に大別されるが,いずれも年率20％を超える成長を果たしていた。コンピュータ産業については,深圳を始め上海の周辺地域と蘇州に,台湾企業を中心として世界最大のパソコン産業集積地が形成され,世界のデスクトップ用マザーボード35％,CD-ROMドライブの80％,キーボードの60％,パソコン用電源の50％,マウスの40％,モニターの30％が生産されていた(JETRO, 2005)。

さらに中国経済発展に伴い,国民の所得水準が著しく向上し,中国国内消費市場の2つの大きな変化が注目されている。1つは,消費市場の広がり,つまり日本企業を含む外資企業にとっての「巨大な市場」は,いままでの上海,北京,広州などの沿海側の大都市から,地方都市,さらに農村市場への急速な広がりである。もう1つは,市場製品セグメントの多様性,つまり有望なセグメントはいままでのプレミアム製品から,ミドルプライス,さらに低価格帯への多様化である(図1－6)。このような急速な市場構造の変化を対応するために,日本企業は,研究開発センターの設立,生産拠点の拡充,製販一体化の企業再編など国内市場をターゲットにした投資が盛んになっていることである(緒方, 2004)。

第2に,中国政府が推進してきた「走出去(海外進出)戦略」の下で,

高価格帯

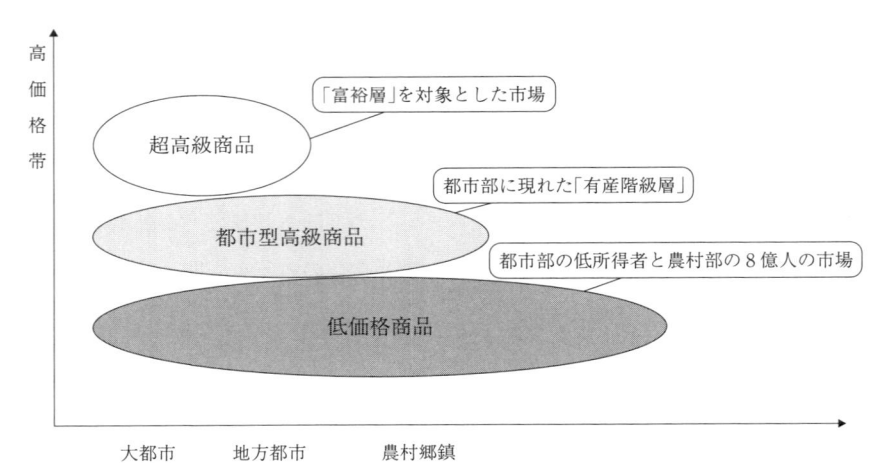

「富裕層」を対象とした市場 — 超高級商品

都市部に現れた「有産階級層」 — 都市型高級商品

都市部の低所得者と農村部の8億人の市場 — 低価格商品

大都市　　地方都市　　農村郷鎮

図1-6　市場の広がりとセグメントの多様性

出所：緒方（2004）。

　海爾集団，聯想集団，科竜グループとTCLなどの中国家電メーカーは，自らの海外事業を積極的に展開する勢いを見せた。中国政府は，外国企業による直接投資受入れ（引進来）を促進するとともに，80年代の技術導入と90年代の技術移転と波及効果による力を付けてきた中国企業の海外進出（走出去）を車の両輪のひとつとして，積極的に推進する姿勢を示している。

　具体的に中国政府は，第10次5カ年（2001～2005年）計画に正式に「走出去（海外進出）戦略」を発表し，対外投資の促進を明確に打ち出した。中国政府は，海外投資の重点として，海外での加工貿易の促進，国内で不足している資源の確保と過剰な生産の解消などの背景があった。加工貿易型の投資としては，先駆けになっている大手家電メーカーの海外進出が相次いでいる。例えば2000年米国に進出した海爾集団は，2001年に米国での冷蔵庫の生産をさらに拡大，同年4月にはパキスタ

ンに自社工業団地を設立し，エアコンなどの家電の生産に乗り出した。同年12月には，三洋電機との販売提携を発表し，2002年5月合弁で設立した販売会社三洋ハイアールが日本市場において三洋電機の販売システムを利用し，冷蔵庫，洗濯機などの自社製品を本格的に販売する体制を整えた。格力（Gree）は，2001年にブラジルにエアコン工場を設立，中南米市場の開拓に積極的に乗り出していた。また，海信集団（ハイセンス）は，2003年3月，住友商事との間で合弁会社「サミット・ハイセンス」を設立，家電製品の日本での販売を計画している（表1-1）。

2002年10月以降，中国政府は，WTOの規則に沿って海外投資の外貨管理について，浙江，上海，山東，福建，広東の5省・直轄市が実験的な地域を指定した。海外投資する企業の外貨購入の許可権限を与え，海外投資に当たっての手続・制限の緩和に努めていた。

また，中国企業による海外企業のM&A（合弁と買収）の動きも顕在化しつつある。主に上海電気集団が2001年11月に香港系投資会社モーニングサイドと共同で，日本の印刷機械メーカーであるアキヤマ印刷機製造を買収した。2003年10月，中央政府直轄の国有企業である三九企業集団が，富山県の製薬企業東亜製薬の買収で合意，40種類以上の「三九」ブランドのOTC（一般用医薬品）漢方薬の日本市場での販売を開始した（表1-1）。

2004年まで日本と中国との貿易は，90年代後半から日本企業が国際分業が鮮明化の中にハイテクを中心に供与し，「合弁」で自動車産業に積極的に参入したから，2001年以降，日本の対中投資は，契約件数，金額，実行ベースが年々増加していた。日本からの投資形態としては，各産業にわたって中国市場参入を目的とした内販型投資が増加していた。特に自動車産業では中国におけるモータリゼーションの進展を背景に，

表1-1　中国企業の対外直接投資案件（2002～2003年）

業　種	企業名	投資先	出資相手企業	概　　要
家　電	海爾集団（ハイアール）	日　本	三洋電機	冷蔵庫2機種と洗濯機1機種あわせて1,500台を，販売会社である三洋ハイアールを通じて2002年5月下旬から日本国内で販売。
	海信集団（ハイセンス）	日　本	住友商事	2003年3月に住友商事と合弁で新会社「サミット・ハイセンス」と東京に設立。海信の家電製品を日本で販売。同時に合弁会社を通じて日本の技術，部品を供与，輸出。
	格　力（Gree）	マレーシア	ア　イ	マレーシアを中心に東南アジア市場の開拓を目指し提携。格力はアイに技術供与し，アイの販売・サービス網を活用。
医薬品	三九企業集団	日　本	東亜製薬	日本法人を通じて，健康食品の販売を2002年10月から開始。2003年4月をめどに取り扱い店舗200店に拡大する計画。
印　刷	上海電気集団	日　本	アキヤマ印刷機製造	2001年11月，香港系投資会社モーニングサイドと日本の印刷機械メーカー，アキヤマ印刷機械製造を買収，2002年1月には新会社「アキヤマ・インターナショナル」を設立し，新たな事業運営を開始。

出所：各社ウェブサイト・JETROなどをもとに筆者作成。

日本の自動車メーカーの現地生産が本格化していた（表1-2）。主な投資案件としては，本田技研工業は2003年に300億～400億円を投入して，合弁相手の広州汽車集団有限公司と新会社を設立，2004年にも年産10万台規模の工場を立ち上げた。日産自動車は2002年9月，東風汽車公司（第二汽車）との包括提携を発表し，東風汽車が所有する既存の生産拠点を活用し，2007年まで年産22万台規模の乗用車生産を目指した。トヨタ自動車は2003年4月，中国第一汽車集団有限公司（第一汽

表1-2　日本自動車メーカーの対中直接投資案件（2002～2003年）

企業名	金額	概要
トヨタ自動車	22億元	2002年8月に「中国第一汽車有限公司」（一汽）と戦略的かつ長期的な協力関係を樹立した。 2010年に中国国内で年間30～40万台の生産規模を目指す。
		2004年2月，広州汽車集団有限公司と自動車用エンジンを生産する新会社「広汽トヨタエンジン有限公司」を設立した。2005年からエンジン部品およびエンジンの生産を行った。
		2004年3月，一汽と合弁で自動車用大物プレス金型を生産する新会社「トヨタ一汽（天津）金型有限公司」を設立，11月に操業予定。
	約160億元	2004年3月，一汽と自動車用エンジンを生産する新会社「一汽トヨタ（長春）エンジン有限公司」を吉林省長春市に設立した。2005年年初から生産を開始し，「クラウン（皇冠）」への搭載を計画する。
本田技研工業	約153億元	2002年秋に「アコード（雅閣）」の生産能力を5万台から7～8万台に引き上げる。 2003年からは，「オデッセイ（奥徳塞）」の生産を開始した。
		2003年9月広州本田汽車有限公司で中国国内市場向けに新型小型車［フィットサルーン（飛度）］の生産・販売を開始。 2004年4月，東風汽車公司との合弁会社「東風本田汽車（武漢）有限公司」が四輪車［CR-V］の現地生産を開始。 2004年後半には，広州汽車，東風汽車，本田技研工業の合弁会社である「本田汽車（中国）有限公司」の工場が稼働開始予定。小型乗用車を生産し，その全量を欧州やアジアを中心とする海外市場へ輸出。
日産自動車	167億元	2003年6月，東風汽車公司（本社：湖北省）と新会社「東風汽車有限公司」を設立。同社は中国と外資の提携として初めて，乗用車，商用車，トラック，バスといったフルラインの自動車メーカーとなる。2003年6月に，新型「サニー（陽光）」を生産開始し，高級セダン「ティアナ（天籟）」を，2004年秋に新会社にて生産・販売する予定。

出所：JETRO（2004）を基に筆者作成。

車）と4車種の共同生産に関する契約に調印した。2003年9月に「ランドクルーザープラド（覇道）」，2003年10月に「ランドクルーザー（陸地巡洋艦）」，2004年2月に「カローラ（花冠）」の生産を開始した他，

高級車「クラウン（皇冠)」を2005年春に生産し始めた（JETRO, 2004)。

また，中国国内において，特定の部品調達が難しいところがあり，日本の自動車メーカーが新規工場を立ち上げるなどの対中投資の増加に追随して，自動車メーカーの系列部品メーカーの投資も活発化していた。自動車部品以外にも関連素材，新規設備投資に伴う工作機械，サービス分野では販売やアフター・サービス拠点の設置など，幅広い分野で投資が増加している。

IT分野において，モトローラが天津に半導体工場を建設した，またエリクソンが2001年以降，携帯電話生産を拡大し，研究開発（R＆D)関連投資も倍増させることに応じて，日本企業では，NECが2001年11月に200億円を上海の半導体生産拠点を強化する他，大規模集積回路（LSI）製造大手のロームも天津に総投資額3億ドルを投じ，中核部品の生産を開始すると発表した。2001年2月には，松下電器（現・パナソニック）が北京のR＆D拠点である中関村にR＆Dセンターを設立，携帯電話などの中国向けの製品開発を強化している。また，東芝も2002年春に新工場を立ち上げた。

日本企業の対中直接投資

日本企業の対中直接投資は，中国政府が1978年12月に打ち出した「経済改革・対外開放」政策の下で，1989年の「天安門事件」，1992年の鄧小平の「南巡講話」，1997年のアジア通貨危機，2001年のWTOの加盟などの内外事情の影響を受けて，ブーム期と低迷期を繰り返しながら増大し，現在は第3次ブームを迎えている（図1－7)。

この間，東アジアの諸国地域を巡っていた日本企業は，80年代中頃以降，急速に中国への関心を深めていく。80年代の前半には多くの訪

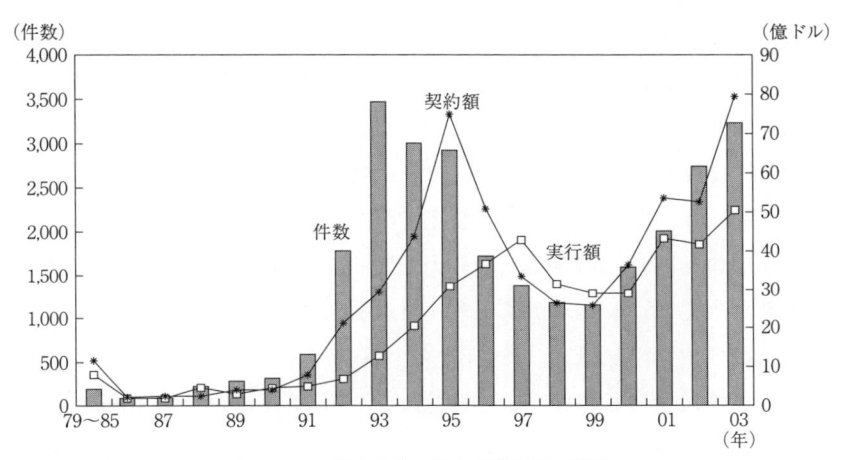

図1-7 日本企業の対中直接投資の推移
出所:『中国対外経済貿易年鑑』各年版,対外貿易経済合作部資料。

中団が出されたが,日本企業の投資は,規模が小さく,かつ広東省と福建省という華南地区に集中していた。また,日本企業の得意分野である家電・バイクなどの部門では幅広く技術ライセンス・技術支援が行われていった。この時期には,まだ出資比率50％以下の日中ジョイントベンチャーが主流であった。日本企業による本格的投資としては,天津の大塚製薬（1981年認可,中国大塚製薬有限公司），福州の日立（1981年,福建日立電視機有限公司），深圳の三洋電機（1983年設立,三洋電機（蛇口）有限公司）などがあるにすぎなかった（関・範,2003）。そして当時中国政府が外資の優遇政策・法制度・規制緩和の見直しを伴い,対外開放地域をさらに拡大したことによって,1985年から1988年には第1次「中国ブーム」が起こった。

1985年から1988年の日本企業による第1次対中直接投資ブームは,特に製造業にとって,投資環境と外資優遇政策が整っている広東省と福

建省などの沿海開放地域が主な投資先となった。また，大連を中心とする遼寧省と珠江デルタを中心とした広東省への進出が比較的多かった。大連は日本との歴史的関係が長く，日本語ができる人材を揃え，また広東省には隣接する香港に拠点を持つ日本企業が多かった。1985年プラザ合意以降，円高が続いていた背景で国内の生産コストが急増したために，日本企業は，製品価格の競争力が低下しつつある中，中国の安価な労働力と豊富な資源を利用し，生産拠点を中国に移転した。

　天安門事件が発生した1989年から1990年にかけて，欧米諸国や日本などの対中経済制裁の実施，中国政策の先行きの不透明と社会不安定などの要因で対中投資は停滞した。しかし，対中投資は再び回復基調にもどり，1992年以降1995年にかけて，中国の「経済改革・対外開放」の加速と日本における1993年以降の円高の進行などにより，対中投資の進展は加速度を増した。投資先としては，1993年8月に長江流域の6都市と内陸の18都市を開放し，保税区としての浦東開発区を中心に上海市が注目され始めた。また，「巨大な市場」を開拓するため，投資のピークであった1995年前後には，国内販売を視野に入れた製造輸出拠点から製造販売拠点へ転換する動きは家電メーカーを中心に活発化した。

　日本企業の対中直接投資は，1992年2月に鄧小平の「南巡講話」で改革開放路線の堅持と加速化を明らかにされた中，日本の自動車メーカーをはじめ，1995年まで中国進出ラッシュが続いた。日本企業は，中国経済が今後も順調な経済成長を続けることを確信し，対中直接投資戦略を調整していた。総合的にみて中国はコストが非常に低く製品に価格競争力がある。1993年には日本対中直接投資は3,448件と件数で過去最多となる一方，金額は30億ドルと少なく，中小案件が激増した年でもある。地域的には上海を中心に全国的な広がりをみせた。例えば，国

表1-3　日本企業の中国進出の理由

1995年（153社）		1999年（153社）	
①安価な労働力	69.9%	①市場規模・今後の成長性	88.2%
②市場の維持拡大	49.0%	②安価な労働力	58.2%
③新規市場開拓	49.0%	③第三国輸出拠点	21.6%
④対日輸出拠点	44.4%	④組立メーカーへの輸出拠点	21.6%
⑤第三国輸出拠点	38.4%	⑤低廉原材料調達	19.6%

出所：国際協力銀行と日中投資促進機構の調査データを基に筆者作成。

際協力銀行（1999年）による153社を対象とした企業アンケート結果が示すように，企業の中国進出の理由は「安く豊富な労働力」から「市場規模と今後の成長性」に移りつつあるが，アンケートの上位に占める両項目が2大要因であった。

　従来労働力コストの低さは，地理的・文化的近さに加えて，日本企業が中国に投資する上で最も重要な要因だった。かつて日本の対中投資の主流であった製造輸出の場合は，この点は特に明確である。最近では日本の対中投資は単純な製造輸出モデルから，製販一体化モデル，開発研究機能を備える製造輸出モデルなどの多様化が進んでいるが，労働コストの低さは依然として最も重要な投資の動機のひとつである。

　この間に実に多数のメーカー系日本企業が中国に現地法人を設立した。中でも家電メーカーなどの日本企業は，早い段階から中国を「巨大な市場」として注目してきた。日中投資促進機構が2000年に実施したアンケート調査結果では，回答企業の54％は中国市場への参入を最も重要な投資目的と答えた。WTO加盟に伴い国内市場環境に改善が期待されることも，日本企業の中国市場志向を一層促進している（表1-3）。

　1991年からの第2次対中直接投資ブームは，1995年まで続いたが，1996年から1999年にかけて停滞期に入った。外資優遇措置の取り消し

や不履行，そして困難な売掛金回収などの問題に直面して業績を圧迫された進出企業の経験が，日本で広く知られるところとなった。また，金融引き締めや広東省国際信託投資公司（GITIC）破綻にみられる金融信用不安が拡大し，日本国内では「中国経済は崩壊するのではないか」という懐疑論が一時的に流行っていた。それにより中国の投資環境の評価は下がり，日本の対中投資は財務省統計ベースでピーク時の1995年度から1999年度にかけて，件数で10分の1，金額で6分の1まで落ち込んだ（日向，2003）。

前述したような90年代後半はアジア通貨危機などの世界経済の動向に翻弄されて，中国の経済成長は足踏みの現状であった。しかし，中国のWTO加盟が確実視された1999年後半から，外国企業の対中投資は盛り返し，2000年から2005年にかける第3次ブームに至っていた。中国のWTO加盟は，世界の投資・貿易ルールを遵守し，従来の製造業分野からサービス分野までに対外開放を広げ，関連法律・規制を全面的に修訂した。すなわち，世界の投資・貿易ルールを中国が受け入れたことで，中国の投資環境がさらに改善され，中国市場が一層開放されたことである。主な法制度の改正・規制緩和としては，貿易関連投資措置協定（TRIM），サービス部門の自由化（GATS），著作権保護法や商標保護法など知的財産権に関する協定（TRIPS）であった。

第3次対中投資ブームでは，中国が1997年のアジア通貨危機を乗り越え，2001年にWTO加盟を実現し，2002年の「重症急性呼吸器症候群（SARS）」を克服し，世界経済成長の牽引役を果たした。日本対中直接投資は，従来の「製造重視型」から「製造販売併重型」へ転換した。つまり，日本企業の進出は研究開発－製造－国内販売－アフター・サービスという一貫性の経営活動を展開する。日本企業の経営目的は旺盛な

消費力を持つ中国市場を開拓することになっていた。日本企業は，安価な労働力と豊富な原材料を利用し，世界の生産供給拠点として注目してきたが，そこで潜在的中国消費市場を期待せず，欧米企業に比べて技術移転と経営の現地化が遅れたのである。しかし，2001年に中国のWTO加盟による市場開放をにらみ，遅れ組といわれていた日本企業は，中国で最も購買力の高い上海・北京・広州とその周辺地域に中国市場の参入を目的とした投資が増加している。さらに，日本企業は中国国内において高度な知識やスキルを持つ優秀な人材を確保し，中国の消費者ニーズに応える製品を開発するため，IT分野・研究開発に積極的に取り組んでいた。2001年に入ってからは，NEC，松下通信が積極的にソフト開発などの研究開発拠点を設けることに動き出した。2002年以降，ソニーは無錫・上海・大連で生産設計センター，ソフト開発部，情報システムの研究開発部を設けた。また，最大投資金額の日中ジョイントベンチャーである東風汽車有限公司は，2004年3月に3.3億元を投じ，広州花都で自動車研究開発センターを設立し，2005年に操業を始める。

2　中国経済発展と日中ジョイントベンチャーの役割

　直接投資の流入は発展途上国の経済発展に大きく貢献する。途上国は直接投資を受け入れることで，不足している投資資金を補うだけではなく，生産，雇用，輸出の拡大などを通じて経済発展を促進することができる。さらに，社会経済発展に不可欠な優れた技術や経営ノウハウが投資受入国に移転される可能性もある（安保，1994；公文・安保，2005）。したがって，直接投資は投資受入国に対して，生産や設備の拡大といった量的な面だけでなく，技術移転を通じて生産性の向上といった質的な面

においても寄与し，受入国の社会経済発展に貢献すると思われる。

　その中で中国企業と日本企業との間に形成されたジョイントベンチャーは，対中直接投資の最重要な進出形態である。日中ジョイントベンチャーは，日本企業から輸出，技術支援，合弁生産，事業再編成などを通じて，日本企業と中国（国有）企業との中間的組織として，中国への技術移転，生産・管理ノウハウの消化・吸収にせよ，社会経済発展に伴う中国の国民の生活向上にせよ，重要な役割を果たしてきた。これらの役割は，以下の5点で説明していきたい。

技術移転

　前節で述べたように，中国では，80年代日本企業は資本と先進的な生産設備を持ち込んで順調に事業の立ち上げや操業の展開を可能にするため，駐在員の派遣を介して，日中ジョイントベンチャーに一方的に生産技術・管理ノウハウなどを教えこんだ。90年代に入ってから「以市場換技術戦略（市場と技術の交換戦略）」が実施され，あらゆる産業で外国投資による技術移転が要求された。それ以来，日中ジョイントベンチャーを設立するため，必ず研究開発センターや部門を設けることを合意文章に明記することになっていた。すなわち，中国は，日中ジョイントベンチャーを含む外資企業に対して，生産技術のみならず，新製品開発・研究開発拠点の技術移転や拡散を期待していた。中国自動車産業において，外国企業の出資率の上限を50％にしながら，国内の自動車市場を開放することに替わって，共同の新車開発・基礎研究を通じて，地場完成品メーカーや民族ブランドが育成された。さらに自動車分野より早い時期に，研究開発から製品設計，製造販売までを行う家電企業や携帯電話端末製造企業が育成された。特に家電・バイク分野が強い日本企

業は，積極的に中国への「生産拠点」を移転した。それらの日中ジョイントベンチャーは，日本企業との生産・設計・研究開発分野での協力を通じて，そのノウハウを吸収し急成長してきた企業である。その典型事例が，中国最大の家電メーカーの海爾集団，パソコンメーカーの聯想集団，テレビメーカーの TCL 集団などである。郝（1999）の研究によれば，80 年代半ばから 90 年代前半まで中国テレビ産業の国産化において，日中ジョイントベンチャー，技術供与によって，マニュアル化しにくい日本的経営技術が，日本人の派遣社員による現場の指導，日本本社への研修活動などの「ヒト」の育成を介して，技術レベルをアップしてきたと指摘している。

天野・範（2003）の研究は，日中両国の家電産業の長期的な発展過程を分析し，ローカル企業が当初日本企業からの技術移転を受けて成長し，現在は国内だけでなく，日本や米国などに輸出を開始している。いまも日本企業は生産の多くを中国国内で展開し，現地でローカル企業と熾烈な競争を繰り広げている。そこで中国の家電産業は，日本企業が現地の国有企業とジョイントベンチャーを行い，技術移転と基幹部品の供給を行ったことで急成長につなげることが可能となった。しかし，その成長は日本企業からの技術移転にある程度依存している。これから日中両国の家電企業が提携や国際的な分業関係は，長期にわたって維持されることを確認できる。

また，80 年代から 90 年代にわたって外国企業から先進的な技術や管理ノウハウを学んで急成長してきた中国企業は，1999 年に打ち出された「走出去（海外進出）戦略」の下で，積極的に海外への投資を加速化してきた。世界舞台の激しい競争の中に生き残るため，中国企業が海外市場への参入，新技術の獲得を目的とし，M＆A（合併と買収）という

第一手段を用いた。この「走出去戦略」の事例としては，2004年に上海電気集団による工作機械メーカーである池貝の買収，2005年に聯想集団がIBMパソコン事業を買収したこと，また同年に南京汽車が経営破綻したイギリス自動車メーカーのMGローバーを買収したことなど，大型の海外進出案件であった。

サプライヤーの育成

前述した資本と技術のパッケージで合弁工場（生産拠点）を共同運営することを通じて，外国企業は合弁相手である中国企業への技術移転を段階的に行ってきた。これのみならず，外国企業の進出は中国の中小サプライヤーの育成に大きく寄与している。そこで中国のローカルコンテンツ調達規制を満たすためにローカルコンテンツを採用せざるを得なくなった日中ジョイントベンチャーが，部品の品質保証，納期の確保，低コストの追求を実現するためには，現地サプライヤーの協力が不可欠である。すなわち，中国の激しい競争環境を勝ち抜くために日中ジョイントベンチャーは，現場の生産指導や人材研修・交流を通じた現地サプライヤーの育成に自主的に取り組んできた。また，鉄鋼・重電・通信・自動車などの基幹産業における日中ジョイントベンチャーは，中国の政策規制よりも自らの産業特性と競争戦略上の必要性などの観点から，現地サプライヤーの育成を積極的に展開してきた。結果としては，現地サプライヤーの組織能力の向上にもかかわらず，中国市場において日中ジョイントベンチャーの競争優位の獲得にも繋がっている。

企業管理能力の向上

これまで，外国企業の進出分野は70％以上が製造業分野に集中して

いた。家電・バイク・自動車などの分野でモノづくりを得意する日本企業は，事業展開には先進的生産設備と技術のみならず，生産管理，マーケティングなどに関する企業管理のノウハウと経験という経営上の競争優位がなければならない。そこで日中ジョイントベンチャーの事業展開を伴い，企業管理のノウハウも移転された。すなわち，合弁相手である中国企業は，外国企業との合弁事業において，JITのような日本式生産システムの導入，品質管理，在庫・物流管理，販売活動を運営しながら経営ノウハウや知識を学び，自らの企業管理能力を高めることができた。

　また，金（2005）の研究では，中国のWTO加盟に伴うサービス分野の市場開放を契機に，流通，銀行・保険，公共事業などのサービス分野の外資進出によって，内外企業間の激しい競争をさせることにより，国有企業改革や企業経営の合理化に繋げたいとしていることを指摘されている。

競争促進効果

　外国企業の進出は，技術移転によって新しい競合関係を形成し，強力な競争相手を作り出す結果になった。そこで外国企業，日中ジョイントベンチャー，現地企業との間に新たな競争構図ができ上がった。特に家電・バイク分野で目覚しい成果が現れていた。例えば急成長を遂げた海爾集団が，すでに日中ジョイントベンチャーにとって強力な競争相手になっていた。また，外資による産業支配を避けるため，出資比率の上限や合弁相手の数の制限などの産業政策規制によって，多数の外資企業が同じ産業に参入できるように誘導していた。乗用車市場（外資企業シェア90％前後），ゴム製品市場（外資企業シェア80～90％），薄型テレビ市場

（外資企業90％以上）では，外資企業同士間の競争を促進し，消費者に価格低下やサービス向上の便益をもたらしている（金，2005）。さらにこのような競争促進の結果として，ある特定産業の再編と分業にも繋がった。例えば，テレビ産業において，80年代中頃から90年代前半までにかけて，100社近くある日中ジョイントベンチャーと現地企業が，激しい価格競争を繰り広げた。その結果，テレビメーカー間の統廃合を引き起こした。また，日中ジョイントベンチャーが，日本企業のコア技術を利用し，ハイエンド製品を集中する。一方で現地企業がローエンド製品を選択するような分業がみられた。実際に現在中国自動車産業において，各地方政府の産業保護政策の下で，120社以上の自動車メーカーもあるが，近い将来に，産業の再編が不可避であるだろう。

輸出への貢献

日中ジョイントベンチャーは，先進的な生産設備・管理ノウハウで，安価の労働力を利用して，「来料加工」や「製品持ち帰り」というような輸出生産拠点が主流になっていた。その輸出生産拠点で生産された製品は，日本への持ち帰り，あるいは日本企業の持つ世界マーケットへのアクセス能力を活かし第三国への輸出販売になっている。具体的統計データをみると，中国の輸出に占める外資企業の割合は，1990年の12.6％から2004年の57.04％にまで拡大した（金，2005）。

また，サービス分野において中国に進出した小売業は，外国企業進出による製品品質の向上，低コストなどの優位性を持つ中国国内市場で，製品を調達・輸出することを盛んに行っていた。

以上のように，時間の流れに伴い，中国の政策と経済発展と日本企業の対中直接投資を概観し，技術移転，サプライヤーの育成，企業管理能

力の向上，競争促進効果，輸出への貢献という役割を果たしてきた日中ジョイントベンチャーが，中国の経済発展において欠かせない存在であったことを明らかにした。これから，中国と日本との間は，ますます補完的な関係になるだろう。将来の日中経済を一層繁栄するため，また日中ジョイントベンチャーがより重要な役割を果たしていくために，日中ジョイントベンチャーに対する研究は，より重要になり，研究者にとっても実践的経営者においてもチャレンジする価値のある課題である。

　また，本章は，日中ジョイントベンチャーに置かれている中国の経営環境（マクロレベル）を理解するためであるとして位置づけを考える。

　さらに，1978年12月より「経済改革・対外開放」政策を実行して以来，日中ジョイントベンチャーが30数年にわたって成長・進化してきた。すべて順調であったわけではないが，時代の流れに伴い，日中ジョイントベンチャー自身も質的に変化してきた。近年，特に90年代以来に行われている日中ジョイントベンチャーが，その以前ジョイントベンチャーと本質的に異なる点は，それが周辺的活動から核心的活動に移りつつあり，特に中国市場を目指す日中ジョイントベンチャーが「市場ニーズの把握」「売掛金の回収」「模倣品の氾濫」「自社の流通ネットワーク構築」など，中国市場特有の問題に直面していることである（谷地，1999）。従って，30数年を経た日中ジョイントベンチャーを総括的に把握するため，現在までの足跡を振り返り，既存研究に対する理解は不可欠になっている。その意味で，第2章でジョイントベンチャー，日中ジョイントベンチャー及びステークホルダーを中心とする既存研究をレビューしよう。

第2章
ステークホルダー・マネジメントの定義づけ

本章では，まずジョイントベンチャー，日中ジョイントベンチャー，ステークホルダー及びそのマネジメントという概念を明らかにする。そのためにこれらについての先行研究をレビューする。そして先行研究が明らかにしてこなかった課題を指摘していきたい。

1　ジョイントベンチャーに関する定義

本節ではジョイントベンチャーの概念を明確にした上で，ジョイントベンチャーに関する先行研究を検討していきたい。

ジョイントベンチャーの定義

1980年代以降，組織を取り巻くグローバリゼーションの進展，情報化の急展開に代表される環境は，自社の能力だけではなく他社の能力や資源を活用していく必要性をますます高めている。そのための手段としてアライアンス（提携）に関する議論が盛んである。アライアンスについては，Doz and Hamel（1998）がジョイントベンチャーと区別して議論してきたが，ここではジョイントベンチャーは，アライアンスのひとつの形態とする。

本書でのジョイントベンチャーの定義は，「２つ以上の相互に独立した企業（親企業）が出資し合い，かつ経営に参加する独立企業体」と定義する。したがって，国際的ジョイントベンチャーは「その設立地と親会社のすくなくともひとつの国籍が異なるジョイントベンチャー」と定義する。ただし，本書では，このようなジョイントベンチャーの定義によって，実際に共同事業のオペレーションを参加しない単に投機目的とする株式投資や，ロイヤリティを得るための技術ライセンス・技術指導などという目的での協調的な行動は含まれないと考える。

先行研究

　ここでは，ジョイントベンチャーに関する先行研究を，主に①形成動機，②パートナーの選択，③所有権とコントロール，④技術移転と学習，⑤人材育成と獲得，という５つの側面での議論を中心として整理・検討していく。

形成動機

　新規事業分野の参入，成熟産業の再活性化や海外進出において，多くの参入形態の１つであるジョイントベンチャーは，ある企業が新たな分野あるいは発展途上国へのビジネスチャンスをアクセス・実現する最優先の戦略的な手段となる（Beamish, 1988 ; Osland and Cavusgil, 1996）。ある企業がパートナー企業とのジョイントベンチャーを形成する動機は，企業自体の実情，外部環境の変化などによって変ってくる。Beamish（1993）は，企業がジョイントベンチャーを創出する４つの基本的な動機があることを主張してきた。この４つの動機は，①既存の事業を強化すること。②既存の製品が新たな市場に投入すること。③既存の市場で販売できる新製品・新技術を獲得すること。④新規事業分野に参入することが挙げられる。多くの企業は，このような４つ

の動機の中に,ひとつあるいは2つ以上の動機でジョイントベンチャーを利用し,それぞれの目的達成を考慮しながら,異なる特性を持つパートナーを探している。また,Porter (1980) は,製品ライフサイクルの短縮とグローバル競争がますます激しくなる環境の下で,タイミングがジョイントベンチャーの形成を促進する重要な要因であるとしている。具体的には経営資源へのアクセスの先取権,早期市場シェアの獲得という先行者優位（First-Mover Advantages）の存在である。

一方で,発展途上国における企業は,先進国の企業と形成してきたジョイントベンチャーを通じて外国資本を導入し,先進的技術・経営ノウハウをより早く移転・吸収すること,また輸出市場へのアクセスを得ることを期待している（Child, 1994）。

パートナーの選択　多くの研究では,組織間関係の形成による経営資源の観点や競争優位性の観点から,パートナー選択の問題を論じてきた。具体的にはパートナー間の経営資源の共有可能性や補完性,戦略の適合性は,市場優位性の獲得や市場シェア・利益の拡大,必要な経営資源と市場アクセスの確保,提携を通じた付加価値の創出に結びつく（Kale, Singh & Perlmutter, 2000 ; Harrigan, 1988a ; Harrigan, 1988b ; Nohria & Garcia-pont, 1991）といわれている。また,パートナー間の組織特性（管理手法やプロセス,組織文化,内部資源）が補完的であれば,持続的な成長を可能にする相互の戦略上の必要性から提携が継続しやすい（Harrigan, 1988a ; Harrigan, 1988b）という指摘もある。さらにより良い成果（業績）を得られる可能性も高くなる。

しかし,パートナーの組み合わせによっては,提携のマネジメントが困難になることもある。特に,組織間の利害の対立や競合と不完全なコミュニケーションは,パートナー間のコンフリクトを引き起こし,提携

のパーフォマンスを低下させることを指摘されている（Hennart, Roehl & Zietlow, 1999 ; Kale, Singh & Perlmutter, 2000 ; Inkpen & Beamish, 1997 ; Lin & Germain, 1998）。たとえば，国境を超えて海外企業との提携では，それぞれの国の文化や言語，慣習，仕事の進め方の違いから，コンフリクトが発生しやすいため，異質な文化への適応能力が必要である（Lorange & Roos, 1992）。つまり，パートナー間の経営資源や組織特性の違いは，パートナー間の補完関係にも強く繋がるが，一方で，目標や考え方の違い，意思決定の手続や調整の手続が提携活動の中できちんと整備されていないことが組織間協働の効率性を低下させたり，コンフリクトを引き起こす側面もある。したがって，提携を形成する前の段階において，経営資源や組織特性が適合する提携パートナーを選択することが重要であるとされている。

　しかしながら，常に経営資源や組織特性がすべて適合するパートナーを選択できるとは限らないから，異質なパートナーとの協働のマネジメントも重要である。まず，経営資源や組織特性の補完性と類似性はしばしば対立する。経営資源の補完を目指した海外企業とのジョイントベンチャーでは，仕事の進め方や慣習の違いが組織間協働のネックになる可能性が高い。また，企業の経営資源や組織特性はきわめて多様であり，時とともに変わるものもある。このように考えると，経営資源や組織特性がすべて適合するパートナーをみつけるのは，現実にはかなり困難である。したがって，パートナーとの協働において，お互いの異質性をうまくコントロールし，そのエネルギーを組織開発・変革に向けさせることが，提携マネジメントにおいて求められる。

　上記の通り，ダイナミックかつ複雑な経営環境で，ジョイントベンチャーを成功させるため，パートナーの選択は最も重要である。適切なパ

ートナーは，ジョイントベンチャーの適応能力をアップし，戦略－環境の構成をうまく調整でき，また不確実性を減少することも可能になる（Lou, 1997）。特に国境を越えて形成される国際的ジョイントベンチャーは，ローカル・パートナーの能力を活かす政治的なリスクの削減，政治的な優位性の獲得のため，ひとつの選択肢としてよく利用されてきた。そこでローカル・パートナーは，外国の企業に内部情報の収集，政府政策と現地の商慣行，あるいは操業条件に関する特別な知識やノウハウを迅速に獲得することを助ける。さらに不透明な市場環境の場合に，ローカル・パートナーは，低コストで労働力・土地などのような現地の希少な生産要素や現地市場をアクセスすることを保証することにも役に立つ。

　多くの従来研究は，直接的な関係を持つ出資企業間の補完的経営資源の下で，親会社と子会社（ジョイントベンチャー）との間に相互依存や自立性を中心において活発的に議論してきた。ジョイントベンチャーの交渉と形成段階において両親会社，親会社とジョイントベンチャーの関係が継続・維持する要因を，親会社の戦略，組織文化の適応性に注目してきた（Harrigan, 1986）。

　合弁事業を成功させるために，親会社の経営資源・技術，親会社同士の協調性が重要であることはいうまでもなく，子会社の自主性は競争が激しい場合に必要とされるが，親会社が事業遂行上不可欠の経営資源を子会社に提供しているならば，競争変化への迅速な対応のため，親会社と子会社の間の協調と努力も同時に必要となっている。つまり，合弁事業が自らの能力を十分に発揮するためには，親会社と子会社との関係をダイナミックなものとし，戦略的ニーズや能力の変化，さらに他の競争グループの成功など，いろいろな局面の変動に十分対応できるものでなければならない（図2－1）。

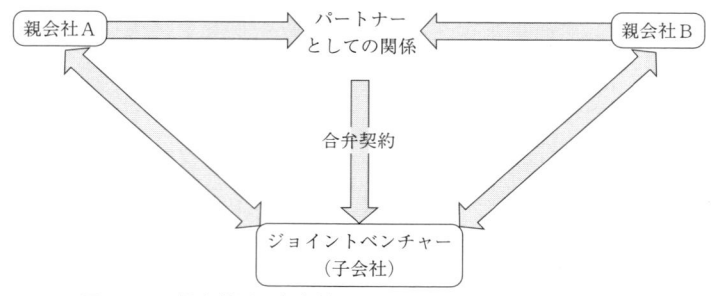

```
    親会社A  ──パートナー──  親会社B
              としての関係
         ↘    合弁契約    ↙
           ジョイントベンチャー
              (子会社)
```

図2-1 親会社間，親会社とジョイントベンチャーの諸関係
出所：Harrigan（1986），P47.

　また，Luo（1998）は，発展途上国のような新興経済で，ジョイントベンチャーが成功するか否かがローカル・パートナーの選択に依存していると主張している。そこで戦略的（Strategic）・組織的（Organizational）・財政的（Financial）な特性を持つパートナーとの組み合わせで，形成されたジョイントベンチャーの特徴を分析してきた。まず，優れた戦略的な特性を持つが，組織的・財政的な特性が欠けるパートナーと形成するジョイントベンチャーは，不安定的なものになる。また組織的特性はあるが，戦略的・財政的な特性を持たないパートナーと組むジョイントベンチャーは，利益を生まないものになる。そして優れた財政的特性を持つが，戦略的・組織的な特性を欠けるパートナーと形成するジョイントベンチャーは，長期的な存続が不可能となる。

　さらに，国境を越えて共同事業を行う国際的ジョイントベンチャーを成功させるため，もちろん必要な経営資源を提供している親会社が重要性となるが，その国の中央や地方政府との良好な関係を持つことが不可欠になる（Wong, 1995；Sanyal & Guvenli, 2000）。また，宍戸・草野（1988）は，自動車産業世界1位のアメリカ会社ゼネラルモーターズ（General

Moters, GM) と 2 位の日本会社トヨタ自動車とのジョイントベンチャーである NUMMI（ヌーミ：New United Motor Manufacturing, Inc.）事例を取り上げて，日本的生産方式，市場シェアの獲得，組織学習など，さまざまな角度から焦点を当てて議論してきた。そこで，トヨタ自動車と全米自動車労働組合（United Auto Workers：UAW）との交渉の難しさと重要性を記述・説明した。そこで異なる国での労働組合が，ジョイントベンチャーの成功に大きな影響を与えることを指摘してきた。

所有権と
コントロール
ジョイントベンチャーのマネジメントについての従来の研究は，ジョイントベンチャーに関するコントロールの問題として取り扱われ，出資比率の問題，取締総会・経営委員会などのトップマネジメントの構成について議論してきた（Yan & Gray, 1994 ; Child & Faulkner, 1998）。親会社の出資比率は，50％超100％未満という過半数所有のジョイントベンチャー，ちょうど50％所有の半数所有のジョイントベンチャー，そして50％未満の少数所有のジョイントベンチャーがあるが，この出資比率が双方の合意した契約にそって，基本的に利益の配分を反映している。また，協調的な組織間関係についての研究は，協調的行動をとるパートナー間の平等な関係を達成・維持し，経済的合意を処理するための有効な統治機構を創出することが不可欠であることが示されている（Ring and Van de Van, 1994 ; Doz, 1996）。従って，ジョイントベンチャーへの出資比率は，パートナーがそれぞれの取締役会での役員の構成を反映している。同時にジョイントベンチャーの意思決定に影響を与えたり，重要なビジネス・タスクを指導したりするコントロール権を行使する場合もある。さらにジョイントベンチャーで得られた成果の配分にも大きくかかわっている。実際に，多くのジョイントベンチャーにおける取締役の分配は，各パートナーの持ち分の割

合に応じて割り当てられるのが通例である。

　しかし，所有構成とコントロールの関係は，必ずしも線形的な関係ではないと指摘された（Geringer and Hebert, 1989；Yan and Gray, 1994）。実際に発展途上国の保護政策の下で，特に自動車，通信，石油などの基幹産業分野において，外国企業がなかなか過半数出資を認められない現状がある。この場合には，外国企業は自らの先進的技術，経営ノウハウを活かして，ジョイントベンチャーの特定な経営活動あるいはすべての現場の操業に関するコントロール権を獲得し，事業成功を確信していく。ジョイントベンチャーの交渉段階における合意は，ジョイントベンチャーのマネジメントに影響を与えることにもかかわらず，ジョイントベンチャーの発展過程においてコンフリクトを最小限に抑え，協調していくことを可能にする。

技術移転と学習　　前述したとおり，ジョイントベンチャーは親会社が出し合った資本と先進な技術で共同事業を行う企業法人であり，事業運営に必要な資本の導入と生産に関連する技術移転の場になっている。ジョイントベンチャーは，外国技術の導入によって生産される製品の国際競争力が高まることで自らの成長・発展を促進させることができるので，より多くの技術移転を取り込んできた（図2－2）。つまり，ジョイントベンチャーの持続的な成長は，いかに効果的に外国企業から先進な技術を移転することができるのかで大きく左右される。

　また，政治・経済・文化・習慣が異なる国を超えて導入された技術の移転・吸収は，決して簡単なことではない。安保（1988, 1994），公文・安保（2005），岡本（1998）の研究は，欧米・アジア諸国に進出した日本企業（製造業）に対象に，現地における生産活動全般を中心に調査した。これらの研究は，欧米・アジアに進出した日本企業が現地における生産

第2章 ステークホルダー・マネジメントの定義づけ

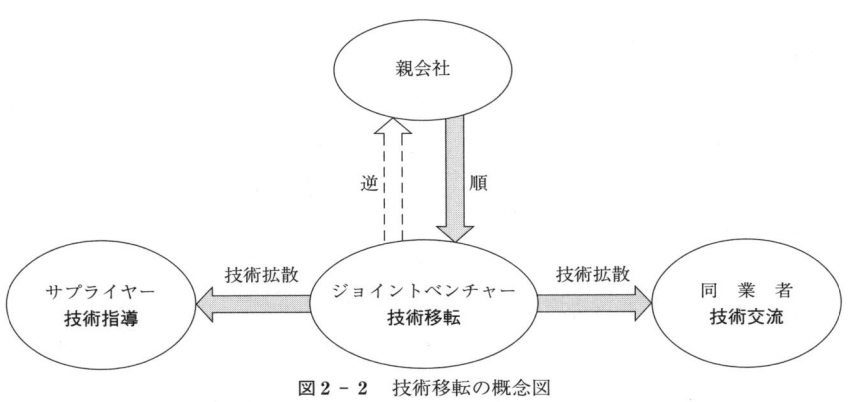

```
           親会社
          ／    ＼
       逆↑      ↓順
          ＼    ／
  サプライヤー ← 技術拡散 ─ ジョイントベンチャー ─ 技術拡散 → 同　業　者
  技術指導               技術移転                   技術交流
```

図2-2　技術移転の概念図

出所：北（2002a, 2002b）。

管理，生産技術に関する移転度が高く，一方で現地日本企業の製品計画・設計能力は日本本社に依存している場合が多いと指摘している。しかし，21世紀に入り，「巨大な市場」になりつつある中国消費者のニーズに応えるため，現地での研究開発・新製品開発が不可欠になっている。そのためにNEC，松下電工（現・パナソニック），東芝などの家電メーカーは，中国に研究開発センターや技術センターを設立した。そこで研究開発レベルの技術移転も着実に進んでいる。

また，図2-2で示すように，親企業からジョイントベンチャーへの生産技術移転のみならず，現場管理や品質管理の知識やノウハウも含まれており，さらに人的交流を介する現地の関連産業への波及効果も期待できる。ジョイントベンチャーは，特に自動車組み立て工場のように自己完結型の生産システムをほとんど持っていないから，多くの場合には材料，部品，半製品などを供給するサプライヤーの存在を必要とする。サプライヤーに対する納入品の品質が一定の基準に達成するように要求し，かつその基準を満たすまでの生産技術や品質管理技術を指導する。

そこで媒介体としてのジョイントベンチャーの技術移転によって，それらの技術がサプライヤーに定着することにより，地域の関連産業全体の技術レベルの向上に繋がる。これによって現地の関連産業の創出と育成を促進し，産業全体の幅と裾野を広げる効果でもある（北，2002a, 2002b）。

　ジョイントベンチャーの実行・展開過程において，親会社間や親会社とジョイントベンチャー（子会社）間の協力関係を樹立しつつ，時間的な経過に伴う信頼関係を築いている。そこでジョイントベンチャーを通して作り出した場における学習が，ダイナミックな関係にどう影響を与えるか，つまり，多国籍企業（親会社）とジョイントベンチャーとの間でいかに知識移転や能力アップが行っていることについて検討してきた（Doz & Hamel, 1998）。そして知識移転や技術能力アップは，親会社である多国籍企業とジョイントベンチャーとの間に双方向的なものである。ひとつの方向としては，親会社からジョイントベンチャーへの移転であり順移転であるが，もうひとつの方向としては，ジョイントベンチャーから親会社への移転であり，逆移転ということができる（吉原，2003）。後者は，主に現地にかかわる市場情報，商慣行や人事制度などを指している。

　実際に親会社のジョイントベンチャーへの技術移転に関しては，形成期の際に一回限りの技術移転ではない。ジョイントベンチャーが長期的に存続していく過程において，特に品質管理，改善活動などの経営ノウハウの移転と定着に長い年月を要するものであり，環境変化に対応して継続的な技術移転が重要になる。ジョイントベンチャーを含む海外子会社への技術移転プロセスを「段階的な技術移転論」と主張している（曺，1994）。

第2章　ステークホルダー・マネジメントの定義づけ

人材の育成と獲得　　両親会社の所有する経営資源を補完的に出し合い，共同運営しているジョイントベンチャーは，経営資源には資本を始め，工場用地，生産設備や原材料，部品などからなるハードウェアだけでなく，生産システム，経営ノウハウ，企業に対する考え方などのソフトウェアも含まれる。特に後者は人間の活動に伴うものであるから，ジョイントベンチャーにとって，稀少な経営資源になる。

　日中ジョイントベンチャーの場合には，日本企業は先進的設備，生産システム，経営ノウハウなどの経営資源を持ち込むことが多い。日本的経営は，資本主義を重視した欧米の企業経営と異なって，人本主義に基づき，現場の人材を尊重していこうという傾向が強い（伊丹，1984）。人本主義のソフトの経営技術が，製造工程における工学的技術と異なり，人間に体化されて運営され，かつ国境を越えて移転される難しさはしばしば指摘されている。その理由は，経営技術の移転においてはこうした意味で人的要素の果たす役割は決定的に大きいなものになっているからである。

　日本企業の得意とする生産に関わる技術，技能，ノウハウの中には簡単にマニュアル化できない部分が多い，そのために，結局人間から人間への技術移転という手段だけになっている。しかし，日中ジョイントベンチャーの場合は，日本人同士ではないため，人を介した技術やノウハウの移転を円滑的に進めることは容易ではない。そこで中国のパートナーとのコミュニケーション，異文化を理解する努力などを求められる一方，経営管理の現地化も並行して進めるべきである（関・範，2003）。

　従って，日中ジョイントベンチャーにおいて，日本企業から要員を派遣し，品質管理・小集団活動などの現場指導に関与された。また幅広いジョブ・ローテーションを通じて，OJT（On the Job Training）で現地の

従業員を育成してきた。さらに，社内の幹部や技術員を中心とする日本企業の本社への研修派遣は，広く利用されていた。日中ジョイントベンチャーは時間をかけて地味な人材育成を積極的に取り込んだ。その結果，経営現地化が進む同時に生産工程での生産性向上にも繋がる。

　また，郝（1999）は日本的生産システムの中国への技術移転を考察する際，技術移転を構成する要素として，「モノ」「モノとヒト」「ヒトとヒト」「部品」の4つを挙げている。このなかで「ヒトとヒト」が，「人材の開発と形成」の部分である。郝は中国テレビ製造業の事例調査を通して，現場の第一線ワーカーが数年にわたる能力テストを経て作業長に抜擢されることを見出し，これを「現場の優秀な中核者の人材が常に底辺から産出される」仕組みとして指摘している。そこで「長期能力蓄積型の人材の存在と形成の仕組みこそ，日本的経営システムの真髄の部分であり，優位性の源泉である」と結論づけている。主な考察対象は生産現場のワーカーから作業長へ昇進した者たちであり，彼らの昇進までの過程が聞き取りによって調べられている。生産現場の中核人材を育成することによる企業側のメリットの視点から考察されていることが特徴である。

　一方で，90年代後半から，中国では若年新中間層を中心に意識が急速に変化し，欧米企業の成果主義，能力主義が浸透している。日中ジョイントベンチャーにおける日本的経営システムの重要な特徴のひとつである年功序列制度は，こうした中国の変化に適応できず，人事労務のほ

---

(1) 新中間層とは，賃金労働者でありながら，肉体労働に従事せず，頭脳労働に従事する者を指す。サラリーマンとか，ホワイトカラーとも呼ぶ。中国市場を読む時，注目しておきたいのが「若年新中間層」と言われる人々だ。高学歴，高所得を背景に消費意欲も旺盛，新しいことにも意欲的にチャレンジする20～30代である。

第2章 ステークホルダー・マネジメントの定義づけ

とんどの領域で困難に直面している。日本的経営を持ち込んだ日中ジョイントベンチャーは，現場においてブルーカラーの管理ノウハウには地道な QC サークルなどの小集団活動に関する多くのノウハウを持っているが，ホワイトカラーの管理ノウハウはそれほど持っていない。日本型の人事労務制度は，異文化の経営環境において，現場のブルーカラーを優遇しモチベーションを引き出すには効果的であるが，ホワイトカラーやマネジャー層については問題を発生させる（石田，1999）。その結果，日中ジョイントベンチャーの魅力は大きく低下することを招いてしまい，現地市場に関する高度な知識やスキルを持つ優秀な人材の獲得・定着が困難になる。

欧米企業などに比べて，日本企業は人材の面で以下のような特徴を持っている。中国進出の主流は「生産工場」であるため，工場管理，現場ワーカーの管理だけができても，販売・研究開発などマネジメント層の育成ノウハウがなかなか蓄積しにくい。また，事業部ごとの進出が多く，長期的，トータルな人材戦略の構築及びノウハウの蓄積が遅れている。このような日本企業の厚い「人材の壁」を突破することは，中国事業の競争力強化の最も重要な課題である。そのために避けて通れないのは，「ヒト」の現地化の推進である（緒方，2004）。そこで，日中ジョイントベンチャーにとって，中国の現状に対応できる人事制度が急務である。特に能力・業績を評価する成果主義，権限拡大などのインセンティブ制度，早期の昇進制度などの導入が一層重要である。

日中ジョイントベンチャーにおいて，組織と個人の間に「Win-Win（両方とも勝者）関係」が成立するための基本的条件のひとつであると考える（栁田，2003）。日中ジョイントベンチャーが中長期の視点に立って，現地の優秀な人材の採用・育成・キャリヤを総合的にデザインする

のは，特に「安価な労働力」を求めて生産輸出型ジョイントベンチャーから，中国進出における製造販売型ジョイントベンチャー，さらに研究開発ジョイントベンチャーというステップを進める上でますます重要になっている。

2　日中ジョイントベンチャーに関する定義

　まず，第1章で述べてきたように中国政府が1978年に「経済改革・対外開放」政策を打ち出してから，1984年に施行された「合弁法」に基づいて形成された日中ジョイントベンチャーの概況を明らかにする。次に第一節でジョイントベンチャーについて検討したことを踏まえ，日中ジョイントベンチャーに特有の議論をレビューしていきたい。

　日中ジョイントベンチャーの概況
　日本企業の中国進出に関して，前節で述べてきた「技術」「市場」に加え，もうひとつの重要なことは，「進出の形態」に関する部分である。この「進出の形態」は，中国に進出しようとする場合，直接投資を意味する「三資企業」という言い方をされる。つまり，「三資企業」は「合弁企業」「合作企業」「独資企業」である。そこで中国の経済高成長の牽引力となっている日中ジョイントベンチャーとは，中国企業と日本企業が，1979年に中国政府の公布し，1984年に修正した「合弁法」に基づいて，技術と資本，さらに経営ノウハウの面における補完的な有形・無形の経営資源をある一定の比率（日本企業の出資比率が25％以上であること）で拠出し合って新しい企業法人（企業体）を設立し，共同で事業経営を行うことである。これに対して「合作企業」とは，「合弁法」の枠

に入らないパートナー間の共同事業であり，個々に契約によって成立するものを指す。さらに「独資企業」は，中国で外国企業が100％出資の企業体である。「合弁企業」の場合は，国内販売がかなり自由で，「独資企業」は30％程度までは国内販売が可能とされている。また，鉄鋼，自動車，通信，重電・石油などの基幹的な産業部門に関しては，外資企業による「独資企業」が認められることはまずない。せいぜい，外資企業サイドの出資比率は50％程度とされる。したがって，外資企業のマックス出資比率は50％上限と設定されている。

「経済改革・対外開放」政策の実行から現在まで30数年間に，多くの日本企業が中国に進出していった。その中で「進出の形態」は，特に90年代まで日中ジョイントベンチャーが最も多かった。その理由は，中国では外資導入のすべてが認可制となっているため，外資系企業の設立はすべて審査を受けなければならないからである。その際，投資分野・業務内容・進出地域・出資比率などに関しては，きめ細かい参入規制がある。また，主な操業許可条件としては，外貨バランス（輸出入均衡）の要求，一定割合の輸出の要求（輸出義務），ローカルコンテンツ（現地調達）の要求が挙げられる。日中ジョイントベンチャーは，「合弁法」により，国内販売がかなり自由になっていた。一方で，中国側から高いレベルの「技術移転」や「現地化」を要求されることが多かった。その意味で，日中ジョイントベンチャーは中国の経済発展と技術移転などの貢献に大きく寄与した（詳しく第3節で説明する）。

日中ジョイントベンチャーに関する先行研究

実際，日中ジョイントベンチャーに関する議論は，前節で述べてきたジョイントベンチャーについての議論を重ねている部分がかなり多いた

め，ここでは敢えて議論の重複部分を繰り返さない。その代わりに，日中ジョイントベンチャーに特有の議論を取り上げて中心にレビューしていきたい。主に以下，3つの通りである。

多い国有企業，政府に指定された企業　日中ジョイントベンチャーにおいて，中国側パートナーは，特に80年代，90年代において政府系企業（国有・集団所有）が圧倒的に多かった。パートナー企業が管轄団体である省・市・県などの各級政府の指揮管理下にあり，ジョイントベンチャーの中国側責任者は，管轄団体からの要求を拒否できない場合も少なくなく，企業側の経営効率化や利益を無視した経営活動をよく見かけた。要するに，政治的要素を日中ジョイントベンチャーの運営過程において考慮しなければならない。

また，前述したようなさまざまな政府規制の中で，日本企業が鉄鋼，自動車，通信，重電・石油などの基幹的な産業分野に進出するため，日中ジョイントベンチャーは唯一の選択肢（進出の形態）となっている。日中ジョイントベンチャーの形成・成長過程において，中国のパートナー企業は常に「技術移転」を求め，日本企業は判断に苦慮することがしばしばあった。日本企業に対して，一歩踏み込まなければ大きな成果は得られず，踏み込みすぎる不安からも逃げられない（関・範，2003）。

出資比率の問題　ジョイントベンチャーの定義によって，日中ジョイントベンチャーは，独資企業のような完全所有の現地法人と異なり，企業の所有権が出資比率に応じて分散しており，重要な意思決定でも比率割合によって議決される。前述したように，日中ジョイントベンチャーを選択する原因のひとつは，外国企業の出資比率が中国の経済政策及び「合弁法」によって制限されていることである。中国政府は，国内の産業や企業が未成熟の状態と判断し，産業保護の見地

第2章　ステークホルダー・マネジメントの定義づけ

から強力な外資の進出を制限する。

　中国の日本企業の所有と統制行動の特徴として，吉原（1984），小島（1985），丹野（1994）の研究から指摘されているのは，第1に日本企業は中国で事業を展開するため，ジョイントベンチャー形態が多いことである。第2に，過半数所有・少数所有であっても日本側が経営上の優位性を持っている場合が多いことである。第3に，海外子会社（ジョイントベンチャーを含む）に対する統制が比較的弱いことである。

　その背景で，中国では外資規制により，外資100％の出資形態（独資企業）に対する制約を設けている場合が多く，そのために，ジョイントベンチャーという進出形態にせざるをえない。日本企業の出資比率が過半数・少数所有であっでも，中国パートナーが日本企業に対して，技術・生産・輸出などの依存度が一般的に極めて高いことによって，日中ジョイントベンチャーの場合に日本企業は，所有以外のこれらの要因の支配力から経営上の優位性を持つようになった。

　さらに21世紀に入り，中国のWTO加盟をきっかけに，家電産業・サービス産業などに対して，出資比率制限の撤廃などの規制緩和によって，日中ジョイントベンチャーは，所有の変化についての動きを盛んにしている。日中ジョイントベンチャーをよりコントロールし易くするため，日本企業が出資比率の引き上げを繰り返している。そこで，松下電器（現・パナソニック），日立製作所などのメーカーは，効率を図るためにグループ企業を再編し，その中での日中ジョイントベンチャーに対する出資比率を引き上げることを頻繁に行ってきた。例えば日立数字映像有限公司において，日立製作所は出資比率が初期の49％から，2001年に51％，2006年に80％まで3度引き上げられた。その結果，中国のパートナーとの所有をめぐるコンフリクトは非常に高まっているといわれ

ている。

工会組織（労働組合）　　日中ジョイントベンチャーでは，中国企業と日本企業が出し合う補完的な経営資源という背景で，日本企業が技術・生産管理を担当し，中国企業が採用・人事管理そして国内市場では販売を担当するのが一般的である。この場合，工場の立ち上げの際の困難なプロセスにおいて，中国企業が採用と人事管理を担当し，自らと政府との良好な関係を活かして土地収用，電力・水道供給などのインフラ整備を早期に完成することにより，極めてスムーズにかつ短期間で事業をスタートさせることができる。

実際，1978年以降の中国の「経済改革・対外開放」政策が経済システムの改革が中心となっており，企業における「工会」（日本では労働組合）の機能を含む政治システムの民主化や労使関係の改革が遅れた。その結果，中国では社会主義市場経済体制に移行しつつある中に，労使関係は依然として旧ソ連・東欧諸国と同様に労働関係という言葉で表現している。社会主義のイデオロギーは，資本主義社会に対する社会主義社会において，労使対立を認めることができない。しかし1990年代に入り，中国経済の発展とともに労使紛争やストライキの件数が増加しつつある。そしてそれは大規模化するだけでなく，その紛争やストライキの原因も多様化した（総合研究開発機構, 1997）。

しかし，中国のパートナー企業の党組織と工会機能がそのまま日中ジョイントベンチャーに持ち込まれるケースが多い。中国工会法では，「企業・事業体・機関では組織員が25人以上いれば基礎工会を組織すべき」という規定によって，日中ジョイントベンチャーは86.4％以上，工会組織を設立させるようになっていた（金山, 2000）。工会は中国共産党の下層執行組織であり，いわば共産党の「現場担当」である（図2-

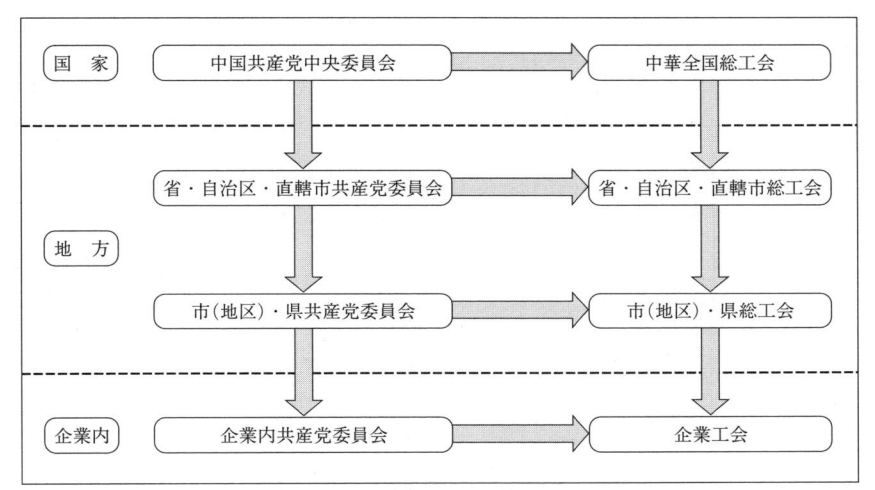

第2章 ステークホルダー・マネジメントの定義づけ

```
┌─────────────────────────────────────────────────────────────┐
│ 国　家  中国共産党中央委員会  ⇒  中華全国総工会                │
│ ─ ─ ─ ─ ─ ─ ─ ─ ─ ─ ─ ─ ─ ─ ─ ─ ─ ─ ─ ─ ─ ─ ─ ─ ─ ─ ─ ─ ─ ─│
│          ↓                                                   │
│ 地　方  省・自治区・直轄市共産党委員会 ⇒ 省・自治区・直轄市総工会│
│          ↓                                                   │
│         市(地区)・県共産党委員会 ⇒ 市(地区)・県総工会         │
│ ─ ─ ─ ─ ─ ─ ─ ─ ─ ─ ─ ─ ─ ─ ─ ─ ─ ─ ─ ─ ─ ─ ─ ─ ─ ─ ─ ─ ─ ─│
│          ↓                                                   │
│ 企業内  企業内共産党委員会 ⇒ 企業工会                         │
└─────────────────────────────────────────────────────────────┘
```

図2-3　中国工会組織および共産党との関係
注：⇒は指導関係を表す
出所：金山（2000）149頁。

3）。日中ジョイントベンチャーのすべての管理職が工会に加入している。また，党書記が董事長（日本でいう「代表取締役会長」）であったり，党委員会の活動が目に見えず，企業内の意思決定のプロセスに，党がどのように関与しているかが理解しにくいこともある。さらに，現実には党書記が董事長を兼ねたり党副書記が総経理を兼ねるなど，1人の人間が異なる機能を同時に担っており，党機能と企業統治をはっきり区別できない。つまり，工会は企業内「共産党組織」であるとも言われている。

中国の「経済改革・対外開放」政策の推進を進化していく中で，私的セクターの拡大や外国企業の進出に伴い，従来の支配の構造と社会主義イデオロギーの変容を理解しなければならない。そこにおいては，党，工会組織と労使関係が1つの主要なテーマである。特に日中ジョイントベンチャーの場合には，経営問題や企業統治という面で中国的で馴染め

ない問題に，日々の業務からトップレベルでの意思決定において直面しなければならない。

　日中ジョイントベンチャーに持ち込んだ中国の工会に対して，日本人の経営責任者は，前述したような多くの不安や懸念を持っていた。しかしながら，90年代に入って中国における労働紛争やストライキが多発している現状がある。中国の企業内における紛争，とりわけ日中ジョイントベンチャーにおける紛争では，企業内における主要人物間の紛争が中心である。工会は平時においては機能していなくても，一旦，紛争や対立の状況が生まれると，労働者や行政を巻き込んで決定的で重要な役割を果たし，その多くが極めて短期間で解決されている。さらに，従業員の福祉厚生面における社員寮などを提供する役割も果たしている。

　したがって，工会の指導者は外国企業とのジョイントベンチャーに関する理解の教育を従業員に対して行うとともに，日中ジョイントベンチャーが工会と密接に協力して相互信頼の下で経営を行うことも重要である。

3　ステークホルダーに関する定義

　近年，ステークホルダー（Stakeholder）とステークホルダー分析は，経営学や社会科学などの分野においてますます応用的に展開されている。ステークホルダーをめぐる経営学的研究としては，企業，特に巨大株式会社と株主（Stockholder）との関係のあり方をめぐる研究が開始されている。本節は，企業とステークホルダーとの関係のあり方について論ずる文献のレビューを中心として，まずにステークホルダーの概念と分類について再検討し，次にステークホルダー・マネジメントに関するレビ

第**2**章　ステークホルダー・マネジメントの定義づけ

ューを試みる。

ステークホルダーの概念

　ステークホルダーという概念が，企業経営の文献において最初に使用されたのは，Preston (1990) によれば，1930年代初期にすでにゼネラル・エレクトリック（GE）において，ステークホルダーの重要性が論じられていた。GEは，「顧客，従業員，株主という3つの主要な利害集団を確認し，そこで顧客や従業員の要求と期待を満足させることで初めて株主が利益を得る」という経営理念を社内に導入していたが，ステークホルダーという概念自体には具体的に言及しなかった。

　ステークホルダーの概念を論述した議論は，1963年のスタンフォード・リサーチ・インスティチュート（SRI）によって始まった。SRIは，企業の存続のため，経営者がステークホルダーの要求や期待を理解しなければならないと主張する。そこでステークホルダーが株主の概念を一般化する用語で用いられた。ステークホルダーの概念に関してはさまざまな研究者がいるが，研究対象である企業の置かれた時代や背景により変化し，研究者の目的や方法によって異なっているのが現状である。例えば，企業がステークホルダーに依存していることを出発点として，「企業がその存続のために依存している，特定可能なあらゆる集団もしくは個々人」という定義などが挙げられる（Freeman & Reed, 1983）。また，関係の正当性を基盤にし，ステークホルダーが企業に対して要求や利害を持つ視点でみると，ステークホルダーは企業の事業活動の過程的側面及び実質的側面に対して正当な権益を有する個人または集団によって構成される（Donaldson & Preston, 1995）。

　以上の議論をふまえた上で，ステークホルダーという用語は，経営学

のさまざまな文脈で採用される非常に便利な概念であった。このステークホルダーという概念を，どのように捉えるか。本書では，Freemanの1984年に発表した *Strategic Management : A Stakeholder Approach* という著作をきっかけとして，「ステークホルダー」という概念が認知され，多くの論者によってさまざまな解釈が行われるようになったとする。ステークホルダーを特定しようとする議論では，以下のFreeman（1984）によるステークホルダー概念の定義を出発点としている。ステークホルダーとは，狭い意味では，「継続的な存続のために企業が依存する個人・集団」，広い意味では，「企業組織の目的の達成に影響を与え，企業によって影響をうける個人・集団で，企業組織との利害関係を持つ個人・集団」として捉えられる（Freeman, 1984）。企業にとってステークホルダーは，直接的であれ間接的であれ影響を与えるさまざまな利害や期待を持つ他者である。企業の変化は多岐にわたるステークホルダーとの関係の必要性を反映したものである。具体的に言えば，前者は株主，従業員，顧客，取引業者，政府機関，金融業者などが，後者はこれらに加えて，市民団体，業界団体，競合会社，労働組合などがステークホルダーとして挙げられる。企業の社会的責任を把握するために経済的利害だけではなく，社会的・政治的利害関係を持つ多様なステークホルダーを考慮することが必要である。本書では，後者の定義を採用しようとしている。すなわち，より広い意味でのステークホルダー概念である。

ステークホルダーの分類

現代の多元主義社会において，企業経営によって影響を受けたり，影響を与えたりする個人または集団は，多数存在している。ステークホルダーの概念によると，ステークホルダーは，企業との純粋な取引関係を

意味するものではなく，企業に対して積極的に利害を主張するような能動的な主体である（山倉，1993）。ステークホルダーを捉えるためにはステークホルダーの特定が重要になる。いわゆるステークホルダー分析は，だれがステークホルダーか，その利害とは何かということを議論する。このような課題を明らかにするため，さまざまなステークホルダーのリストや類型化についての研究文献が多数存在する。これらの議論は，今まで統一的なステークホルダーの特定方法が確立されているわけではなく，諸論者の議論の目的に依存しているのが現状である（Rowley, 1997）。本書では，ステークホルダーは，企業とステークホルダーとの関係の強さにより，直接的かつ重要な関係を持つ第一次的ステークホルダー（Primary Stakeholders）と間接的関係を持つ第二次的ステークホルダー（Secondary Stakeholders）に分類する（Freeman, 1984 ; Clarkson, 1995）。

ステークホルダー・マネジメントと経営戦略

近年，ステークホルダーをめぐる研究が盛んに行われている。多くの経営学の研究者は，ひとつの経営理論としてのステークホルダー理論に基づき，経営実践としてのステークホルダー・マネジメントを提案している。ここでは，今日までステークホルダー・マネジメントに論及する文献を中心にレビューし，これについて確認する。そして，経営戦略の形成・実行プロセスにおけるステークホルダー・マネジメントを中心に検討していく。最後に先行研究の問題点を明らかにしたい。

ステークホルダー・マネジメントの概念　　企業が存続・成長するために対応しなければならないステークホルダーは多岐・多様になってきたという現実がある。前述したFreeman（1984）のステークホルダー概念は，企業とステークホルダーとの間の相互的な関係性を前提にしている。

この関係性は，ステークホルダー・マネジメントの土台を示している。言い換えれば，なぜステークホルダーをマネジメントするのが必要かということである。まず，ステークホルダーが企業目標の達成に影響を与えれば，企業の意思決定とパーフォマンスが，ステークホルダーの行動に影響されることは当然である。そこでステークホルダーの要求・期待を対応する，かつ利益の最大化を追求するために，ステークホルダーを戦略的にマネジメントしなければならない。次にステークホルダーが企業目標の達成によって影響を受けると，企業の意思決定はステークホルダーの状況に影響を与える。従って，企業と多様な要求や期待を持つ他者との関係をいかにマネジメントするかが経営管理者の重要な役割となる。すなわち，企業を経営する過程において，ステークホルダーとの共生・協調関係を持つことは，企業の経営戦略上，また持続可能な成長からも重要な意義を持つ。

　企業の外部に存在しているステークホルダーが自由裁量を持っている独立企業体や集団であるから，ここで誤解してはならないのは，ステークホルダー・マネジメントがステークホルダーを統治・管理するということではない。すなわち，企業経営の中心にステークホルダーを置き，ステークホルダーの意思を企業戦略に反映し，彼らとの共生・満足を追求する経営管理の手法であり，これこそが今後の企業の持続可能な成長・発展に繋がるといっても過言ではない（谷本，2004a；水尾・田中，2004）。

　その意味でステークホルダー概念に基づいて，ステークホルダー・マネジメントとは，「企業を取り巻く多様なステークホルダーとの相互作用関係の展開・深化を企業の基本特徴として認識するとともに，ステークホルダーの特性に適合した企業の対ステークホルダー反応姿勢・手続

の確定・導入を通じて，企業とステークホルダーとの安定的かつ良好な関係性を構築し，企業の持続的成長を促進し，発展させるための経営管理」である（Carroll & Buchholtz, 2003；水尾・田中, 2004）。ここで言う良好な関係性とは，企業に対するステークホルダーからの影響が不平や不満の状態を指すのではなく，むしろ企業はステークホルダーとの積極的な相互作用・影響を理解し，対処し，自らの戦略修正・転換や構造変化などを通じて，自らの成長・発展を促進していく状態を意味する。この関係性は，従来の限定的な取引関係など経済的関係に関する議論を超え，社会・政治的な関係までを射程に入れる。

経営学におけるステークホルダー・マネジメントの展開

企業戦略論において，Ansoff (1965) は，企業の存続・発展するために，経営者，従業員，株主，サプライヤーなどといったステークホルダーの相互に矛盾する複数の要求の均衡を通じて企業の目的が導き出されることが重要な課題となると指摘する。また，競争戦略論を確立した Porter (1980, 1985) は，ある産業の競争状況，ひいてはその産業に所属する企業の業績に影響を及ばす要因を大きく5つに分類している。具体的には，企業が競争優位を築くために，売り手（供給者），買い手（顧客），代替製品，既存企業（競争相手），新規参入企業という外部要因を分析し，経済市場におけるポジションを確立することによって，製品の差別化，市場の集中という基本戦略を取る。言い換えれば，企業を取り巻く産業環境で存在する顧客，供給者，競争相手，さまざまな規制を設ける政府といったステークホルダーの行動を分析し，それがビジネスチャンスであるか否か，脅威であるかといった知見が得られるため，企業の戦略策定にも大いに役立つ。

経営戦略におけるステークホルダー・マネジメントの研究は，Freeman (1984) の著作において体系的に確立されることとなる。彼は，ステークホルダーの意図を経営に導入し，ステークホルダー・マネジメントが企業目標を達成するために戦略を形成・実行するプロセスにおいて，いかにステークホルダーとの関係を合理的に構築していくかを明らかにする考え方を提示している。企業は，自らの目標を達成するために経営戦略を形成・実行・統制していく。そこでまず戦略形成において，誰がステークホルダーであるかを明らかにするために，ステークホルダーのマップを作成しなければならない。その上で企業はステークホルダーに対する戦略プログラムを策定する。このプログラムは企業組織とステークホルダーの行動分析から始まり，続いてステークホルダーの行動の説明や他のステークホルダーとのコラボレーション（連合）分析も行われる。このステークホルダーに関する考察を踏まえ，企業のステークホルダーに対する全般戦略が構成される。次にステークホルダーのための特定プログラム，そして総合されたステークホルダー・マネジメントプログラムが作られる（図2-4）。

　また，多くの研究者はステークホルダーの重要性に注目することが，企業の成功にとって重要であると論じる。ステークホルダーとの関係性が企業の成功（継続的な存続）を示す指標である企業の経済的なパフォマンスと関連するかという点は，重要な課題となる。企業の経済的なパフォマンスは，企業の経営環境の中に存在しているステークホルダーとの関係のマネジメントに基づく戦略的なステークホルダーモデルを利用して，より効果的に分析・評価することができる（Clarkson, 1995）。図2-5で示すように，ステークホルダー・マネジメントは，企業戦略の一部であり，決して企業戦略を決定しない。しかも企業戦略は，企業の経済的なパフォマンスに直接的に影響を与えると論じる。

第2章　ステークホルダー・マネジメントの定義づけ

```
①ステークホルダー      ②ステークホルダー      ③連合分析
  行動分析      →      行動説明       →
                           ↓
                        ④全般戦略
                           ↓
                    ⑤ステークホルダーための
                        特定プログラム
                           ↓
                      ⑥総合プログラム
```

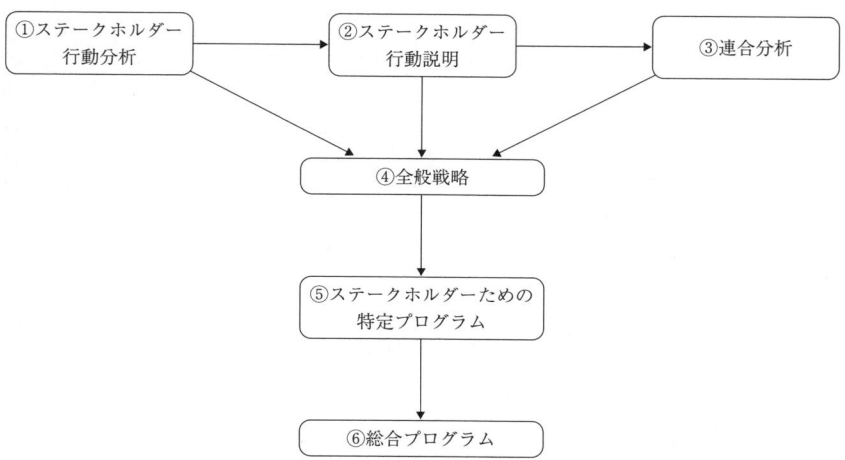

図2-4　ステークホルダー戦略策定プログラム
出所：Freeman（1984）．

　ステークホルダーとの関係性は，企業戦略とパーフォマンスとの関係を調整することによって企業戦略に影響を与え，企業の追求するよい将来の結果をもたらす。

　企業は，社会に財・サービスを提供することによって，企業目的が利益を追求することを目的とするという見方があるが，企業目的を単に利益の増大として捉えるのではなく，「組織価値」（Organizational Wealth）の増大とする見方もある（Post, Preston, Sachs, 2002）。この組織価値は，物的資産・無形資産，ステークホルダーとの良好な関係，名声などから構成される。ステークホルダーとの良好な関係や名声を維持することは，必ずしも経済的効率性を追求するだけでは実現することができない価値を生み出すといえる。そのために企業は自らの事業活動を通じて，ステークホルダーとの良好な関係を構築することで，社会からの信頼が得られ，持続的な発展が可能となるのではないだろうか。

```
           ┌─────────────┐
           │ ステークホルダー │
           │  との関係性    │
           └──────┬──────┘
                  │
                  ▼
┌─────────┐              ┌──────────────┐
│ 企業戦略 │ ───────────▶ │ 企業パーフォマンス │
└─────────┘              └──────────────┘
```

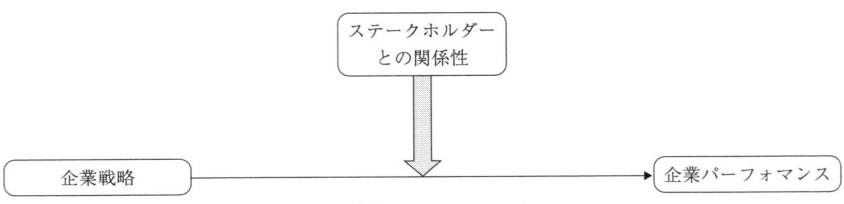

図2-5　戦略的ステークホルダーモデル

出所：Clarkson (1995).

　近年，企業が事業活動による経済的成長をもたらす一方で，環境破壊・公害などで社会に負影響を与えた社会的問題も引き起こされた。企業倫理・社会貢献を超えて，企業は企業の社会的責任（Corporate Social Responsibility：CSR）を企業の経営戦略の策定に取り込むのがますます重要になっている（Porter and Kramer, 2006）。つまり，従来の法の遵守・製品の安全性・品質保証・慈善活動など「受動的CSR」を超えて，「戦略的CSR」を推進することで新たな競争優位を築き，持続的な成長の道を開拓する。企業の社会的責任は経営にとって本流の問題ではないとみなされてきたが，近年に企業がその社会的責任への関心を高め，経営戦略の中心的な位置を占めている。社会的なイメージや地域コミュニティーと企業の経営戦略が密接に絡みあっているからである。持続的に成長するために，企業は自らの事業に関わっている政府，顧客，供給者，競争相手，地域団体などの多様なステークホルダーと連携しながら，社会的問題を経営戦略に積極的に取り込み，同時に解決できるビジネスを構築する。こうした「WIN-WIN関係」という考えを持つ企業が，最終的には競争力を獲得する。

第2章　ステークホルダー・マネジメントの定義づけ

4　明らかにならなかった課題

　ここまでジョイントベンチャー，ステークホルダーの既存研究に関するレビューを行なってきた。本節では，これらの既存研究を踏まえ，明確になってこなかった点は，以下の通りである。
　第1に，上記のようなジョイントベンチャーに関する既存研究は，特にジョイントベンチャーの交渉と形成段階に焦点を当てて，親会社，ジョイントベンチャー，政府を主要なサプライヤーとして分析してきた。しかし，顧客，競争相手，サプライヤーなどのジョイントベンチャーを取り巻く環境の中に常に存在している多数のステークホルダーには，必ずしも十分に焦点を当ててこなかった。ジョイントベンチャーの実行段階において，これらのステークホルダーとの関係を構築・管理することは，ジョイントベンチャーの継続的な存続にどのような影響を与えるのかということが，必ずしも解明されてこなかった。
　第2に，現代企業を取り巻く経営環境は，常に変化している。そこに存在しているステークホルダーも流動的である。ジョイントベンチャーの形成や実行段階によって，係わり合うステークホルダーは変化し，また特に重視すべきステークホルダーはシフトしていく。潜在的なステークホルダーが顕在化してきたり，販売チャネルを開拓するために物流業者と組んだり，あるいは水平的・垂直的統合による内部化などによるステークホルダーとの関係を再構築するダイナミックなマネジメントについては，あまり注目してこなかった。その意味で既存の研究は，ジョイントベンチャーにおいてダイナミックな変化の側面が扱われていない。
　第3に，従来のステークホルダー理論は，企業とステークホルダーの

ダイアド関係（直接的な関係）を想定し，ステークホルダー間の相互作用（間接的な関係）を考慮していないことを指摘される。ステークホルダーが必ずしも単独に企業に影響を与えるわけではなく，企業はステークホルダーのネットワークの中で存続しているという視点に立つ分析も重要である（Rowley, 1997）。ジョイントベンチャーの実行段階において，新たなステークホルダーができる。特定の目的でこの新しいステークホルダーは，新しい関係を拡大したり，既存の関係を強化したりする。そこで形成された関係は，ステークホルダーによるネットワークの中に，経営資源や情報へのアクセス・獲得にどのような影響を与えるのが，あまり議論されてこなかった。

　これらの点を踏まえつつ，第**3**章で資源依存パースペクティブ（視点・見方）を応用して，重要なステークホルダーを特定するための資源重要性と協力可能性，ステークホルダーとの関係を強化するために不可欠な信頼，ステークホルダー・ネットワークにおけるネットワーク中心性という概念を取り入れて，日中ジョイントベンチャーの成長各段階において，ステークホルダー・マネジメントとダイナミックな関係変化のプロセスを解明する理論の構築を試みる。

第3章
ステークホルダー・マネジメントを捉える理論

　本章では，第2章での先行研究レビューを踏まえ，資源依存パースペクティブをもとに，資源重要性と協力可能性，信頼，ネットワーク中心性というコンセンプトを取り入れて，日中ジョイントベンチャーとステークホルダーとのダイナミックな関係形成・強化・拡大を分析する理論的な枠組みの構築を試みる。

1　日中ジョイントベンチャーを捉えるフレームワーク

　日中ジョイントベンチャーの経営環境における複雑性は，社会主義の政治体制と資本主義の市場経済を併存する特殊な発展途上国という中国の環境，日中ジョイントベンチャーにおける競争と協力，相互依存と自立性，企業と国の文化の混合などという性格を持つことに現れている。また，ジョイントベンチャーは，オープン・システムであり，さまざまなステークホルダーとの諸関係ネットワークの中に埋め込まれている。上述したような日中ジョイントベンチャーの特殊な環境の複雑性を踏まえれば，親会社同士の関係，すなわち所有問題・コントロール問題だけを議論しているのでは不十分である。新たな環境で存在している政府[1]，組合，顧客，競争相手，サプライヤーなどというステークホルダーの要

求や期待に配慮しつつ変化・成長・存続を図っていかなければならない。第1章で述べてきたインフラの問題，法制度の不備などの中国という特定の環境に対して適応をするために，ステークホルダーの利害と要求を対応するより広い戦略的ビジョン（目標の満足）を策定する能力，国を越えた文化的・制度的相違を処理する能力，親会社からハードやソフトな技術を移転する能力，人脈を作り出す能力などの，特別なマネジメント能力が要求される（奥村，2003；安室，2003）。

　日中ジョイントベンチャーは，自らを取り巻く経営環境の下で，ステークホルダーとの相互作用によって依存関係を持つようになっている。これらの関係は図3－1で示すような相互作用を通じたさまざまな形となる。この関係は，直接的な関係と間接的な関係に大きく分けられる。ここでは日中ジョイントベンチャーを中心として考える場合に，日中ジョイントベンチャーとステークホルダーが直接に経営資源を交換するときに形成した関係は直接的な関係を指す。これに対して，そこからステークホルダーと他のステークホルダー間の経営資源交換によって派生した関係は間接的関係を指している。すなわち，ステークホルダーの同士間の関係である。例えば，図3－1で示すように，日中ジョイントベンチャー，販売業者，顧客との間の関係を考えると，もちろん，日中ジョイントベンチャーはダイレクト販売などのようになるべく顧客との直接的な関係を持ちたいが，必ずしもすべての顧客と関係を持つことはできないので，販売業者を介して顧客との関係を持つ。それがいわゆる間接

---

(1)　「政府」とは，国家レベルのみならず地方レベルを含めた立法・司法・行政の諸機関の総称と解釈しておきたい。政府は統治主体であるという意味で，その権限の行使は，国民のあらゆる階層の人々に，またあらゆる種類の組織に及ぶ。政府の権限は，具体的には企業に対して法律・辞令・条例などを通じて行使される。

第3章 ステークホルダー・マネジメントを捉える理論

```
         日本企業 ←------→ 中国企業
        ↗   ↘              ↕
   サプライヤー              政府機関
        ↓     ↘          ↗
                 日中
                ジョイント
                ベンチャー
        ↑     ↗          ↘
      顧 客                 組 合
        ↓   ↘          ↗
         販売業者 ←----→ 競合企業
```

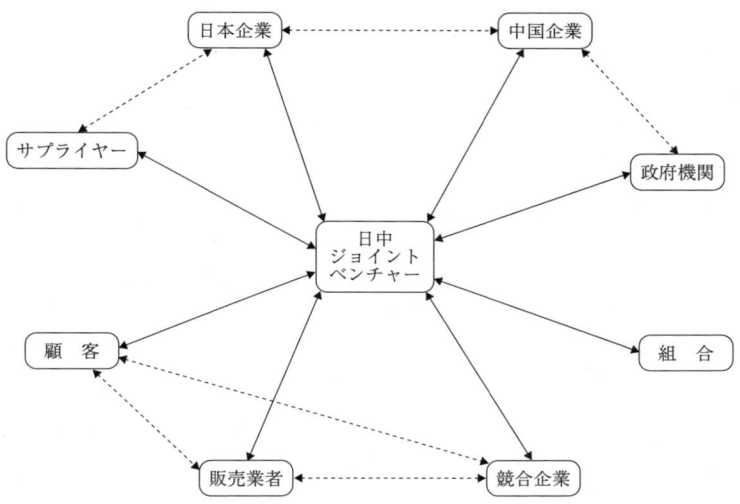

図3-1 日中ジョイントベンチャーのステークホルダー・マップ
注：◄──────► 直接的な関係　◄------► 間接的な関係
出所：筆者作成。

的な関係である。また，販売業者の同士間の関係や顧客の同士間の関係なども間接的な関係である。

　まず，第2章で日中ジョイントベンチャーの概念について述べたように中国企業や日本企業という親会社は，ステークホルダーの一員として特別な存在であり，日中ジョイントベンチャーとの関係は出資による所有関係である。すなわち，日中ジョイントベンチャーは，日本企業，中国企業の子会社である。日中ジョイントベンチャーの成果は親会社の出資比率によって配分されるが，実際によりよい成果を得るため，親会社は日中ジョイントベンチャーの経営上の行動に深く関わっている。また，先進的技術の提供，優れた経営・生産ノウハウの導入などの親会社の行動は，日中ジョイントベンチャーの成果に大きな影響を与える。その意

味で，日中ジョイントベンチャーと親会社との関係は，所有関係でありながら協調的関係にもある。

　また，価値連鎖について分析すると，供給者と顧客との協力関係がある。ある企業のアウトプットが他の企業のインプットとなるため，両企業の関係は互いに資源依存による協調的な関係になりやすい。価値連鎖における日中ジョイントベンチャーと親会社，サプライヤー，顧客，販売業者との協力関係は，その典型的な例である。さらに，一般的には両企業がある同一の顧客層，あるいは市場を追求することに競争が生じる。従って，日中ジョイントベンチャーと競合相手との関係は，競争関係であると考える。ここで注意すべきは，協力関係の形成は協調的な場合に生まれやすいが，競争的な場合でも生まれる可能性がある（山田，1997）。いわゆる競争者間の協働である。ある特定の目標を実行するため，競争－協力関係を利用してうまく達成できる場合が多い。例えば，新たな（海外）市場を開拓するときに，補完的な関係である企業同士において，手を組んで協調的な行動をとっていく。ただし，新たな市場をめぐる分野において手を結び，他の分野では依然として競争関係にある協力関係である。

　前述の通り，財・サービスの取引により多様な関係を形成されている。これと違って，財・サービスの取引を全く持っていない政府・労働組合は，経済政策・規制を制定したり，実行する，あるいは業界のルールを決めるパワーを持つ特別な存在である。このような企業の上位に存在する政府・労働組合と日中ジョイントベンチャーの関係は，規制的な関係[2]になる。したがって，日中ジョイントベンチャーは，設立，運営を順調

---

(2) 規制的な関係は，地方政府を通じて中央政府との間接的な関係，地方政府との直接的な関係を含まれている。

第3章 ステークホルダー・マネジメントを捉える理論

に展開していくためには，もはや政府や労働組合との関係が規制の側面だけをみるのではなく，政府や労働組合の活動に積極的に取り組むことによって，協力関係を作り出すのが重要になっている。この関係により，政府や労働組合の内部情報（通知，文件など）を早い段階に得られ，自らの調整を行うことによって早期に対策を立てるのが可能になる。

　日中ジョイントベンチャーにとって，人材育成や海外市場進出において，親会社や競争相手との協力関係の形成は不可欠になっているが，さらに政府や大学と手を組んで，よりスムーズに効率的に遂行する場合が多い。日中ジョイントベンチャーは自分の限られた経営資源や規模などの要因によって，単独で海外進出をすることは難しくなる。そこで現地企業と進出先の政府との関係を活用し，政府の強力的なバックアップで，親会社，サプライヤー，販売業者などと手を組んで共同に事業展開を行うことが良策であるだろう。

　以上で述べたように，日中ジョイントベンチャーとステークホルダーとの関係は，競争関係，協力関係，規制関係などの関係の多様さを特徴としている。これらの関係は固定されるものではなく，時間の経過に伴い，変化していくものになる。日中ジョイントベンチャーは，社会主義の政治体制と資本主義の市場経済を混合する中国の特有の経営環境で，親会社，政府，労働組合，顧客，サプライヤー，販売業者，競合相手などのさまざまなステークホルダーと相互作用の中で，影響を受けたり，与えたりすることにより，事業を営んでいく。日中ジョイントベンチャーの成長プロセスにおいて，ステークホルダーとの関係を図式化したものは，図3－2である。図3－2では，双方向の矢印は日中ジョイントベンチャーと係わり合うステークホルダーとの相互作用によって形成される関係を示す。

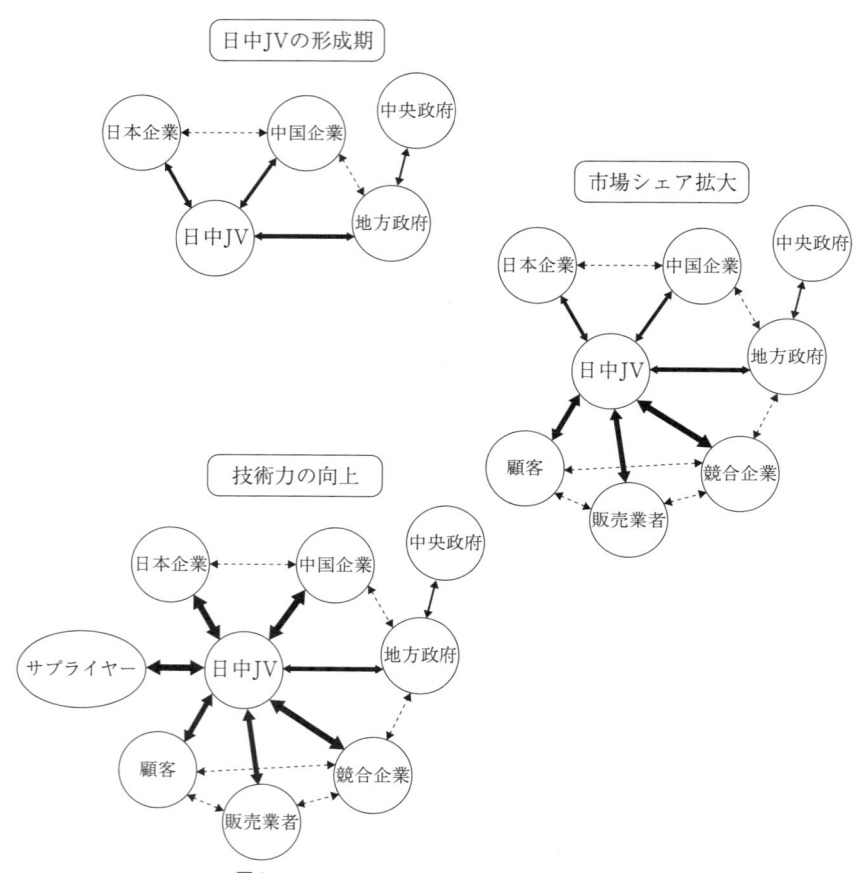

図3-2　ステークホルダー・マップの変化

注：◀────▶：直接的な関係　　◀┅┅┅▶：間接的な関係　　矢印の太さ：関係の強弱および関係の変化
出所：筆者作成。

　日中ジョイントベンチャーは，戦略転換や事業の中心の推移によって，重要なステークホルダーを特定し，ステークホルダー・マップもシフトしていく。図3-2で示すように日中ジョイントベンチャーの形成の際に，親会社，政府というステークホルダーが重要になる。また，市場獲

第**3**章　ステークホルダー・マネジメントを捉える理論

得を重視しているときに，国内顧客，販売業者との関係（新たな矢印ができる）を構築して，彼らの協力関係が強くなる（矢印が太くなる）。そこで初めて同一市場での競合相手も現れてきて，競争関係を持つようになっている。さらに技術能力をアップするため，親会社，サプライヤーの参加（矢印が太くなる）を呼びかけることによって，共同研究開発から自主研究開発の道が開けられる。

　日中ジョイントベンチャーは，モノ，カネ，ヒト，技術，情報，サービスなどの経営資源のうちのいずれか，あるいは複数を媒介して，ステークホルダーとの多様な関係を形成していく。この関係は図3－2で示すように，時間の経過や経営戦略の転換によって，強めたり弱めたりという変動が見られる。ここでは関係の強弱は，日中ジョイントベンチャーとステークホルダーとの間において，取引の数量や金額，契約，人員の出向や派遣，資本参入などの側面から理解することが可能になると考える。また，日中ジョイントベンチャーとステークホルダーとの関係を持った時間の長さも，ひとつ強弱尺度になる。基本的にできた関係が長ければ長いほど，強い関係が見られる。

　日中ジョイントベンチャーとステークホルダーの関係は，固定的なものではなく，むしろ，さまざまな経営資源を交換する中で，弱関係から強関係へのシフト，あるいは既にあった強関係が，取引が減ることによって次第に弱化されていき，ついには弱関係の解消にまで至るといった現象が見られる。そこで日中ジョイントベンチャーは，ステークホルダーとの間に形成された関係を見極めながら，その相互作用や影響のもとで行動していると考えられる。

　ここではステークホルダーとの関係は，日中ジョイントベンチャーの成長プロセスにおけるダイナミックな関係変化として注目していきたい。

本書で取り上げる日中ジョイントベンチャーの成長プロセスは，やはりChandler（1962）の研究が出発点となる。経営戦略の変化と組織の成長プロセスを中心に議論してきたGalbraith and Nathanson（1978）は，経営戦略の変化とそれに伴う組織構造の変革とのダイナミックな関係で，いくつかの発展段階を明らかにしてきた。彼らは，主に組織内部の変化に注目してきたが，組織と他の組織との繋がりとその変化が明らかになっていなかった。

　彼らの研究に従って，日中ジョイントベンチャーの成長プロセスを，大きく分けて形成期，成長期，成熟期に識別することができる。ただし，進出した市場の飽和や所属する産業の成熟・衰退していく中，日中ジョイントベンチャーは産業と運命をともにする必要がないので，事業の多角化を通じて成長する新たな産業や市場に乗り換えていくことが多い。特に海外市場に乗り出し，グローバル化期に至る場合もある。つまり，日中ジョイントベンチャーの成長は，ある段階から次の段階への移行が，新しい経営戦略の採用によってもたされることを意味する。また，経営戦略の変化に伴い，量的だけでなく，質的に異なる組織間関係が生み出されることもある。本書では新たな経営戦略をとる際に，日中ジョイントベンチャーの内部変化ではなく，外部で存在するステークホルダーとの関係変化に注目したい。そのために，Astley and Fombrun（1982，1983）によって展開されてきた企業の発展と組織間関係のパターンとの関連に関する議論をもとに，時間的経過に伴い，日中ジョイントベンチャーの成長プロセスにおいて，経営戦略の転換にかかわるステークホルダーとの関係調整とのダイナミックな関係をまとめたのが，表3－1である。

　日中ジョイントベンチャーは形成期において，親会社が提供してくる

表3-1　日中ジョイントベンチャーの成長プロセスの特徴

発展段階	戦略転換	ステークホルダーとの関係調整
形成期	単一製品戦略	親会社間，政府の関係 サプライヤーとの協調 人員の動き
成長期	市場戦略	販売ネットワーク構築 量販店との提携 規模の拡大
成熟期 ↓ （グローバル化期）	多角化戦略	親会社から新技術の導入 新市場の開拓のための競争相手との協力

出所：山倉（1993），238頁を筆者が整理したもの。

　資金，原材料，工場用地，先進な生産設備に加え，経営・生産ノウハウを十分に活用し，単一製品を加工するあるいは組み立てることで精一杯である。品質を高めるため，親会社，特に日本企業からの経営者や技術者を受け入れて現場での指導を行う。また，現地調達率が高ければ高いほど，一定の品質を保つために，サプライヤーとの協力が不可欠であり，コスト削減のため，サプライヤー側の努力も重要になる。そこで，親会社の支援を受ける日中ジョイントベンチャーがサプライヤーに対する技術指導研修の受入による人材育成に乗り出し，ともに成長を図っている。一方，輸出販売や流通は親会社に任せている段階である。

　次の成長期では，日中ジョイントベンチャーが自らの製品を国内市場に売り出すため，製品販路の確保が最も重要になる。製品販路を確保するため，自社の販売ネットワークをつくることで，顧客との直接な触れ合いが生み出され，市場需要の動きに合わせて製品の流れを調整することができる。同時にサービスも充実していく。また，日中ジョイントベンチャーがすべての販路を自力で開拓するとなれば，限られた経営資源で不可能になり，時間もかかりすぎる。このようなジレンマを解決する

ために，代理店，量販店，特売店という販売業者との販売提携によって，市場シェアを急速に拡大していく。このような市場シェアを拡大しつつ，製品を生産する規模の拡大も要求される。

　成熟期は，日中ジョイントベンチャーが顧客（消費者）の所得水準や技術の遅れなどの理由で市場の限界に直面するが，親会社から新技術や新製品などの新しい経営資源を導入し，製品ラインを多角化する戦略を取る。新製品を既存市場あるいは新市場に売り出し，また，親会社を取り込んだ共同研究開発も行われる。その結果，日中ジョイントベンチャーは，さらに成長を続けることができる。一方で，グローバル戦略を展開することによって再成長がもたらされる場合もあるが，すべての日中ジョイントベンチャーが必ずしもこの段階に至るわけではない。日中ジョイントベンチャーは，自らのコスト優位性を利用して，安い製品を海外で販売しようとするため，海外への進出戦略をとるだろう。その多くは，日中ジョイントベンチャーが国内市場で競争関係にある競合相手，地方政府の機関と協調して，聯盟や貿易会を立ち上げて，海外進出を果たしていく。また，販売業者との提携で製品を海外へ輸出する。

　さらに，日中ジョイントベンチャーの成長プロセスにおけるステークホルダーは，段階によって異なる可能性があり，また時に経営上の重要なステークホルダーは，段階によってシフトすることがある。これは段階において必要な経営資源が異なるからである。したがって，ステークホルダー・マネジメントも日中ジョイントベンチャーの発展段階においてシフトしていかなければならない。このようなダイナミックなステークホルダー・マネジメントのシフトを図示したのが，図3－3である。

　日中ジョイントベンチャーにとって，成長プロセスにおけるすべてのステークホルダーが重要なわけではなく，また異なる時期や局面におけ

第**3**章 ステークホルダー・マネジメントを捉える理論

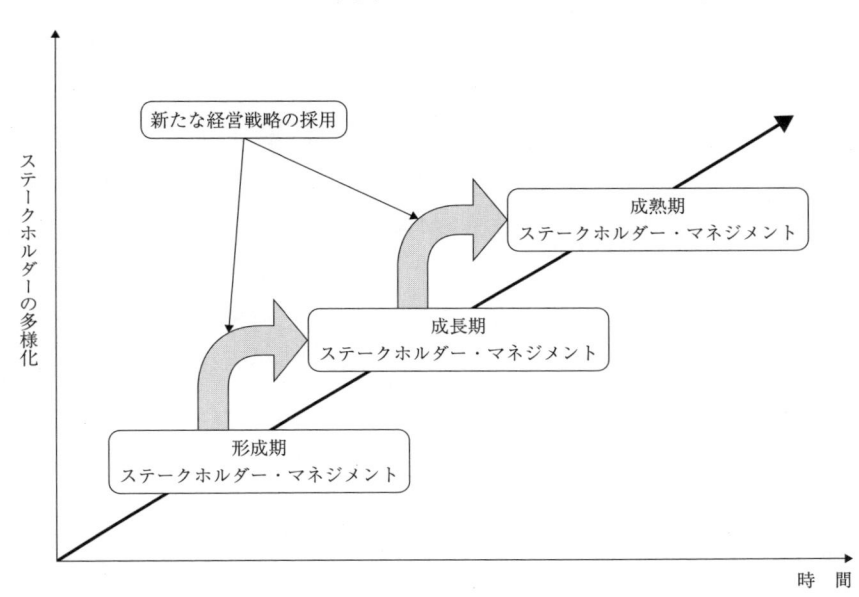

図3-3 日中ジョイントベンチャーの成長プロセスとステークホルダー・マネジメント
出所：筆者作成。

るステークホルダーもすべて同質ではない。日中ジョイントベンチャーは，新しい経営戦略の採用によって，ステークホルダーを多様化していく（図3-3）。ここでは，ステークホルダーの多様化は，日中ジョイントベンチャーの成長プロセスにおいて係わり合うステークホルダーの量的な変化と質的な変化の2つの変化が含まれると考えられる。まず，日中ジョイントベンチャーは，現地調達率の要求によりサプライヤーと協力し，製品の輸出から国内販売への戦略転換，自社の販売ネットワークの構築につれて，販売業者との提携，新規顧客の開拓などの経営行動を行っていく。その結果，単純に言えばそこまでの段階でサプライヤー，顧客，販売業者，競争相手といった順番でステークホルダーの数が増え

ていくにつれ，形成する関係が多数になった。すなわち，量的変化であると考えている。次に，日中ジョイントベンチャーは，市場開拓のために，新規顧客や新たな販売業者，あるいは人材育成における大学などのステークホルダーと，従来にはない関係を持つようになっていく。また，形成してきた関係を強めたり，弱めたりしていく。例えば，サプライヤーとの取引回数，重要な部品の供給者への出資，社員の出向や役員の兼任を含む人員流動，競争関係である競合相手のある分野への協力関係などが挙げられる。そして，日中ジョイントベンチャー自らが成長していく過程において，ステークホルダーの重要性がなくなったとき，そのステークホルダーとの関係を切り捨てることもある。つまり，日中ジョイントベンチャーは自らの成長プロセスにおいて，係わり合う多数のステークホルダーとの関係を創出・消滅したり，強く・弱くしたりする。したがって，ステークホルダーと形成した関係が極めてダイナミックなものであると考えられる。

　上記のような日中ジョイントベンチャーにとって，中国の経営環境で，親会社以外の多数のステークホルダーの存在を明らかにした。さらに日中ジョイントベンチャーの成長プロセスにおいて，経営戦略の転換に応じたステークホルダーとの関係構築とそのマネジメントについて論じてきた。以下では，日中ジョイントベンチャーが，自らを取り巻く経営環境に常に存在する多数のステークホルダーに関して，いかに重要なステークホルダーを特定し，そのステークホルダーとの関係を形成・維持・拡大していくのかという問題について，ステークホルダーの資源重要性と協力可能性，信頼の役割，ネットワーク中心性として取り上げ，具体的にみていくことにする。

2　戦略選択とステークホルダー・マネジメント

図3-2で示すように，日中ジョイントベンチャーがステークホルダーとの関係性を考察するために，次の重要な課題を明らかにすることが必要である。
① 誰がステークホルダーであるか。
② 日中ジョイントベンチャーにとって重要であるステークホルダーを選別すること。
③ ステークホルダーの行動を調査することによって，ステークホルダーの要求や期待を評価する。

これらの課題を解明するのは，組織間関係論で提示されてきた資源依存パースペクティブが有用である（Pfeffer and Salancik, 1978；山倉，1993, 2002）。日中ジョイントベンチャーは自らの存続のために，それを取り巻く環境から経営資源を獲得しなければならない。したがって，日中ジョイントベンチャーは重要な経営資源を所有しコントロールしているステークホルダーに依存している。また，日中ジョイントベンチャーは自らの自律性を維持し，ステークホルダーへの依存を回避しようとし，できる限りステークホルダーの自らへの依存を拡大しようとして，さまざまな行動をしている。そこで日中ジョイントベンチャーとステークホルダーとの関係をいかに構築し，それが日中ジョイントベンチャーのパフォーマンスにいかなる影響を与えるかが重要な課題となる。まず，資源依存パースペクティブでは，日中ジョイントベンチャーはステークホルダーの経営資源に基づいて依存しているから，日中ジョイントベンチャーにとってステークホルダーの経営資源が重要であればあるほど，また

日中ジョイントベンチャーがそれ以外のステークホルダーから必要とする経営資源を獲得できなければできないほど，このステークホルダーに依存する。すなわち，日中ジョイントベンチャーのステークホルダーへの資源依存によって，ステークホルダーが日中ジョイントベンチャーに対してパワーを持つようになる。したがって，日中ジョイントベンチャーは，ステークホルダーが所有する資源重要性によって，重要なステークホルダーを特定する。ここでは，資源重要性は，その経営資源の相対的な取引量と，その経営資源の緊要性によって決められる。特に後者について，その経営資源の入手が困難である場合に，その経営資源の取引量比率が低くても，緊要性は高いものとなる（山倉，1993）。

　一方で，第2章で述べてきたステークホルダーの概念によって，ステークホルダーは，自らの存続・発展のため，自由裁量を持つ集団・個人である。したがって，日中ジョイントベンチャーが新しい経営戦略を打ち出していく中で，重要視されるステークホルダーは，必ずしも協調的な行動をとるとは限らない。また，それほど重要ではないステークホルダーが，協力的であるかもしれない。日中ジョイントベンチャーは，係わりあうステークホルダーがいかなる行動様式をとるのかについて予測・分析しなければならない（Emshoff, 1980, Savage, Nix, Whitehead, and Blair, 1991）。すなわち，ステークホルダーの協力可能性を見極めることが必要になる。ここでは，ステークホルダーの協力可能性とは，ある特定の目標に向かってステークホルダーが支持的あるいは協調的な行動を取る可能性のことを意味する。

　日中ジョイントベンチャーは，ステークホルダーが所有する経営資源の重要性によって重要なステークホルダーを特定する。その重要な経営資源が安定的かつ確実に入手できるために，ステークホルダーの協力可

第**3**章 ステークホルダー・マネジメントを捉える理論

能性も合わせて考えなければならない。図3-4で示すように，横軸で資源重要性が高いのか低いのか，縦軸で協力可能性が高いのか低いのかを表し，ステークホルダーを分類することによって，それぞれのステークホルダーとの関係を構築するために必要な4つの戦略（協調戦略，政治戦略，取り込み，モニタリング）が選択される。

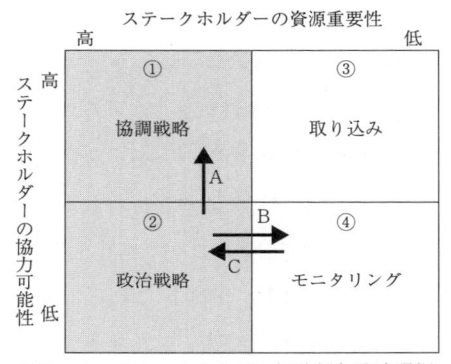

図3-4 ステークホルダーの分類と戦略選択
出所：筆者作成。

① ステークホルダーの資源重要性と協力可能性が共に高い場合

日中ジョイントベンチャーは，資源依存関係を認めつつ，ステークホルダーからの一方的支配を回避するために「協調戦略」をとる（Pfeffer and Salancik, 1978；山倉，1993）。係わり合うステークホルダーは，先進の技術，経営ノウハウを持ち込んでいる親会社，部品や原材料を供給するサプライヤー，製品を買ってくれる顧客などが挙げられる。日中ジョイントベンチャーにとって，「理想的ステークホルダー」として考えられる。これらのステークホルダーとの折衝により，一定方向の合意を形成し，ステークホルダーとの安定的かつ良好関係を作り上げることが，重要となる（山倉，1993）。具体的な方法としては，出資参入，社員の出向や役員の兼任，業界団体，協定などがある。

② ステークホルダーの資源重要性は高いが，協力可能性が低い場合

　日中ジョイントベンチャーとステークホルダーとの関係が，当事者の能力だけでは調整できなくなった場合，企業はより上位の社会システム（政府や労働組合）のパワーを十分に利用し，この難局を打開，あるいは自らの利害に有利な調整が行われるような行動をとる。いわゆる，法や第三者機関の利用によって相互依存関係をコントロールする「政治戦略」である（山倉，1993）。これらのステークホルダーは日中ジョイントベンチャーに対して関心を示す場合と，まったく関心を寄せない場合がある。主なステークホルダーは，許認可権，法や政策の制定を持つ中央政府，法や政策の実行者である地方政府や官僚，業界ルールを決める組合などが挙げられる。これらのステークホルダーとの関係は，従来の財・サービスの取引関係を超え，政治・社会的な要因を絡みこんだ関係である。これらの関係形成は，日中ジョイントベンチャーのマネジメントにおいて避けて通れない現実問題である。こうした依存関係の管理を間接的に操作しようとする手法としては，政府から許認可を受けることによる正当性の確保，政府機関の規律，企業のロビー活動などが挙げられる。

③　ステークホルダーの資源重要性はそれほど高くなく，協力可能性が高い場合

　日中ジョイントベンチャーにとって重要な資源を持ってはいないが，自らの目標と経営行動を支持しているステークホルダーであるため，日中ジョイントベンチャーは自らの経営を順調に展開していくために，彼らの協調的な行動を十分に利用していくことが重要となる。具体的には，非営利組織，市民団体，業界団体などが挙げられる。

第3章 ステークホルダー・マネジメントを捉える理論

④　ステークホルダーの資源重要性と協力可能性が共に低い場合

　これらのステークホルダーは，企業や組織意思決定における利害・要求を潜在的に持っている集団・個人である。ステークホルダーの影響はあまり留意されていない，あるいは無視されている場合が多い。具体的には消費者団体，株主，政府機関（代理人）などが挙げられる。しかし，製品の安全，環境汚染，公害などの課題は，これらのステークホルダーの動きを喚起し，彼らの資源重要性や協力可能性を増やすこともある。これを積極的に取り込むことによって，日中ジョイントベンチャーの企業イメージの向上に繋がり，企業市民として確立していく。

　実際の経営を行っていく過程において，日中ジョイントベンチャーは，そのようなステークホルダーの利害・要求が限定的あるいは小さい課題として認識しながらも，その行動を深く注意していく。それによって後のトラブルを減少することが可能となる。また，外部環境の変化を確認することもできる。

　ここまで，ステークホルダーの資源重要性と協力可能性に注目することによって，ステークホルダーの分類「①，②，③，④」と4つの戦略を記述してきた。次に日中ジョイントベンチャーは，自らを取り巻く中国経営環境が急速に変化していくため，係わり合うステークホルダーが不変ではなく，常に流動的であるということに注意を払わなければならない。

　ステークホルダーとの関係が成立した後，経営資源の交換が行われる。時間の経過に伴い，日中ジョイントベンチャーに対してステークホルダーの資源供給能力や果たした役割も変化していく。一方で，日中ジョイントベンチャーは外部環境変化に直面し，成長プロセスにおいて必要不可欠な経営資源もシフトしていく。これによって，日中ジョイントベン

チャーとステークホルダーとの関係に変動がもたらされる。

　図3－4は，矢印で示すように日中ジョイントベンチャーにおいて，ステークホルダーの資源重要性と協力可能性が変化すると同時に，実際の経営でよく見られる3つの変化パターンである（図3－4でのA，B，C）。

　第1に，日中ジョイントベンチャーにとって重要なステークホルダーでありながら，現時点の協力可能性が低い場合でも，何らかの関係を持つ相互作用を通じて，協調的な行動に変化させていくことも可能になる。すなわち，図3－4で矢印Aに示すような②から①へのシフトである。日中ジョイントベンチャーの場合には，政府や労働組合との関係の変化がその典型的な例である。中国政府が日中ジョイントベンチャーを含む国際的ジョイントベンチャーに対して，「合弁法」と出資比率の制限などのさまざまな法律やルールを設けており，日中ジョイントベンチャーは，中国政府の規制関係に関してよく議論されてきた。ここでは，このような規制関係を認めつつ，政府の優遇政策を利用し，地域人材育成，産業振興などの政府の活動に積極的に参加すること。そこに，政府が資金を提供したり，人員を派遣したりすることによって，政府との協力関係を樹立していく。政府との関係は日中ジョイントベンチャーの事業を順調に展開していく重要な要素になっている。

　第2に，中国経済は社会主義計画経済から市場経済へ移行しつつあり，法律や経済政策も変化していく。特にWTO加盟によって，国際ルールに照準して規制緩和を求められている。これによって，日中ジョイントベンチャーに対して政府の機能や果たした役割も薄くなってきた。図3－4の矢印Bで示すような②から④へのシフトである。

　第3に，日中ジョイントベンチャーのある時期や局面において，重要

な資源を持っておらず，かつ協調的な行動をとっていないステークホルダー，あるいは潜在的なステークホルダーが常に存在している。ある特定の事件や活動をきっかけに，これらのステークホルダーは，日中ジョイントベンチャーに対して自らの利害と要求を強く主張する。つまり，図3－4の矢印Cで示すような④から②へのシフトもありうる。場合によっては大きな社会的な問題まで発展することもある。例えば，中国は30数年間，経済発展を優先する政策をとってきたが，近年，産業廃棄物による環境汚染や自然破壊などという環境問題に直面している。そこでいままであまり重要視しなかった，あるいは無視してきた潜在的なステークホルダーが顕在化してきた。例えば，地域住民団体の抗議活動や政府機関の環境規制の導入が挙げられる。また，顧客の消費意識が高まる中で，製品のクレームによる消費者団体が重要なステークホルダーになる。

　日中ジョイントベンチャーが将来起こりうるこれらの問題対策を確立することは，長期的に日中ジョイントベンチャーにとって大きなプラスになるはずである。また，これらの問題を考えれば，「政治戦略」を選択して，政府のパワーを利用して解決する場合が多いことも明らかである。

3　持続的な関係形成における信頼の役割

　近年，企業間の協力における信頼（Trust）がますます注目を浴びている（Gulati, 1995；Inkpen & Currall, 1997；Madhok, 1995；Sako, 1991；酒向, 1998）。企業間の協力の特別な形態である国際的ジョイントベンチャーに関する多数の研究の中で，信頼は国際的ジョイントベンチャーを成功

させるためのひとつの重要な要因であるとされている（Beamish & Banks, 1987 ; Inkpen & Currall, 1997 ; Madhok, 1995）。信頼の役割に関して大きな関心を持つ理由は，信頼が企業間の協力の成功のため，企業間関係にプラスの影響を与えることである。企業は他企業と協力し，協力関係を強化していくために，信頼を必要とする（Child and Faulkner, 1998）。

　社会システムの諸機能において，信頼の重要性は認識されているが，信頼の概念は，論者によって異なる。例えば，Anderson and Narus（1990）は，信頼とは「一方の企業が他方の企業に対して究極的に否定的な結果を生み出すことのような，望ましくない行動をとれないであろうかのようなことだけではなく，肯定的な結果を生み出すかのような行動をとるであろうと信じる信念」と定義している。また，Schurr and Ozanne（1985）は，「ある集団の言葉あるいは約束が信頼できる，そしてある集団が交換関係において彼／彼女が与えられた義務を遂行するであろうという信念」と定義している。ここでは，信頼は「信頼対象が自らにとって肯定的な役割を遂行する能力と意図に対する期待」（加護野・井上，2004）としておこう。

　また，信頼の分類は関係を結ぶことから生じる期待感と意向に従って遂行する能力である「能力信頼」と，取引当事者の意向を裏切らない能力である「意図信頼」に大きく分けられる（Barber, 1983）。しかし，論者によってより細分化した分類も見られる（文，2001）。例えばSako（1991, 1998）は，企業間の約束を守るという意図があると相手に信頼させる「約束遵守の信頼」，その役割を十分に果たす能力があると相手に信頼させる「能力に対する信頼」，お互いのためになることは積極的にしていこうというコミットメントに対する相互信頼がある「善意に基づく信頼」という3つのタイプの信頼があるという。日中ジョイントベン

チャーは，存続するためにステークホルダーとの関係を形成・維持し，ステークホルダーからの金銭的・非金銭的な支援を得ることが不可欠であるから，ステークホルダーとの対話・コミットメント，ステークホルダーへの配慮によって信頼を創出させ，それを増幅・維持していく必要がある。

　張（2004）は，「信頼の創出」に関して以下のように指摘している。「信頼の創出」は，2つのタイプに分類することができる。第1に，協力する前に存在する信頼である。これはある特定の企業の持つ特性（規模，成長率，資源や能力の独自性）から生まれた社会的な評判ないしインフォーマルな関係から生まれたものであり（Coleman, 1990 ; Uzzi, 1997），または当該企業の所属する特定の産業や市場に対する信頼でもある。こうした事前の信頼は，しばしば「契約遵守の信頼」ないし「能力に対する信頼」に繋がる。第2に，企業間の特定関係を持ち，協働のプロセスから生まれた結果としての事後の信頼もある。事後の信頼こそ真の信頼である。財・サービスに関する取引関係や人的交流などの協調的な行動を通し，初めて信頼を生まれる。

　しかし，企業間の信頼は一朝一夕にできるわけではなく，取引を通じ，時間をかけて徐々に築き上げるしかないのである（酒向, 1998）。信頼関係があれば，詳細な契約を結ぶことなしに相手の協力を期待することができる。そこでわざわざと契約する手間がなくなり，事後のモータリングなどのコスト削減に繋がる。互いにベネフィットが得られて取引を繰り返し，結果として信頼はさらに高まり，逆に形成された信頼を失われることがありうる。信頼がなければ協調的な関係は生まれず，企業が共同で効果的に問題を解決できないと指摘されている（真鍋, 2002）。したがって，関係の継続性は真の信頼を醸成するための重要な条件であるこ

とが理解できる。また、ステークホルダーとの関係における互恵主義、そして期待される以上のことを積極的に行うコミットメントは、信頼の創出に欠かせないものである。さらに、日中ジョイントベンチャーとステークホルダーとの頻繁な相互作用並びに情報共有は、信頼関係を築く過程において不可欠なものになる。時間の経過に伴い、日中ジョイントベンチャーとステークホルダーがどのような関係を結び、どの程度の信頼とコミットメントをこれまで築き上げてきたかという歴史的変化を分析することも必要である。

日中ジョイントベンチャーとステークホルダーとの関係の形成・維持における信頼の役割は、大きく分けて取引コストの節約、コンフリクト（Conflict）の減少と持続的な関係の促進という3つの機能を持つ。[3]

まず、日中ジョイントベンチャーの場合において、信頼がいかに交渉コストを節約するかについて検討する。ここで取引コストとは「正当な取引契約を結び、その取引が契約通り履行されているかをモニタリングするためのコスト」である。この定義によれば、取引コストには効率的な手段を決定するために必要な時間や努力、取引が発生する際生み出されるコストや、利得の分配に関連する諸問題を解決するために必要なあらゆるものが含まれている（文，2001）。例えば、探索コスト（取引先を探す）、交渉コスト（情報の交換・取引の成立）、監視コスト（契約履行のチェック）などは、取引コストを増大させる要因として働く。また、真鍋・延岡（2000）の研究によれば、トヨタ自動車とその取引先である部品メーカーとの取引に伴い、コストの削減、品質の向上や改善提案をテ

---

(3) March and Simon（1968）は組織行動を、「組織による連続した意思決定のプロセス」として把握し、コンフリクトを一般的に「意思決定の標準メカニズムの機能停止」と定義付けている。

ーマに，双方が共同して課題に取り組んできたことによって，互いの信頼が醸成されてきた。この信頼関係がトヨタ自動車の優位性に繋がり，契約だけに頼った取引よりも，信頼を重視した取引の方がコスト上のメリットが大きいと指摘されている。そこで経済政策の不透明さと法制度の不備などによる不確実性，リスクの高い中国経営環境において，単に契約によってものごとをうまく進められないので，特殊的な関係の構築がいっそう重要になっている。日中ジョイントベンチャーとステークホルダーとの信頼関係が高い状況では，このような交渉を妨害する要因を弱め，機会主義を減ずることによって，取引コストを節約できる。このような信頼関係はステークホルダーとの間に発生しうる諸問題について，相互の理解・譲歩をより柔軟に容認させることによって，取引の効率性をいっそう増進させる効果を有する。

次に，日中ジョイントベンチャーとステークホルダーの相互作用を通じて形成された信頼関係こそは，双方に発生しやすいコンフリクトを減少させる効果がある。共通の目標や目的に向かって，事前の約束（契約など）を守り，その通りに実行すればコンフリクトは起こらないはずである。しかし取引関係にある日中ジョイントベンチャーとステークホルダーが，全く同一の目標や目的を相互に有する場合は稀であるため，日常の取引関係におけるコンフリクトは双方の目標，意見や考えと一致しないときに起こりやすい。すなわち，コンフリクトは日中ジョイントベンチャーとステークホルダーとの取引関係にはつきものである。日中ジョイントベンチャーの場合には，ステークホルダーとの間に起きるコンフリクトはさまざまである。例えば，共同事業を進めるときに，短期的な利益を第一に考えるケースと短期的利益を犠牲にしても長期的な利益を追求するケースとは，両親会社がどちらの目標を本当に追求すべきも

のかということで，コンフリクトが起きる。また，同じ市場に参加している競争相手の同士間に起きるコンフリクトもある。しかし高い信頼を保っている日中ジョイントベンチャーとステークホルダーは，互いの自律性を認める。この自律性は取引関係を妨げる原因となるさまざまなコンフリクトの頻度，範囲などを抑える効果がある。

　そして，信頼は，日中ジョイントベンチャーとステークホルダーが経営資源を交換することによって形成してきた関係を，安定的・持続的にする役割を果たしている。ステークホルダー・ネットワークの内部で，日中ジョイントベンチャーの能力や業績についての評価情報がよく循環している際に，ステークホルダーは，日中ジョイントベンチャーを信頼するので取引関係を安定しやすい。さらに財・サービスの取引のみならず，日中ジョイントベンチャーとステークホルダー間において，人員を派遣しあう場合も多い。こうした人員の出向や派遣は，フェース・ツウ・フェースでコミットメントを確認しあうことにより，信頼をより増幅する。同時に人的結合は，日中ジョイントベンチャーとステークホルダーとの「共存共栄」意識を強く認識させ，ステークホルダーとの関係を長期にわたって安定させる。

4　ステークホルダー・ネットワークにおける中心性

　企業は，個々のステークホルダーの要求に対応するのではなく，ステークホルダーのネットワークに存在するさまざまな相互作用や影響に対応する必要がある。そして，企業がステークホルダーの要求を対応するのは，環境の中の依存関係性に関する複雑な中心性によって規定されている（Rowley, 1997）。中心性はステークホルダーのネットワークにおけ

第3章 ステークホルダー・マネジメントを捉える理論

る個々の行動者の占める位置（ポジション）を示す（安田，1997；Rowley, 1997）。ネットワークにおける中心性は，行動者がネットワークにおける他の行動者との関係によって決められる。すなわち，焦点組織がネットワークにおいて，どれほど他組織との係わりの絶対的あるいは相対的多寡を有するか（次数），どれほど他組織と親密な関係を維持するか（距離），またその関係がどれほど多くの他組織に影響を与えるか（媒介性）ということが，焦点組織のネットワーク内部での中心性を決定するものである（安田，1997）。ここでは，ステークホルダーのネットワークにおける関係を媒介し，組織間の関係を連結させるという意味においての相対的な中心性に注目するので，媒介性にもとづく中心性を用いることが適切なものであると考える。

焦点組織の媒介性は，どれほど他組織に影響を与え，ハブとなることができるかによって決定される（Freeman, 1979）。ステークホルダーのネットワークにとって有益である経営資源を保有・提供することは，焦点組織に対して競争優位をもたらす一方で，ネットワークにおける中心的ポジションを高めることでもある。焦点組織が関係や情報を仲介する中心的ポジションにいるとき，行動者の期待や要求に影響を与え，情報の流れや経営資源へのアクセスをコントロールする。したがって，焦点組織である日中ジョイントベンチャーを明らかにするために，多くのステークホルダーとの係わりの中に，自らのポジションを見極めることが必要である。つまり，日中ジョイントベンチャーは，社会的ネットワークで中心性を構築する。ステークホルダーを取り組むローカル環境で，高い中心性は，より多くのステークホルダーが直接にアクセスできることによって，必要な経営資源，情報を得ることになる。その意味で中心的な日中ジョイントベンチャーは，重要な経営資源から生まれてきたパ

ワーで，他のステークホルダーに影響を与える重要なポジションにより，ステークホルダーからの抵抗を吸収・回避することができる。

　また，日中ジョイントベンチャーはすべてのステークホルダーを平等に扱うものではない。依存関係を吸収・回避したり，ステークホルダーに対するパワーを拡大したりしながら，日中ジョイントベンチャーはステークホルダーとの関係を構築していく。また，日中ジョイントベンチャーは特別な法制度（合弁法，産業参入規制，優遇政策）の中で経営しているわけであるから，そこでより多くの操業的な制約がかけられる。構築されているステークホルダーとの関係は，直接的に日中ジョイントベンチャーの成果に影響を与える。インフラの整備や規制を行う政府が，税制度を変えることがその例である。また，ステークホルダーとの関係は，日中ジョイントベンチャー自身の組織構造を変えたり，経営戦略を転換したりすることもある。そこで単なる組織同士を連結したものというだけでなく，他のステークホルダーとの相互作用にもとづく間接的利害関係性の存在にも注目しながら，それに積極的に取り込むマネジメントをすることによって，間接的に日中ジョイントベンチャーの成果に影響をもたらす。最後に得られた成果を配分することによって，日中ジョイントベンチャーは戦略的に重要なステークホルダーとの関係を変更して，より強化されていく。

第4章
形成と発展に関する実証

　本章では，事例研究のリサーチデザインを明らかにし，第3章で提示した分析枠組みをベースに，具体的な事例を詳細に検討していく。まず，本書で取り上げる研究事例を選ぶ理由を明らかにする。その上で研究事例の特徴について検討する。以下で取り上げる3つの事例に関するデータは，主にインタビュー調査から得た。事例を取り上げる順序は，ジョイントベンチャーの設立年代順で，第3節の「福建富士通信息軟件有限公司」（以下，福建富士通という），第4節の「東南（福建）汽車工業有限公司」（以下，東南汽車という），第5節の「日立（福建）数字媒体有限公司」（以下，日立福建という）となっている。3つの日中ジョイントベンチャーがいかに形成・発展してきたのかを，時間の流れに沿って，段階に分けて検討していく。具体的には日中ジョイントベンチャーが外部環境の変化に対応していくために必要とされる経営資源の分析をしながら，経営戦略を転換していく中で，重要なステークホルダーである親会社，顧客，政府，組合，競争相手，サプライヤー，販売業者などとの関係を構築し，信頼による関係の強化を行い，ネットワークの形成によって関係を拡大していく側面について考察していく。

1 対象を選ぶ理由と特徴

日中ジョイントベンチャー製造業を中心に選んだ理由

その第1の理由は，すべての国際的ジョイントベンチャーの中で，70％という製造業の割合の高さである。特に，日本の対中直接投資を業種別にみると，2002年度は製造業が全体の86.3％（件数ベース）を占めている。対中製造業投資に占める機械関連産業3業種のシェアは，件数ベースで90年代に2～3割，金額ベースで5割前後を占めており，大型投資が比較的多い。中でも電機は平均すると金額ベースで3割前後のシェアを占め，堅調に推移している。当初投資のほとんどなかった輸送機も，年々シェアを伸ばしている。機械関連産業3業種以外では，80年代後半から90年代にかけて繊維産業の投資が多く，件数ベースでは第1位，金額ベースでは電機に次ぐ投資分野であった（日向，2003）。したがって，製造業の日中ジョイントベンチャーに焦点を当てる研究が，日中ジョイントベンチャーの成功根拠を解明するため，重要な意味を持つと考えられる。

第2に，製造業分野で形成されてきた日中ジョイントベンチャーは，中国経済発展に大きい役割を果たしているからである。第1章で述べてきたように，中国の工業化における生産設備の高度化と技術の進歩は，直接投資による近代的な生産技術の導入と関連が非常に深い。目覚しい経済発展を遂げた中国は，家電などの多くの分野で世界最大の生産拠点として台頭してきているものの，その急速な発展が独自に進行したのではなく，海外からの製造機能と技術の移転に依存して進められてきたのである。特に，80年代のカラーテレビ・冷蔵庫などの家電産業の急成

長で，近年の自動車産業においても，中国へ進出し，先進的技術を移転する日本の製造業メーカーを抜きに，中国経済発展を語ることができない。これによって，中国人の生活レベルを向上することにも大きく貢献している。

福建富士通，東南汽車，日立福建の3社を選ぶ理由

　第1の，そして最も重要な理由は，これらの3社の日中ジョイントベンチャーはいずれも順調に成長を遂げた企業であり，3社の成長プロセスにおいて，ステークホルダーとの関係の変化が比較的明確に把握できることである。福建富士通の場合には，親会社である富士通の技術と海外研修制度を利用して，社内人材育成に積極的に取り組んで，自主開発ができるまでに成長した。また政府の要求で大学を取り込んで地域のIT人材を育成する地道な行動で，社会・顧客からの信頼を得られた。さらに競争相手と協力して聯盟を作り出し，現地政府と欧米との貿易関係を利用して，欧米市場の開拓を乗り出した。2005年1月に脱親会社富士通株式会社として下請けで神奈川県川崎市に日本支社を構え，日本市場におけるソフトウェアアウトソーシングを開始した。福建富士通と異なって，東南汽車は，中国政府の自動車政策の下，厳しい自動車産業規制の中で，地方政府の参加により順調に経営を展開し，販売ネットワークの展開による市場シェアの拡大，生産拠点でサプライヤーのネットワークの構築によるコスト削減，販売業者との協力で完成車の海外輸出などを遂げた。日立福建の場合には，親会社間の協力で，政府の優遇政策を利用して新たな会社を立ち上げた。販売ネットワークの構築，市場シェアの拡大に応じた増資増産を可能にした。3社の特徴の違いは，これらを比較する上でも有益であると考えられる。

表4-1 3つの事例の特徴

特徴＼会社名	福建富士通	東南汽車	日立福建
業　種	製造業	製造業	製造業
設立年月（年月日）	1987. 09. 15	1995. 11. 23	2001. 06. 15
出資比率（%）	日：中 49：51	日：中：台 25：50：25	日：中 80：20
資本金	1.5億元 （2006年現在）	11億元 （2006年現在）	3.2億元 （2006年現在）
契約年限	15年 （2002年7月に再契約）	30年	20年
主な製品	F-150局交換機 顧客管理ソフト(CRM) PHS関連ソフト	商用車 デリカ　フリーカ 乗用車(2003年） ランサー グランディス	プラズマTV（PDP） 多媒体投影機(MMP) リアプロジェクション TV（PTV） 液晶TV（LCD）
ターゲット	国内市場（中心） 海外市場	国内市場（中心） 海外市場	国内外市場

出所：各社ウェブサイト，新聞記事をもとに筆者作成。

　第2の理由は，調査対象にアクセスでき，調査対象からの協力が得られたことである。本書では詳細な事例研究を取り上げて記述・分析するので，調査対象の協力が不可欠である。そのためには，内部資料の提供と関係者へのインタビューがどうしても必要になる。また，フィードバックを利用して事例に関する記述内容の確認，調査内容の公表に際しても調査対象の協力が得られた。

　第3の理由は，これらの3社がバラエティに富むサンプルであるということである。設立時期からみると，中国経済発展の時期における80年代，90年代，21世紀初めをカバーしている。その時期ごとに創立した日中ジョイントベンチャーの特徴をより明確に捉えることができるも

のと考えられる。製造業の中で日中ジョイントベンチャーは，80年代の電機・電子分野，90年代後半からの自動車，21世紀初めの既存規模の拡大，家電のハイテク分野へのシフトという順に進化している。それぞれの製品分野の異なる3社を取り上げて，分析する妥当性に満ちたものと考えられる。

事例の特徴

3社の事例を記述していく前に，ここではとりあえず，表4－1のような3社に関する基本的なデータを整理しておきたい。業種，設立年月，出資状況，契約年限，規模，製品などを比較（表4－1）しながら，3社は，どのような日中ジョイントベンチャーであるかを明らかにしたい。

2　データの収集方法

日中ジョイントベンチャーの実情を深く把握するために，理論的な研究を行うとともに，実証的な研究も推し進める必要がある。事例の記述に関するデータは，主にインタビュー調査から得た。具体的には，2003年8月，2004年8月～9月，2005年8月，2006年6月及び2007年8月～10月に，筆者は5回中国へ渡航し，福建富士通，東南汽車，日立福建という日中ジョイントベンチャーの主要部門管理者，サプライヤー，経済技術開発区の関係者，大学の関係者，政府部門の担当者などを対象にインタビューを行った。事例別のインタビュー調査の概要は，表4－2，表4－3，表4－4の通りである。守秘義務の関係から個人名の公表が望ましくないケースがあったため，リストはすべて匿名で統一した。インタビュー調査のほか，電子メール，電話及びファックスによる補完

表4-2 福建富士通に関するインタビューリスト

調査対象名	所属または担当	人数	日付
福建富士通	企業開発部	1	2003.08.08
福建富士通	企業開発部	3	2004.08.03
福建富士通	市場マーケティング部	1	2004.08.11
福建富士通	市場マーケティング部	2	2005.08.22
福建富士通	人材開発部	1	2005.08.23
福建富士通	副社長（日本人）	1	2005.08.29
福建富士通	総合管理部	1	2005.08.29
福州研究生培訓センター	副センター長	1	2004.08.09
福州研究生培訓センター	副センター長	1	2004.08.19
福州研究生培訓センター	副センター長	1	2005.08.26
福州研究生培訓センター	秘書	1	2004.08.07
福建省軟件国際合作聯盟	秘書処	1	2004.08.03
福建省軟件国際合作聯盟	秘書処	1	2004.08.06
福建省軟件国際合作聯盟	秘書処	1	2005.08.28
福州海関	報関部	1	2005.08.31

出所：筆者作成。

表4-3 東南汽車に関するインタビューリスト

調査対象名	所属または担当	人数	日付
東南汽車	広報部	1	2003.08.15
東南汽車	広報部	1	2004.08.22
東南汽車	広報部	2	2005.08.30
六和	広報部	1	2005.08.31
閩候県税務局	事務員	1	2004.08.12

出所：筆者作成。

的調査も実施した。また，内部資料，ホームページや新聞記事などの公表資料も活用した。

インタビュー調査は，主に3社，関連企業と政府機関に対して，計22回実施した。調査に先だち，各社ウェブサイト，新聞記事などの公表資料から得たデータをもとに，各社の広報部門や担当部署に調査の趣

第4章　形成と発展に関する実証

表4-4　日立福建に関するインタビューリスト

調査対象名	所属または担当	人数	日　付
日立福建	市場開発部	1	2004. 08. 17
日立福建	市場開発部	1	2005. 08. 10
日立福建	元総経理（社長）	1	2006. 06. 30
日立福建	元総経理（社長）	1	2007. 08. 30
日立福建	副総経理・人事部	2	2007. 10. 25
福州海関	報関部	1	2005. 08. 31
馬尾海関	報関部	1	2004. 08. 09
福州市経済技術開発区	科技開発局	2	2004. 08. 20
福州市経済技術開発区	経済科（科長）	1	2005. 08. 15

出所：筆者作成。

旨と概要を送り，調査を依頼した。

　インタビュー調査は，この調査の趣旨と概要をもとに対面形式で行った。事実関係と具体的なエピソードを集めるように留意し，調査対象者がなるべく自由に話せるように心がけた。調査対象者に不安や誤解を与えないため，あえてカセットテープを使っての録音はしなかった。調査内容は，その場にてノートに記録したものである。それをもとに調査後，文章化した。

　事例分析の公表に際しては，原稿を各社にチェックをしてもらい，記述内容の事実確認を依頼した。また，各社からのコメントをもとに事例分析を加筆・修正した。

3　福建富士通信息軟件有限公司

　福建富士通信息軟件有限公司は，創業期において完全に親会社富士通株式会社の下請けの仕事から出発して，親会社富士通株式会社の経営資源を十分に利用して自主開発までの成長を果たした。通信分野から情報

（端末）分野への参入，地域の人材育成を全力的に取り込んだ。同時に同業者のネットワークを形成させることによって，海外進出も共同に探索していく。以下，具体的にこの流れを分析・説明していきたい。

合弁の背景と業績

福建富士通の概要　日中の合弁経営による「福建富士通信息軟件有限公司」（以下「福建富士通」という）は，1987年9月15日に契約書に調印し，合弁期限が15年で営業を開始した。資本金は，500万元であり，中国電信集団公司（国有企業）の全額を出資する福建省電信公司と日本富士通株式会社がそれぞれ51％，49％で共同出資により設立された（表4-5）。

福建富士通設立の背景　中国が「経済改革・対外開放」の政策に踏み込んだのは，1978年末である。当初は内外の技術格差が大きかった状況の下で，国産化を追求するために80年代まで技術導入に取り組んできた。1979年7月に福建省は，広東省と共に最も早い時期に「対外開放」の省と認定された。福建省政府は，さまざまな外資投資の優遇政策が試験的に登場し，インフラ整備を行ってきた。より優れた投資環境を作り出す努力であった。

福建省は，中央政府による「経済改革・対外開放」の政策を利用して，80年代前半に外国から直接投資が急速に増加してきたことにより，経済活動を活発化し，著しく発展を続けており，高い成長率を遂げている。このような現状に合わせるために，インフラ整備の一環としての電信通信分野で電話，ファックスの需要が急増しており，電話の積滞がひどい状況であった。そこで1982年，福建省福州電信局は，急激な電話需要の伸びに対応し，電話の積滞解消と自動即時化を実現するために，中国

表4-5 合弁会社の概要

会 社 名	福建富士通信息軟件有限公司
英　　文	Fujian Fujitsu Communications Software Company. Ltd.（略称：FFCS）
所 在 地	中国福建省福州市斗門水頭路22号
設　　立	1987年9月15日
資 本 金	500万元（設立当時），1.5億元（2003年），5.5億元（2010年）
出 資 者	中国福建省電信公司　　　51% 日本富士通株式会社　　　49%
代 表 者	董事長：段　建祥 総経理：楊　林 副総経理：黒木　専二
業務範囲	情報ソフトウェア研究開発 システム・インテグレーション及びソリューション提供
従 業 員	約1367名（2010年）
関連会社	福富軟件技術股份有限公司（2001年5月に設立） 福建富士通信息軟件有限公司厦門（アモン）支社（2001年6月に設立） 福建富士通信息軟件有限公司　北京支社（2001年6月に設立） 福建富士通信息軟件有限公司　日本支社（2005年1月に設立）

出所：福建富士通のホームページをもとに筆者作成。

で初めて富士通株式会社のF-150局用交換機を導入した。これは，5年後に富士通株式会社と福建電信公司との間に福建富士通信息軟件有限公司を形成するきっかけになっていた。

しかし，福建省福州電信局の技術者は，F-150局用交換機に対するコア技術・知識を持っておらず，F-150局用交換機の故障原因を分析・解決することができなかった。ただ，現場で収集した故障のデータを富士通株式会社に送って分析・処理する方法しか取れなかったのである。このような厄介な局面を打開するため，福建省郵電管理局（現・福建省電信公司）は，F-150局用交換機の導入がひとつの手段であり，そのソフトウェア技術を吸収して自らのソフトウェア産業を発展することが本当の目的であることを再認識した。

また，80年代初めから全国で「自動電話」を導入する動きの中で，福建省は最初に1982年に富士通株式会社のF-150局用交換機を導入した。富士通株式会社は，中国での潜在的な市場を予測する上で，福建省にF-150局用交換機のソフトウェアセンターを創立することにより，F-150局用交換機の市場を拡大し，自らの「富士通」というブランドの知名度も高められるだろうと考えた。

　そして，福建省政府から正式な要請を受けて，福建省郵電管理局（現・福建省電信公司）と富士通株式会社は，前述したようなそれぞれ異なる目的があったことにもかかわらず，日中双方が長期に交渉し，中国郵電部（現・情報産業部）の許可を得た。その結果，富士通株式会社は段階的にF-150局用交換機に関する脱機，局データ，連機という3つのコア技術を移転し，福建省電信公司が省内の市場を提供することを合意した。この合弁関係でのポイントは，「市場を開放して技術を得る」考え方に基づいたものといえるだろう。1982年にF-150局用交換機を導入してから5年という長い年月の取引関係を経て，遂に1987年9月15日に富士通株式会社と福建省電信公司は，合弁会社福建富士通信息軟件有限公司を設立した。福建富士通は，富士通株式会社の中国で第一号合弁会社でもあった。

福建富士通の主な業務　福建富士通は，F-150局交換機を始め，中国版F-150局用交換機ソフトウェア（SC11版）の研究開発と管理，また2002年3G移動通信システムソフトウェアを開発したことによって，メインシステムから端末業務まで幅広く展開している。主な業務領域は，①企業情報化サポートシステムのソフトウェア研究開発とシステム・インテグレーション②テレコムキャリア向けの付加価値サービスシステムのソフトウェア研究開発およびシステム・インテ

第4章　形成と発展に関する実証

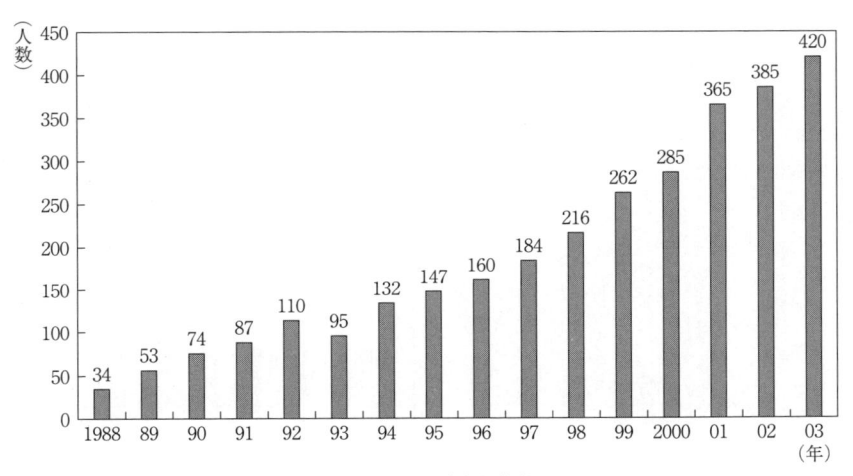

図4-1　人数変化推移
出所：福建富士通信息軟件有限公司のホームページ。

グレーション，通信情報のネットワーク技術サービス，ネットワークセキュリティ製品の研究開発，海外通信情報システムのソフトウェア開発，大規模の超高速チップ設計の受託開発サービスなどである。

　福建富士通のホームホームページによると，現在までに国家計画推進重点ソフトウェア開発企業，国家ソフトウェア輸出の代表企業，テレコムキャリア向けシステムソリューションプロバイダー，中小企業情報化応用サービス企業の認定を受けている。

福建富士通創立以来の業績　福建富士通は，2002年9月に第1回15年合弁期限があったが，2002年7月に福建省電信公司と富士通株式会社が第2回15年合弁契約に合意した。2005年現在18年目になる。これまでの経過をまとめて見ると，図4-1，図4-2，図4-3で示す通りである。

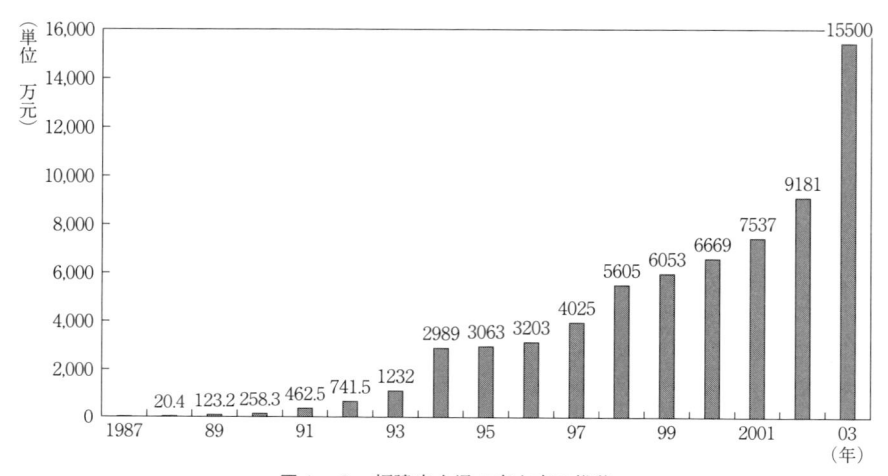

図4-2 福建富士通の売上高の推移

出所:福建富士通信息軟件有限公司のホームページ。

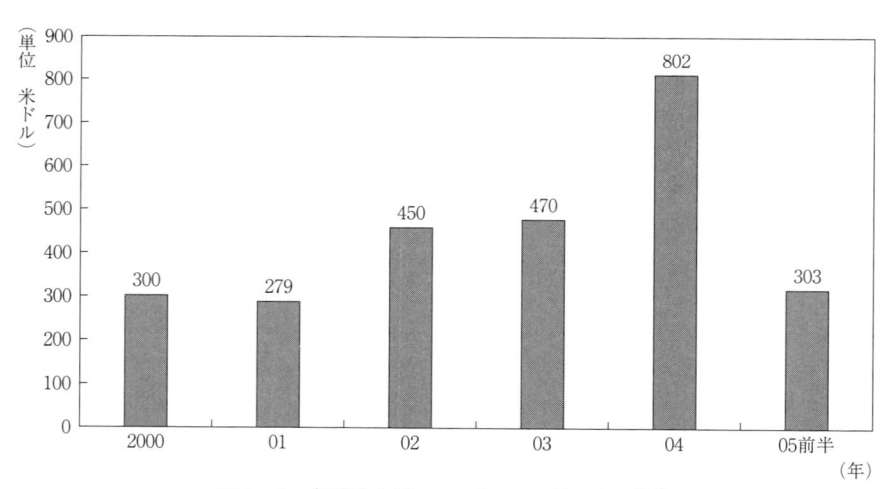

図4-3 福建富士通のソフトウェア輸出高の推移

出所:筆者のヒヤリングによって整理したもの。

福建富士通は，創立当時にわずかに十数人で営業を開始したが，2004年現在には，従業員が400名を超え，その85％は学部卒以上の学歴の若者である。従業員は概ね英語によるコミュニケーション能力を持ち，その中の20％の従業員は日本語に精通している。

　さらに，福建富士通は，16年のソフトウェア生産・研究開発，輸出経験を持ち，富士通グループのアジアソフトウェア開発センターとなっており，国家レベルソフトウェア基幹企業，福建省ソフトウェア輸出製品生産拠点として発展してきた。福建省において，ソフトウェア産業の最大手になっている。2002年，国家計画委員会，情報産業部，対外貿易経済合作部，国家税務総局という国家機関により認定されている106社の上位ソフトウェア企業の中では，第79位の成績であり，特に輸出型企業に限れば第3位を占めている。2001年12月に福建富士通は，賽宝認定センター（中国でのISO9000品質管理体系認定，ISO14000環境管理体系認定などを授与する公的機関）により認定されたISO9001品質管理体系認定を取得した。

　中国対外貿易経済合作部の発表した2002年1月～5月までのソフトウェア輸出額のランキングベストテン企業（表4-6）によれば，福建富士通は第5位の成績を収めている。このような実績に基づいて，自らのソフトウェア輸出面の優位性を十分に発揮するため，福建富士通は，長年にわたり福建省政府と福建省情報産業庁，福建省対外貿易経済合作庁といった政府機関と密接に協力をはかり，2002年5月19日に福建富士通が中心となって，福建省ソフトウェア輸出聯盟（現・福建省軟件国際合作聯盟）を創立した。同年10月に福建富士通は，英国のウェールズのカーディフに初の海外事務所を設立することによって，豊富な海外ソフトウェア開発と管理の経験を活かし，福建省のソフトウェア輸出産業を

表4-6 2002年1～5月ソフトウェア輸出企業ベストテンリスト

(単位：万ドル)

順　位	会社名	輸出金額
1	大連華信計算機技術有限公司	1,254.20
2	安捷論科学技術軟件有限公司	834.22
3	北京富士通系統工程有限公司	571.85
4	NEC一中国科学院軟件研究所有限公司	507.11
5	福建富士通信息軟件有限公司	501.61
6	富士通研究開発センター有限公司	402.19
7	上海暢想コンピュータ有限公司	300.23
8	安捷論科学技術（上海）有限公司	387.24
9	大連海輝科技股份有限公司	423.46
10	北京紉美克電子有限公司	266.80

出所：中国対外貿易経済合作部が公表データ（2002年7月）をもとに筆者作成。

誕生させることになった。「福建に立脚し，中国全土に向けて，海外事業を開拓する」といった戦略的な発展方針を形成した。

　以上，設立から現在に至るまで状況についての説明をしてきた。福建富士通は，富士通株式会社からの技術移転を受け，日本よりの受託ソフトウェア開発からスタートして，2000年1月に自主ソフトウェア開発（中国版SC11）を開始した。現在ではそれらを発展させ，システム・インテグレーションや技術ソリューションを提供して中国市場へのビジネスを行い，社員数は400名規模に達して，ソフトウェア開発専門会社としては福建省最大手，中国全国でも大手に入る会社までに成長・発展してきた。そこで福建富士通は，いかに生成・成長してきたかについて，時間の経過に伴い，創業期，成長期，グローバル化探索期という3つの段階（表4-7）に分けて，親会社，顧客，地方政府，競争相手などのステークホルダーとの関係を重視しつつ，人材育成・人脈形成，ネットワーク構築，海外事業の展開について考察していきたい（図4-4）。

第**4**章　形成と発展に関する実証

表4-7　福建富士通の歩み

①創業期（1987～1991年）	
1987年9月	合弁会社創立
1988年6月	料金計算ソフトウェア開発
1989年3月	F-150局・顧客データ製作
1990年4月	富士通株式会社から中国でF-150局交換機の管理を委託
②成長期（1992～2001年）	
1992年1月	F-150局交換機ソフトウェア開発
1996年8月	富士通株式会社の交換機システムソフトウェア開発
10月	移動言語システムの自主開発
1999年12月	F-150局交換機のアジアソフトウェア開発センター 全国ソフトウェア輸出の6%を占めた
2000年1月	中国版F-150局交換機（SC11版）の開発と管理
2001年5月	福建福富軟件技術股份有限公司の設立
6月	福建富士通厦門（アモン）支社 政府と企業のソフトウェア開発とSIを始めた
12月	ISO9001:2000品質認証の取得
③グローバル化探索期（2002年以降～）	
2002年1月	IPネットへの進出
5月	福建軟件国際合作聯盟の成立・中心メンバーになっている
7月	第2回15年合弁契約
10月	英国の事務所を設立
2003年6月	携帯電話のソフトウェアの開発・システムから端末への進出
2005年1月	福建富士通日本支社
2005年1月	社名を「福建富士通通信軟件有限公司」から「福富士通信息軟件有限公司」に変更。
2007年9月	中国国家コンピュータ情報SI一級資格とCMMIL5資格を取得
2008年5月	「福建訊盟軟件有限公司」を設立。

出所：福建富士通HPをもとに筆者作成。

福建富士通におけるステークホルダー・マネジメント

福建富士通の創業期（1987～1991年）　　第1に，親会社富士通への派遣研修。福建富士通は，創立初期において主に親会社富士通株式会社や福建省電信公司の下請けとしての事業を行っていた。80年

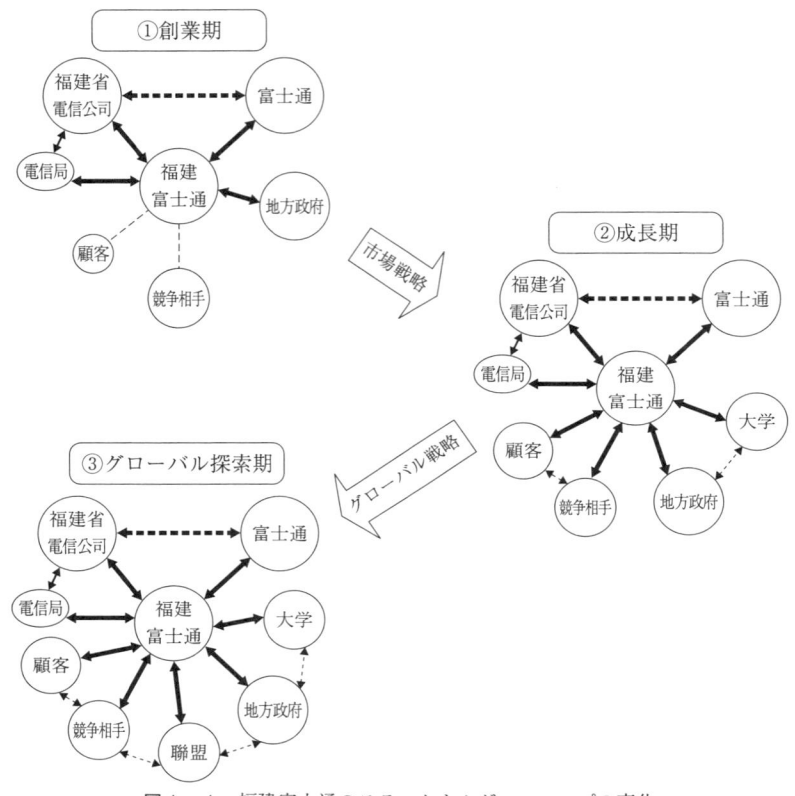

図4-4　福建富士通のステークホルダー・マップの変化
出所：筆者作成。

代に中国ではコンピュータ産業はあまり発達していなかったため，福建富士通は先端的な技術を得るために社内の人材育成が不可欠である。福建富士通は，自社の人材を育成するために，主に2つの手段を取っていた。まず，親会社富士通株式会社から派遣されてきた日本人の技術者が，現場の仕事のチームワークを通じて，仕事の中に学び，学ぶための共同作業によって，自社内の幹部・技術者の専門知識や技術をアップさせる

ことである。次に，親会社富士通株式会社の協力を通じて，自社内の幹部，技術者や一般従業員を長期的・複数回にわたり日本に研修派遣を重視し，早い段階に実施したことである。これらの研修活動は，主にOJTや開発研究プロジェクトへの参加などの形で，約2週間から1カ月ぐらい集中的に専門知識や技術を身につけるような特訓を実施してきた。彼らは富士通株式会社の各生産・開発拠点で専門知識や技術を学んで帰国して会社の最前線で活動している。例えば，海外研修の帰国報告会や新入社員の教育と指導を担当することなどが挙げられる（福建富士通市場マーケティング部主任・金海寧氏へのインタビュー，2004年8月11日）。こうした研修活動を通じて技術や専門技術は，さらに会社内の一般従業員へ広げることができた。結果として，会社全体の技術レベルを高めることができたといえる。

第2に，政府に協力して業務を展開すること。福建富士通は，設立2年目の1989年6月に起った天安門事件の際，駐在員一斉帰国（日本富士通からの通達）にもかかわらず，富士通株式会社から派遣された第一任総経理である森光雄氏をはじめ，6名の日本人の駐在員は，日本に帰国しなかった。それにより約束の通りにプロジェクトを進行し，重要な時期に福建省通信の任務をやり遂げ，福建省政府や官僚から高い信頼を得ることができた。さらに，福建富士通は，専門技術人材の育成に限らず，企業幹部や政府官僚の育成にも協力するようになった。

福建富士通は，中国の非常時期において，福建省政府・福建省電信公司の要請を全面的に支援して当時の電信の混乱を避け，それにより福建省政府や官僚から高い信頼を得ることができた。そこで企業として社会正当性を得て，今後の自らの事業を展開する基盤作りができたと言える。また，この間に福建省郵電管理局（現・福建省電信公司）の地方電信局か

らの参加人数は短期と長期を含めて 300 人以上になっており，研修生たちはいま福建省での各分野で活躍している。この一連の研修協力により，福建富士通は人材育成のパイプ役として福建省政府から高く評価されている。こうした地道な活動は，福建省内で企業イメージを浸透させるに重要な意味を持ち，事業展開の足がかりを固める効果は大きかった。それよりこれまで取引のなかった顧客にまで関係を拡張することが可能になった。

福建富士通の成長期（1992～2001 年）

第 1 に，自主開発を行ったこと。1987 年 9 月に福建富士通が設立された時に，F-150 局交換機に関する 3 つの技術移転の契約のうち，脱機，局データの技術移転は予期通りに実施されたが，F-150 局交換機のコア部分である連機の技術移転を行うことができなかった。福建省電信公司が富士通株式会社に連機の契約の実行について交渉した結果，1991 年富士通株式会社は，連機の技術移転契約を段階的に行う計画案を提出した。これにより，福建富士通は，F-150 局交換機のコアなソフトウェアを部分的に移転することができた。1994 年日本政府が富士通株式会社に F-150 局交換機の技術移転を許可した。前述したように，早い段階で長期にわたって富士通株式会社への研修活動を行い，さらに 1995 年には富士通株式会社の本社で F-150 局交換機コアソフトウェアの訓練を受けることを通じて，福建富士通は，トータル技術レベルを質的に向上させることができた。

福建富士通は，単独で F-150 局交換機のソフトウェア開発能力を持ち，ソフトウェア品質管理 ISO9001 も取得したため，富士通株式会社から高い評価を得て，多くの業務を安心に任せられようになった。当時富士通株式会社が日本国内で受託したソフトウェアを，福建富士通で開発・生産した。これによって福建富士通は，ソフトウェア輸出額が増え

ている。特に，2000年に福建富士通は中国版F-150局交換機（SC11）の開発に成功し，SC11版は，シンガポール，マレーシアなど十数国や地域で使用されている。福建富士通は，ソフトウェア生産・開発・輸出経験を持つ富士通グループのアジアソフトウェア開発センターとなった。

　前述したように一貫した厳しい品質管理により，独自生産・開発能力を備えた福建富士通は，国家レベルソフトウェア基幹企業，福建省ソフトウェア輸出製品生産基地になっている。さらに2000年福建富士通は，「中国通信標準規格組織」の一員になって，中国の通信標準や規格の制定に参加している。

　第2に，企業顧客との協調による人材育成・人脈形成。福建富士通は，1987年創業以来，通信ソフトウェアの開発と技術ソリューションを提供してきた。海外市場において親会社である富士通株式会社から下請けをしながら，中国全国通信ソフトウェア市場で，F-150局電話交換機が23省・市の600電信局の電話交換機のサービスを提供している。特に福建省の通信分野に欠かせない貢献に寄与した。福建富士通のサービス事業部は，顧客に対するサービス提供システムにおいて重要な部分である。長年通信分野の基本的な部分である局交換機の開発とサービスを通じて，周辺の応用システムの開発と統合として，通信ネットワークにおけるトータル・ソリューションの開発の能力と技術サポート能力をもとにしている。さらに富士通株式会社の厳しい研究開発プロセス管理を受けて，「ゼロ」クレームという目標を掲げている。

　また，莫大かつ完全な顧客資料とトラブル処理データを持って，24時間の受付と技術支援体制が整い，顧客に緊密かつ時間通りのサービスを提供している。毎年定期的に顧客を訪問して，顧客とのコミュニケーションを図りながら，現場のシステムの故障やトラブルを解決していく。

また，通信分野において自らの長年蓄積してきたソリューション経験を活かし，異なる顧客のニーズに応じて，現場から管理職までにわたる多彩な訓練課程を設けている。多くの顧客に高品質・高レベルの訓練課程を提供して，より優れた専門技術人材を育成し，訓練を受けた人材を顧客企業に送り込んでいる。

　ここでは，楊林総経理によれば，「いいサービスがないと，次の契約もなし」(『通信信息報』2002年9月18日) という。いいサービスとは，故障を排除し，現場でトラブルを解決することだけでなく，技術的なサポートをして，積極的に顧客に新たな方案を提言し，顧客のネット技術レベル・アップを図ることなどが含まれている。いわゆる，顧客価値を高めて，初めて自社の価値も高めることが可能になるのである。

　第3に，清華大学と福州研究生培訓サービス・センターとの協力によるコンピュータソフトウェア修士課程の設立。現状ではIT (情報技術) 人材が不足しているのが，中国情報産業の発展を遅れさせている最大の原因である。中国教育部の統計データ (2000年) によると，全国の大学が毎年社会に送り込んだコンピュータ専門あるいは関連のある人材は，約2万名であるが，実際に社会ではこのような人材のニーズは，この数字の数倍あるいは数十倍になっている。特にソフトウェア研究開発の人材に対して，20万名が不足していると言われている (『福建日報』，2001年8月29日)。

　福建省において，情報産業を発展させるため，政府機関でも民間企業でも，まず人材育成が最重要な課題であると認識している。福建富士通は，前述したような2002年時点で，17年のソフトウェア開発と管理の経験を持っており，自らの開発研究センターを設けている。中国名門大学である清華大学は，このような福建富士通に注目した。1999年から，

第4章　形成と発展に関する実証

福建富士通は，清華大学深圳大学院の大学院生の実習現場になっている。

　福州市におけるIT人材の不足の状況を緩和するため，福州市研究生培訓サービス・センターは，中国教育部の許可を得て，清華大学の名門大学の優越性を利用し，福建富士通のソフトウェア研究開発及び輸出経験を活かし，高いレベルのIT人材の育成を図る主旨で，2001年秋に福州市研究生培訓サービス・センター，清華大学と福建富士通は，共同で福建省でコンピュータソフトウェア修士課程を開設した。第一期生徒の41名は，清華大学深圳大学院で一年間の専門教育を受けてから，福建富士通でまた一年間のソフトウェア開発・管理についての実習を行いながら，卒業論文を提出する。さらに清華大学の最後審査を受けて修士学位を得る形となっている。2003年第一期卒業生の41名は，大人気となっており，福州市で福建富士通，榕基企業，恒一科学などのソフトウェアの企業，あるいは福建師範大学，集美大学という大学で活躍している（『福州日報』，2003年7月21日）。

　前述のように，福建富士通は，1999年から清華大学深圳大学院の大学院生の実習教育（1年間）に協力してきた。このような福建富士通がとった行動は，2001年秋に福州市研究生培訓サービス・センター，清華大学，福建富士通という三者が共同に福建省でコンピュータソフトウェア修士課程を開設する叩き台になっている。福建富士通は，産・官・学の連携によるIT人材育成の新たな道を開けた。福建省のIT人材育成に貢献することにより，こうした活動に関しては，業界誌，新聞（『中国コンピュータ新聞』『福建日報』『福州新聞』）などが多くに取り上げるに至り，現地企業や社会から福建富士通の評判を高めることになった。

福建富士通のグローバル化探索期（2002年以降～）

　ここまで福建富士通の創立期から成長期までの歩みを検討してきた。次に，福建省ソ

フトウェア産業の現状と発展を検証した上で，福建軟件国際合作聯盟（元・福建軟件輸出聯盟）の創立の背景と活動の展開を明らかにすると共に，福建富士通が政府機関と聯盟との協力で欧米市場の事業を開拓していくことについて考察していく。

まず，福建省ソフトウェア産業の現状と発展を概観する。福建省では，ソフトウェア企業は，約500社であり，全国ソフトウェア企業総数の10分の1を占めているが，その大部分のソフトウェア企業は，福建富士通，福建華融技術，福建実達などを除いて数名あるいは数十名の従業員しか持たない小さい会社である。しかもISO9001品質管理体系認証を受けた企業はわずか5社であり，国際ソフトウェア市場CMM標準（ソフトウェア開発能力成熟度）を満たす会社が存在しない現状である。すなわち，大部分の福建省のソフトウェア企業は，小規模かつ初期段階のものであるといえるだろう。

福建省のソフトウェア産業は，北京，上海，大連，天津などの国内他の地域に比べて，かなり出遅れている。例えば全国で最も早く，同じ時期に「対外開放」の省を許可された広東省に比べて，相当の格差があった（表4-8）。

次に，福建ソフトウェア産業の発展の阻害要因を明らかにする。ではなぜ，福建省のソフトウェア産業の発展が遅れてきたのか。以下のような3つの要因である。

第1に，人材の不足である。ソフトウェア企業において最も重要な資源は，ヒトである。ソフトウェア企業は，ソフトウェアを研究・開発するため，技術の高いレベルの人材が必要である。特に，ソフトウェア産業の発展とグローバル化に伴い，高いレベルのシステム設計人材と大型プロジェクトのマネジャーが一層不足している。さらに，世界でソフ

表4-8 福建省と広東省の主なソフトウェア産業のデータ（2002年）

	従事人数（千人）	ソフト総産値（億元）	国家認証企業数
福建省	7	25	52
広東省	40	75	343

出所：中国コンピュータ新聞（2002年1月15日）。

ウェア輸出大国であるアイルランドとインドの経験から見ると，ソフトウェアの高いレベルの人材と低いレベルの人材をともに重要視しているが，福建省においては，このようなソフトウェア人材構造のバランスがとれていない。現有のソフトウェア人材は95％以上が大学卒であり，プログラマーとして十分に力を発揮できない，システムエンジニア（SE）もできない。結局，人材流動率が高くなり，個々の企業は，ソフトウェアのコストが高くなる一方で，品質向上もできない最悪な状況に陥っている。

　第2に，福建省ソフトウェア産業における規模が小さい多くの企業は，大企業の下請けになっていることである。そこで行ってきた業務は，常に初級的あるいは重要ではないものになっているから，自らの技術レベル・アップに結びつかないし，利益にも繋がらない。開発するソフトウェアも限定されている。すなわち，小規模・製品単一性という特徴で経営が息苦しいのが現状である。

　第3に，「封じ込んだ経営」である。人材の不足，小規模という要因以外に，もうひとつの弱点が封じ込んだ経営であるといえる。個々のソフトウェア企業は自らの製品を競争相手企業に絶対的に秘密している。お互いに製品を利用されることによって，自らの衰退に繋がる恐れを感じているからである。そして，ソフトウェア企業間の競争を激しく展開している。生産されたソフトウェアは，コアなものを持っていない，た

だの「加工品」といっても過言ではない。さらに、ソフトウェア企業は、単独に自分の力で国際的競争力を持つ製品を開発することが不可能である（華融科技グループ副総裁庄明の発言、『中華工商時報』、2002年6月4日）。

さらに、福建省政府機関の参画であった。福建省のソフトウェア開発産業の最大手としての福建富士通は、2000年まで国内市場において、順序に展開している。2003年に3Gによって携帯端末への進出も果たしたが、国外市場において、日本、シンガポールなどアジア国に限定している。2001年まで欧米市場を全く持っていなかった。

2001年末、日本で開催された第16回取締役総会で、福建富士通は、2002年により、内需型企業から外需型企業、通信分野から情報分野、ソフトウェア開発研究から開発研究とソリューション・サービスへの「3つの戦略的な転換」、積極的に国際競争に参加し、国内・国際市場を開拓するという発展方針を打ち出した。

その時期に、福建省ソフトウェア産業の将来に危機感を持つ福建省主管機関である情報産業庁と対外貿易経済合作庁の強い要請の下で、福建省ソフトウェア企業が生き残るためには、相互に連携の道が模索された。そこで福建富士通は、2002年5月19日に福建軟件国際合作聯盟（元・福建軟件輸出連盟）（表4-9）を、福建実達、華融科技有限公司など16社ソフトウェア企業によって発足させた。福建富士通は、福建省情報産業庁の副庁長、対外貿易経済合作庁の副庁長にそれぞれ聯盟の理事長、監事長の就任を要請した。実際に政府官僚は民間組織への就任を禁じられているので、政府官僚が聯盟の代表者に就任したのは異例である。福建軟件国際合作聯盟は、北京、上海、西安、南京、天津に続いて、地域性ソフトウェア輸出聯盟となった。福建省のソフトウェア企業は、「福建省ソフトウェア企業の国際化を推進するために福建省ソフトウェア産

第4章 形成と発展に関する実証

表4-9 聯盟概要

名　　称	福建軟件国際合作聯盟（元・福建軟件輸出聯盟）
英　　文	Software Export Union of Fujian （略称：SEUFJ）
所 在 地	中国福建省福州市斗門水頭路22号
設　　立	2002年5月19日
代 表 者	理事長：邵　玉龍（福建省情報産業庁　副庁長） 監事長：賀　汪洋（福建省対外貿易経済合作庁　副庁長） 秘書長：楊　林（福建富士通　総経理） 副秘書長：孫　秀菊（福建富士通海外業務部　総監） 副秘書長：呉　玫華（華融科技グループ　副総裁）
参加企業	福建富士通通信軟件有限公司 福建華融科技有限公司 福建頂点軟件有限公司 福建宏智科技有限公司 福建創新計算機軟件有限公司　　　など16社
従 業 員	約2500名（大卒　84.2%　平均年齢　28歳）
業務範囲	通信，金融，証券，医療，交通，インターネット，政府情報化，オフィス自動化，企業管理，物流，顧客管理など各分野

出所：福建軟件国際合作聯盟のホームページをもとに筆者作成。

業のレベルと国際競争力を高める」という目的に基づいて，この聯盟が設立された海外事務所や子会社を利用して，海外ソフトウェア契約を受け取ることとなる。特にその中の中小ソフトウェア企業は，聯盟が開拓してきた欧・米・日の市場を共同に利用する。さらに福建軟件国際合作聯盟は，聯盟の企業対象として，海外に進出するための基本知識である英語，輸入出業務及び関連法律や法規などのさまざまなトレーニングを行い，その費用は，福建省情報産業庁が提供することとなる（表4-10）。また福建対外貿易経済合作庁は会員企業がCMMとISO認証を取るための資金援助を提供している。

福建富士通は，福建軟件国際合作聯盟の成立をきっかけに，2002年「三大転換戦略」を実現しようとした。諸会員によって形成されたネッ

トワークの中における活動や交流を通じて，通信分野から情報分野への拡大が可能になるからである。現在は親会社である富士通株式会社が仲介している日本市場を強化しながら，他の市場も開拓し，自らの欧米市場の進出を図った。

　最後に，福建富士通が中心的に果たしてきた役割をみてみる。福建富士通は，福建省電信公司と一緒に通信分野において重要な役割を果たしながら，福建省政府や政府機関との緊密な関係を利用して，福建軟件国際合作聯盟の創立・展開において，積極的にコミットメントをし，中心的な役割を果たしている。

　福建富士通の果たした中心役割の1点目は，創立者の一員として，先進的設備，研究開発センターなどを持つ優れた環境条件を利用して，多くの同業者から厚い信頼を得て，福建軟件国際合作聯盟の運営本部になっていることである。表4－10で示されたように福建富士通は，福建軟件国際合作聯盟が開催した諸活動に積極的に参加するだけでなく，聯盟の運営にも深くかかわっている。その中で第1・2回の会員訓練を計画してきた。さらに2003年10月9日に副総経理である坂本龍治は，福建富士通の対日ソフトウェア輸出経験を活かして，対日ソフトウェア業務及び日本文化をよく理解した上で，聯盟会員に対日ソフトウェア輸出業務における交渉と協力について重要な提言をしている（福建軟件国際合作聯盟秘書・王林輝氏へのインタビュー，2004年8月6日）。

　2点目は，福建富士通は先頭に立って，欧米市場での事業を開拓してきた。福建ソフトウェア輸出の基幹企業である福建富士通は，21世紀に入ってから毎年500～600万ドルのソフトウェア輸出の実績を保ち続けているが，その具体的な中身をみると，95％以上の輸出額は，親会社である富士通株式会社を通じて輸出したものである。欧米市場への輸

表4-10　福建軟件国際合作聯盟の活動状況

実施時間	内　容	参加費用	場　所
2002年7月16日	「SINO-OSE」会員訓練 （第1回）	＊	福建富士通
2002年8月22日	「SINO-OSE」会員訓練 （第2回）	＊	福建富士通
2002年8月30～31日	「企業戦略と海外進出」 （英国，L. A. WELLS）	＊	福建富士通
2003年3月3日	「国際ビジネス」	＊	福建富士通
2003年4月30日 5月8日	「ビジネス英語」	＊	福州歴史記念館
2003年7月18～19日	「3T 訓練」 （Train The Trainer）	＊	福州軟件園
2003年8月9日	「ソフトウェア輸出の戦略分析」 （曲玲年　副主任北京軟件促進センター）	＊	福州軟件園
2003年10月9日	「対日ソフトウェア輸出講座」 （坂本龍治　副総経理福建富士通）	＊	福建富士通
2003年10月23日	座　談　会 「ソフトウェア工程の改善と実践」	＊	福建富士通
2003年12月20～21日	公　開　講　座 「コンピュータ知識」 （清華大学計算機部蔡蓮紅等3名教授）	＊	福州軟件園

注：＊　すべての費用は福建情報産業庁が提供するものである。
出所：福建軟件国際合作聯盟が公開したデータをもとに筆者作成。

出は，「ゼロ」である（王林輝氏へのインタビュー，2004年8月6日；2005年8月30日）。

　2002年5月19日に16社ソフトウェア企業による福建軟件国際合作聯盟の発足により，福建富士通は，福建軟件国際合作聯盟の「資源共有，共同受注」という主旨で，英中貿易協会の協力により，2002年9月21日にイギリスへの考察活動に乗り出した。10月1日にイギリス・ウェールズの首都カーディフに，福建軟件国際合作聯盟並び福建富士通の事

務所を設立した。

　2001年9月から，福建富士通は，米国のソフトウェア会社であるEx-perchange, Inc.（中文名：南開越洋）とパートナーシップを形成していた。主にソフトウェアのアウトソーシングを行っている。前述した2002年5月19日の聯盟の創立をきっかけに，福建富士通，福建華融，福建頂点などの聯盟会員は，南開越洋の顧客になった。また，福建富士通は，アウトソーシングを受けることのみならず，聯盟の活動を展開していく中で，欧米のソフトウェア市場の豊富な経験を持つ専門家を招き，ソフトウェア業界の英語や文化についての講座を開催し，ソフトウェア輸出の専門人材育成にも力を注いでいた。

　さらに，2005年1月に神奈川県川崎市に福建富士通の日本支社を設立した。日本ソフトウェア市場での業務受注の窓口になっている。福建富士通は，従来95％以上の対日ソフトウェア輸出が親会社富士通に依存していることを一転した。自らが日本文化に対する理解と長年の対日ソフトウェア開発の経験を活かし，日本ソフトウェア市場でソフトウェアの受注に乗り出した。日本で受注したプロジェクトを持ち帰り，安価な労務コストでソフトウェアの開発・生産を行っている。

　上記のように福建富士通は日本市場を中心に置きながら，福建軟件国際合作聯盟の活動を通じて積極的に英米の市場を開拓している。図4－3で示すように，福建富士通は，特に2002年からソフトウェア輸出高を年々増加している。

　近年，福建富士通は国家計画推進重点ソフトウェア開発企業，国家ソフトウェア輸出の代表企業，テレコムキャリア向けシステムソリューションプロバイダー，中小企業情報化応用サービス企業の認定資格を獲得している。とりわけ，2001年には福富軟件技術有限公司の設立をきっ

かけに，北京，日本，南京，重慶，銀川，海口，厦門，泉州などに相次いで拠点を設置し，「福建に立脚，全国に拡大し，さらにグローバルに展開する」という発展戦略に積極的に取り組んでいる姿勢を見せた。

現在では，福建富士通は「顧客第一，最高のサービス提供」という会社のサービス理念に基づき，ソフトウェア開発・生産の優位性を活かし，国内外の2つの市場を同時に発展させる戦略を打ち出し，中国におけるトップクラスのグローバルIT（情報技術）企業を目指している。

4　東南（福建）汽車工業有限公司

東南（福建）汽車工業有限公司（英・Soueast Motor，以下，東南汽車）は，三菱自動車の技術をベースに，台湾の特別関係もあって，「民族自動車産業の振興」という旗を掲げ，急速に市場シェアを拡大し，同時にコスト削減，生産合理化のための巨大な自動車生産基地を形成しつつある。また，販売業者との協力で海外市場を開拓し始めた。さらに今後の発展のために，親会社との共同研究開発も着々と進んでいる。

合弁に至る経緯と業績

東南汽車の概要　　東南（福建）汽車工業有限公司は，福建省汽車工業集団公司の子会社である福州汽車公司と台湾裕隆汽車集団の子会社である中華汽車公司が1995年11月23日に正式に契約書に調印し着工，1996年7月から生産を開始した。資本金は6,030万米ドルであり，中国，台湾，日本がそれぞれ50％，25％，25％出資している。台湾，日本は，中華汽車公司と三菱自動車工業株式会社である（表4-11）。東南汽車は，三菱自動車工業の先進な技術，中華汽車公司

表 4 - 11 　合弁会社概要

会 社 名	東南（福建）汽車工業有限公司
所 在 地	中国福建省福州市東南汽車城
設　立	1995年11月23日
正式生産開始	1999年9月 （但し仮工場操業開始は1996年7月）
代 表 者	董事長：廉小強（福建省汽車工業集団公司　董事長） 総経理：左自生（中華汽車公司　副総経理）
資 本 金	6,030万米ドル
総 投 資	22,689万米ドル
出 資 者	福州汽車公司　　　　　　　50% 三菱自動車工業（株）　　　25% 中華汽車公司　　　　　　　25%
従業員数	2,817名（2004年12月現在）
製造品目	商用車：得利卡（DELICA），富利卡（FREECA） 　　　　（1996年7月から） 乗用車：菱帥（LIONCEL）（2003年3月から） 　　　　菱紳（GRANDIS）（2004年3月から） 三菱乗用車：戈藍（Galant）（2006年11月から） 　　　　藍瑟翼神（Lancer EX）（2006年5月から） 　　　　君閣（Zinger）（2008年12月から）
工場面積	敷地：9万2,240㎡

注：董事長とは日本でいう「代表取締役会長」，総経理とは日本で言う「社長」を指す。
出所：東南汽車のホームページ（http//www.soueast-motor.com 2012年5月現在），他の公表資料をもとに筆者作成。

の生産・管理ノウハウ，福建省汽車工業の優秀な人材と市場という3社間の良いところを補完し合うことができて，順調に事業を展開している。

東南汽車の主な業務　東南汽車の主な業務内容は，まず1996年7月から福州汽車公司の旧工場で製造設備を利用して，7～11席の商業用ワゴン車である「東南得利卡（デリカ）」「東南富利卡（フリーカ）」に始まった。1999年9月に東南汽車は，福州市郊外の閩

候県青口鎮で自社の新生産工場を完成し，生産を始めた。現在，「東南」ブランドの商用車と乗用車，「三菱」ブランドの乗用車を生産・販売している。「東南」ブランドについては，商業用ワゴン車である「東南得利卡」「東南富利卡」，2003年4月に販売し始めた乗用車である「東南菱帥（ランサー）」というブランドで55種の商業用ワゴン車と専用車及び5種の乗用車を生産している。さらに2004年3月からワゴン車「東南菱紳（グランディス）」も生産している。2006年に三菱自動車の増資によって，東南汽車は，「三菱」ブランドで「戈藍（ギャラン）」「藍瑟翼神（ランサーEX）」と「君閣（ジンガー）」の乗用車を生産し始めた。

東南汽車設立までの経緯 1980年代以来，中国政府の「経済改革・対外開放」路線の下で，中国の自動車製造企業が日・米・欧などの国際自動車メーカーと積極的に交流・協力を行い，経営管理方式を始め製品開発・設計技術の導入もなされてきた。また，「社会主義市場経済」によって国内市場競争が激しくなり，企業は生き残るためにも企業間関係の構築の合理化を求めるようになっている。

2001年末に中国がWTOの一員になったばかりで，2002年の中国自動車市場は激しい変化に直面し，より高いレベル，より幅広い市場競争の幕を開けた。第一汽車，東風汽車，上海汽車という国内三大自動車集団は，相次いで日本を含む国際自動車集団と交渉し，全方位的な提携関係を構築しつつあった。2000年以降，第一汽車とVW（Volkswagen：以下VW），東風汽車と日産，上海汽車がGMとVW，とそれぞれ提携していった。その他に広州汽車は本田技研工業株式会社と提携していた。2002年以降，三菱自動車工業は静かに深い展開に踏み込んでいた。その中で三菱自動車工業との関連の完成車プロジェクトとして，最も成功している東南汽車は，中国の自動車産業に大きな影響を及ぼした（関満

博，2003）。

　2003年の中国国内の自動車市場をみると，新技術の進化・発展に伴い，新車種が続々に市場に投入された。さらに本格的に価格競争に陥る危機意識から，自動車のマーケティング観念を一新し，アフター・サービスも始めた。このような環境変化は各自動車メーカーに対して，新たな挑戦を求めるものである。

　三菱自動車工業が20％出資している中華汽車公司は，台湾の自動車販売台数の半分を占めており，生産している自動車のデザイン，品質や価格も評判がよい。自動車産業の競争がますます激しくなることに伴い，人口が2300万人の台湾では自動車市場が飽和状態に近づいている。中華汽車公司は，自らの成長・発展のために，今後成長が見込まれる巨大な自動車市場である中国大陸に目を向けた。中華汽車公司は，1991年から3年ほどかけて天津，柳州，南京，福建などの現地自動車メーカーの投資環境を調査し，パートナーを探していたのである。

　一方で，経済不振などの原因で業績が悪化していた福建省汽車工業集団の福州汽車公司は，福建省の自動車産業の振興，また自らが生き残るために外国資本や先進的技術の導入が不可欠であった。当時，生産技術と資本金をあまり持っていなかった，いわば倒産の危機に瀕死した福州汽車公司は，十数社と交渉していたが，すべて失敗に終わった。その中には，日本自動車メーカーも交渉相手に含まれていたが，成功に至らなかった（『汽車導報』，2001年3月17日）。

　1994年に中華汽車公司は，一水相隔（台湾と海峡を挟んで，密接な関係ということ），「華僑の郷」である福建省で福州汽車公司を考察した時に，福州汽車公司と意気投合した。それから1年ほどかけてフィジビリティ・スタディ（Feasibility Study：実行可能性調査）を行った。交渉した結

果，福建省政府の強力的なバックアップが得られ，中央政府から合弁会社の設立許可が下りた。一方で福建省政府からの福建省自動車産業を発展させる要望に基づき，福州汽車公司，中華汽車公司，三菱自動車工業という三者間で，1年ほどかけて調査・協議を行った。その結果，三菱自動車工業の先端的な技術を基盤に中国国内自動車市場需要の動向に合わせて，中華汽車公司の強力的な改善能力と経営能力を利用し，合弁会社を設立することが計画された。前述した中国自動車産業の現状に対して，中国の国家プロジェクトの一貫として，福建省の自動車産業を立ち上げるため，東南汽車に新しい技術導入によって先進的な良い製品をつくらせようにしていた。1995年1月に中華汽車公司（台湾），三菱自動車工業（日本），福州汽車公司（中国）は，共同出資で会社を設立する合意文書にサインし，同年11月23日に新しい合弁会社――東南（福建）汽車工業有限公司が誕生した。東南汽車は，中国大陸と台湾を挟んだ両岸における最大の合弁会社になっている。中国と台湾の「融和経済政策」において象徴的な存在であるともいえる。

東南汽車創業以降の業績　東南汽車は，2003年に操業8年目であるが，これまでの経過をまとめると下記の図4－5，図4－6の通りである。

　操業を開始した1996年7月に第一台商業用ワゴン車の生産を開始し，図4－5で示すように，初年度の生産販売台数は654台だった。1999年度は5,008台になったが，特に1999年9月に第一期生産ラインを完成・生産し始めてから，2000年は前年度に比べて3倍以上の18,018台，2001年には年間商業用ワゴン車生産量は，3万台に達成した。さらに2002年には，47,068台バスを生産し完売し，2004年には，商業用ワゴン車のみで63,000台を生産した。東南汽車は，商業用ワゴン車の平均

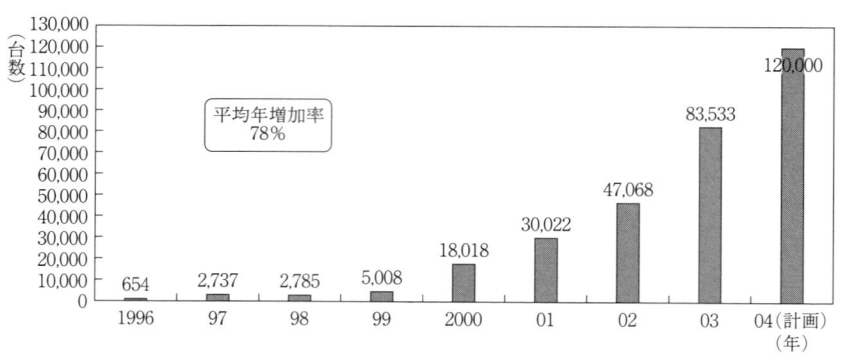

図4-5　東南汽車の販売台数の推移

注：2003年からのデータは乗用車の台数を含む。
出所：『東南風采』電子版，東南汽車のホームページ（http//www.soueast-motor.com），内部資料などをもとに筆者作成。

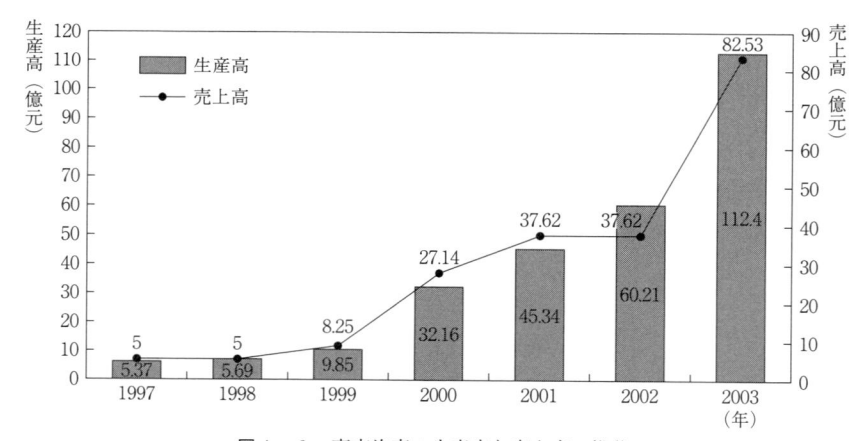

図4-6　東南汽車の生産高と売上高の推移

出所：『東南風采』電子版，東南汽車のホームページ（http//www.soueast-motor.com），内部資料などをもとに筆者作成。

年販売量78％に成長し，さらに売上高59％で，利益額97％で成長を実現した。

東南汽車は，中国国内の58社の商業用ワゴン車メーカーの中で，創業から7年あまりで，14％市場シェアを獲得し，第2位の商業用ワゴン車製造者になることを実現（図4-7）し，中国の自動車産業において注目された。しかし，東南汽車は，商用車の分野における成功で満足しているわけではなかった。より競争が激しい乗用車市場に進出することを着々と準備してきた。2003年3月には東南汽車ではなく，福建省ブランドの第一号目の乗用車が東南汽車の新工場の製造ラインで生産された。「東南菱帥（ランサー）」というブランドの乗用車は，高品質かつ適正価格で評判となった。「東南菱帥（ランサー）」の2003年11月までの販売状況は表4-13の通りで，一時は生産が販売に追いつかない状況でもあった。

前述したような合弁から2004年現在までわずか9年しか経過していない東南汽車は，多くのステークホルダーの利害と期待の中で，スムーズに契約，生産，販売が軌道に乗り，急速に成長・発展を遂げた。ここでいかに東南汽車は生成・成長してきたかについて，時間の経過に伴い，創業期，市場シェアと規模の拡大期，乗用車市場の参入期，グローバル展開期という4つの段階に分けて検討していく。各段階において，関係するステークホルダーの特定と，特に重要なステークホルダーを図示し

表4-13 2003年度福州市外国投資企業ベストテン

順位	会社名
1	福建捷聯電子有限公司
2	東南（福建）汽車工業有限公司
3	冠捷電子（福建）有限公司
4	華映光電股份有限公司
5	福耀硝子工業集団股份有限公司
6	福建実達コンピュータ設備有限公司
7	福建瑞閩アルミ板有限公司
8	日立（福建）数字媒体有限公司
9	福建三豊靴業有限公司
10	三協精機（福州）有限公司

出所：福州市対外貿易経済合作局が公表したデータ（2004年3月）をもとに筆者作成。

表4-13 2003年乗用車「菱帥」の販売台数

月	3	4	5	6	7	8	9	10	11
台数	472	3,193	2,469	3,682	3,482	3,500	4,200	4,500	5,000

出所：東南汽車の公表データをもとに筆者作成。

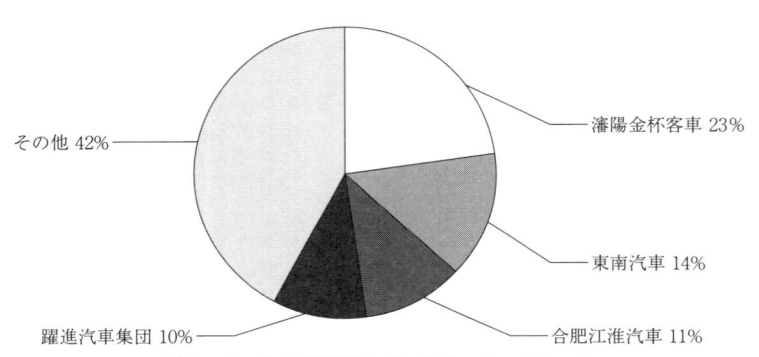

図4-7 主な商業用ワゴン車メーカーのシェア
（瀋陽金杯客車 23%、東南汽車 14%、合肥江淮汽車 11%、躍進汽車集団 10%、その他 42%）

出所：中国国家統計局の公表データ（2002年）をもとに筆者作成。

たものが，図4-8である。次節では，段階ごとに親会社，サプライヤー（協力会社）との協調関係，販売ネットワークの構築，地方政府との協調，海外輸出の展開について考察していきたい。

東南汽車の成長プロセスにおけるステークホルダー・マネジメント

東南汽車の合弁創設から2006年までの成長過程において，①創業期，②市場シェアと規模の拡大期，③乗用車市場の参入期，④グローバル展開期に分けて，各段階の特徴を明らかにしながら，工場の立ち上げ・生産，販売ネットワーク構築，市場シェア拡大に向けて，親会社，顧客，政府，競争相手などというステークホルダーとの関係を，ダイナミックに構築・維持した側面から検討していく。

第4章　形成と発展に関する実証

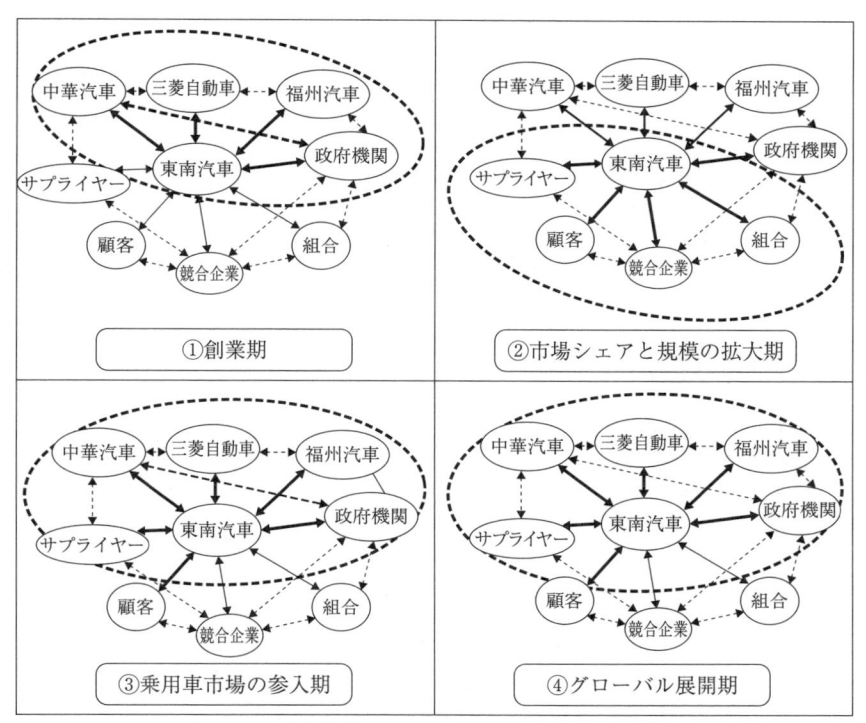

図4-8　東南汽車のステークホルダー・マップの変化
注：点線で囲まれている部分が特に重要なステークホルダー関係のシフト。

東南汽車の創業期
(1995年11月～1999年)

　東南汽車の創業期において，第1に地方政府の参画が大きな特徴を挙げられ，会社の設立，新工場の建設などの事業活動をスムーズに展開する要といえる。中国政府は，1994年に発表した自動車政策で，国内産業を守るために，自動車産業分野を基幹産業としてさまざまな規制を設けている。例えば，外国企業の出資率は50％以下，国産率（現地調達率）は50％以上，乗用車，商用車それぞれの分野で最大2社の中国企業としか合弁できないなどの

制限があった。

　このような国策の下で，福建省政府は，省内の自動車メーカーが経済不振に覆われたことに対して，自動車産業振興の旗を掲げて国際自動車メーカーを誘致することに全力に取り組んでいた。1994年に台湾の中華汽車公司が，自動車産業投資環境と福州汽車公司を視察した後，福州汽車公司と協力したいとの意思を表明した。中華汽車公司，三菱自動車工業，福州汽車公司の3社の協力で設立される合弁企業の計画は，福建省の産業振興計画に合致していたため，福建省の「第9次5カ年経済発展計画」に盛り込まれた。当時，福建省委副書記兼福州市委書記である趙学敏と福建省汽車工業集団公司の董事長である凌玉章は，自動車生産届を中央政府に説得するため，数回にわたり北京に行った。1年半後，中央政府は業界初の外国企業が50％の出資を認め，中華汽車公司，福州汽車公司と三菱自動車工業は，1995年8月19日に自動車生産合弁企業設立契約書に調印した。同月21日に中華汽車公司，福州汽車公司と三菱自動車工業は，三菱自動車の商用車「得利卡（デリカ）」と「富利卡（フリーカ）」の技術移転及び閩侯県青口鎮の新工場を建設する用地予約協議書を正式に契約し，同年11月23日に東南汽車公司が誕生した。

　第2に，前述したように，東南汽車は福州汽車公司の旧工場を部分的に改造・改善し，1996年7月に商業用ワゴン車「得利卡（デリカ）」を生産し始めた。初年度は654台のデリカしか生産できなかったが，1997年に入ってから正式に大量生産に突入した。国内市場で販売も順調に展開した一方で，東南汽車は将来の事業拡大のために，新工場建設の案を提出した。そこで福建省における最大な投資項目である東南汽車を順調に発展させるため，福建省，福州市，閩侯県などの各政府は，新工場の建設を「第9次5カ年経済発展計画」の重要な項目に盛り込んだ。各政

府の幹部は，最初から東南汽車の自動車生産案を積極的に支援してきた。例えば，当時省長である陳明儀，福州市委書記である趙学敏などの省市政府の幹部は，東南汽車生産基地の建設現場を視察し，進捗状況を把握して具体的問題を解決していた。

また，新工場の建設を早期に開始するため，1995年の末に閩候県政府は青口鎮で県長鄭有光，県委書記芦聖金をはじめ，20数名の専門チームを設立した。専門チームは，村民移住の問題に積極的に取り込んでいた。1996年10月に閩候県は，東南汽車生産基地のインフラ整備の段階に入って，「東南汽車に力を尽くす」ことを打ち出した。わずか10カ月で新工場の水，電気，通信，道路などのインフラストラクチャーを整備した。1999年9月26日に新工場と35社の部品メーカーの工場を含む東南汽車生産基地は，正式に運営し始めた。東南汽車は，青口鎮新工場で生産して以来急速に発展段階に入った。

東南汽車は，1995年創立以降，福州汽車公司の旧工場を改善・利用し，生産し始めたが，「東南汽車生産基地」の建設計画も着々と進行していた。前述したような省・市・県の政府が，12村の住民の移住問題の解決，土地管理局における工場用地の申請・購入，工場建設における資材調達などを最優先に配慮してきた。このような協力を得た東南汽車は，わずか3年間で1999年9月26日に総面積76万m^2，建物面積88,272m^2の敷地に，機械加工，溶接，塗装，組立という4つの生産ラインを含む青口鎮新工場を完成し，生産を開始した。その結果，東南汽車は年間6万台の自動車を生産する能力を持つようになった。図4－5で示した通り，販売台数は1999年の5,008台から2000年の18,018台に拡大した。

さらに親会社である中華汽車公司は，台湾において長期的な取引関係

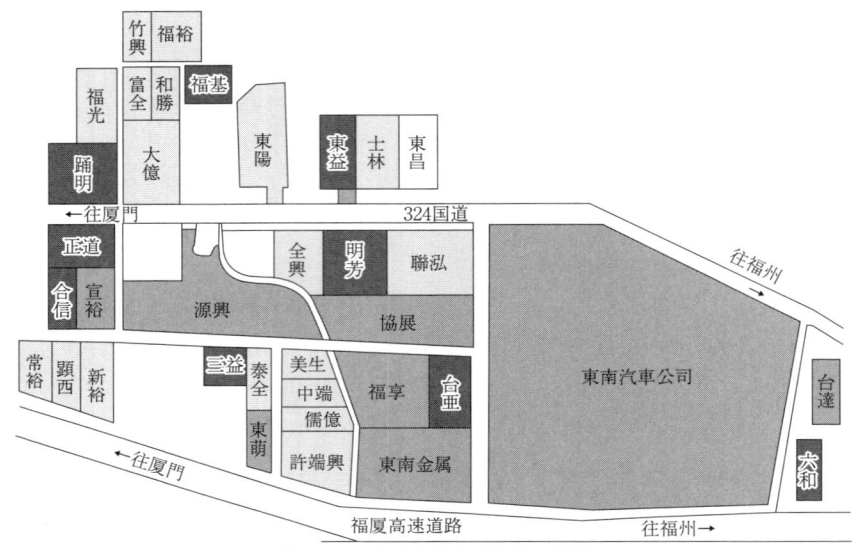

図4－9 東南汽車生産基地の概図
出所：東南汽車のホームページを基に筆者作成。

をもっていた品質レベルの高い35社の部品メーカーを福州に誘致した。これらの部品メーカー，中国国内の100社を越える部品メーカー，関連企業が東南汽車メイン工場を中心に囲む形で，敷地面積200万m^2，総投資2.7億ドル（第1期）の「東南汽車生産基地」（図4－9）が形成された。現在では，自動車の製造・生産工程において，プレス，溶接，塗装，組み立て工程までの全工程から最終組み立て工程を有し，業種別に完成車，板金，化学，機電，専用部品のエリアを有し，自主生産・供給能力と研究開発センターを備えた，年産30万台規模の国際レベルの自動車生産基地となった。この集積は，東南汽車が急速に成長・発展を遂げる堅実な基礎になったといえる。

第3に，現在東南汽車は，中国国内の高品質部品生産技術を持つ100

第4章　形成と発展に関する実証

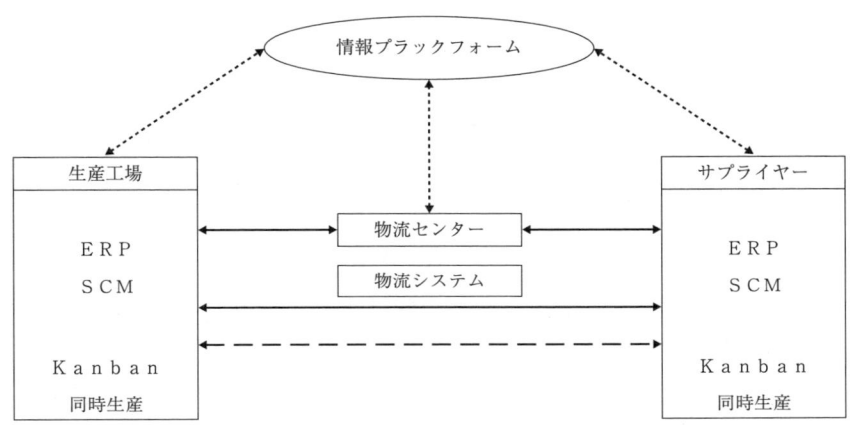

```
                    情報プラットフォーム
```

図4-10　東南汽車生産基地におけるローカル・ネットワーク
注：──▶ モノの流れ　・・・・▶ 情報の流れ　← − →カネの流れ
　　ERP（英・Enterprise Resource Planning）：企業資源計画
　　SCM（英・Supply Chain Management）：サプライチェーン・マネジメント
出所：『東南風采』電子版　2003年第一期。

社あまりの部品メーカーとの取引をしている。特に東南汽車生産基地に進出している35社の部品メーカーと密接に協調しながら，「共存共栄」という目標を目指している。東南汽車は，このような35社の部品メーカーに対して，従来の下請け業者との上下関係を捨てて，「協力会社」であると位置づけた。そこで2002年8月に東南汽車生産基地でローカル・ネットワークを作り出した（図4-10）。このようなネットワークを利用して，東南汽車は生産基地内の諸協力会社と，市場・生産・販売などの情報を共有し，市場の需要を予測して生産計画を立てている。そのためサプライヤー各社は生産工程において，正確な部品数量，適時に提供することができる。すなわち，情報共有化・見える化の徹底である。一方で，東南汽車にとっても協力会社にとっても，原材料や部品などの在庫量を削減することが可能となり，その結果全体の生産性も向上した。

2001年末，中国がWTOに正式加盟し，国内の自動車産業は，本格的な価格競争の時代に入った。自動車産業での原材料コストでは，部品コストが70％以上を占めているといわれる。東南汽車公司は，品質を保ちながらコスト低減の点で圧倒的な強さを示している。東南汽車の商業用ワゴン車や乗用車は，他社に比べて生産コストが低い。それは，各製造過程でムダを削減しているからである。東南汽車生産基地で35社の部品メーカーが，近接する工場へ部品を発送する時，複雑な包装をせず，組み立て手順を簡素化することを通じて，コストを10％節約し，部品を供給に要する時間を短縮した。60％の部品はこの基地内で調達することが可能である。すなわち，必要な部品を必要なときにしか調達しないJITシステム（kanban方式）を実現した。その結果，東南汽車の工場には生産・組み立てラインしかなく，部品倉庫は持っていない。また協力会社である「六和」は，図4－10のようなネットワークを通して東南汽車と部品情報を共有した上で必要な部品を毎日12回に送ることになっている。東南汽車の前総経理である林国銘によると，他の自動車メーカーの部品調達がキロメートルで計算するのに対して，東南汽車はメートルで部品が調達できる点は東南汽車の競争優位の源泉である。さらに中国国内において，同一生産ラインで商用ワゴン車である「富利卡（フリーカ）」「得利卡（デリカ）」，乗用車である「東南菱帥（ランサー）」などの多車種を混流生産することに初めて成功した。

市場シェアと規模の拡大期（2000年～2002年前半）　まず，東南汽車は，市場シェアをさらに拡大していくため，全国の販売ネットワークを展開していた。自動車産業では，巨額な資金，先進的な技術と集約的労働力を投入し，多くの部品サプライヤーと販売・サービスネットワークを構築し，グループとしての自動車会社が成立している。設立当時の

第4章　形成と発展に関する実証

　東南汽車は，資本金6,030万米ドル，総投資額1億米ドルで，130億米ドル総投資である一汽－大衆汽車有限公司（第一汽車とVWとの合弁企業）に比べると，10分の1以下の規模で出発した。最新の生産設備も持っていなかったし，自動車を生産する経験もない福建省で，福州汽車公司の古い工場でデリカを組み立てることで事業をスタートしたため，当時国内販売業者は，福建省で自動車を生産することを疑問視していた。

　東南汽車は，親会社である中華汽車公司が持ち込んだ日本的生産管理方式を採用している。優れた生産設備で混流生産・品質管理・改善提案制度を徹底的に実施されている。その結果，東南汽車は生産，技術，品質の面で自信を持っていたが，製品知名度は低く，販売チャネル網はまだ構築できていなかった。このような状況で出発した東南汽車が，わずか7年で，全国31省市で61販売店，575販売代理店，432サービス・センターを設立した。中国全土の90％以上の地域に48時間内にサービスを提供することが可能となった。東南汽車は，このような巨大な販売ネットワークを利用して，顧客に最善のサービスを提供することによって市場シェアを獲得する。販売や修理に留まらず，高いサービスにより顧客のニーズを満たし，ロイヤリティを引き出し，さらにCLV（Customer Life Value）というコンセプトを創出することで，企業の持続的発展のために，確実な顧客群を獲得していくことができた。

　東南汽車は，販売店，販売代理店，サービス・センターと年間契約を結んでおり，これらの店の受注状況に基づいて車両を供給している。また，販売店が顧客に納車する際に基本的に資金を全額回収できるために，東南汽車は納車期間を短くすることによって，販売店により早く代金を回収させるように工夫している。同時に東南汽車は，販売店の車両在庫状況をチェック・把握している。また「統一的な品質・イメージ・サー

ビス」という東南汽車の方針を販売店やサービス・センターに徹底させている。さらに，販売店やサービス・センターに対して技術者，販売人員の訓練を行っている。こうした仕組みによって，東南汽車は，販売店，サービス・センターの満足度・忠誠度を高め，彼らのとの良好な関係を築いてきている。

　また，東南汽車は，毎年販売店，サービス・センターの業績を分析し，サービスやクレームへの対応などを評価基準に取り入れた，総合的な査定を行っている。販売店，サービス・センターにランクを付けることによって，次年度のマージン率を決定する。このような方法で販売店，サービス・センターの間に競争原理を導入することで，サービスの質が向上することを繋がると考えられる。

　販売ネットワークの全国展開に伴い急増した販売台数に見合う生産能力を持つことが必要になっていた。そのために東南汽車は第2期工場拡大を決断する。以前の中国における自動車産業の生産方式は，「大投資，大量生産による規模の経済の追求」であったが，東南汽車は，「全体的計画，段階的な実施，持続的な発展」という発展方針の下で，中国の自動車市場の発展傾向を分析し，親会社の投資リスクを低減することにも配慮していた。東南汽車は，1999年9月26日に第1期工場の完成・生産を開始して以来，2001年の販売台数3万台の目標を実現し，売上高は37.62億元で純利益は2億元であった（図4-6）。これらの実績が会社創立当初の計画目標にクリアーしたため，東南汽車は2002年11月に中央政府から第2期工場の建設許可を獲得し，総面積52,000m^2，総投資9,710万米ドル，年間6万台の乗用車生産能力を持つ新工場の計画を始動した。東南汽車は，第2期工場拡大の完成に伴い，年間12万〜15万台の生産能力を有し，2005年には中国ベストテン自動車メーカーと

なる目標のために，着実に一歩前進したといえる。

乗用車市場参入期
(2003年～2004年前半)
　東南汽車は，1996年7月から商業用ワゴン車の生産を開始したが，2001年末に中国がWTOの一員になっても，自動車産業は依然として規制産業であったにかかわらず，2003年4月には乗用車市場に参入することを果たした。その背景には，現地政府である福建省政府が重要な役割を果たした。東南汽車は，創業わずか7年で58社国内商業用メーカー産販シェア中第2位の実績を確立し，中国自動車産業の「ダークホース」といわれた。福建省政府は，省の自動車産業を発展させることを「福建省の第10次5カ年経済発展計画」に明記した上で，東南汽車の生産・投資計画を織り込み，中央政府に対し全力で重点投資を承認させるように働きかけた。実際に，東南汽車は2002年4月に親会社である三菱自動車が所有する「ランサー」の技術を導入して，競争が激しい乗用車市場に参入することを発表した。同年11月に東南汽車が乗用車の技術導入を中央政府に申請した。それからわずか2カ月で2003年1月に東南汽車は，乗用車の技術導入と生産の許可を中央政府から得たのである。

　東南汽車は，生産している商業用ワゴン車が「三菱」のブランドを使わず，三菱のエンジンを搭載している「得利卡（デリカ）」「富利卡（フリーカ）」というブランドを市場で販売している。しかも，前述したように好業績を上げている。乗用車も「東南菱帥（ランサー）」というブランドで販売している。すなわち，東南汽車が，自らのブランドで車を生産・販売しているのは，中央政府の自動車産業政策における「国内自動車産業を発展させる方針」に沿っているわけである。

　2003年3月21日に東南汽車の初の乗用車「東南菱帥（ランサー）」の生産開始イベントには，国家経済と貿易委員会の副秘書長である甘智和

氏，福建省と福州市政府の幹部，三菱自動車の海外事業部本部長，中華汽車公司の蘇慶陽総経理が揃って出席していた。そこで東南汽車の凌玉章董事長は，乗用車「東南菱帥（ランサー）」の誕生について，「今日（2003年3月21日）が，東南汽車の発展史において転換点であり，福建省自動車産業の半世紀発展史において『歴史的意義』を持つ日になるでしょう。乗用車『東南菱帥（ランサー）』は，国際的合作が新たな段階に入った象徴であり，東南汽車が商用車から乗用車という新たなステップに進んだ象徴であり，福建省自動車産業が自ら乗用車を生産できない歴史を終わらせた象徴であり，福建省3,300万人民の乗用車生産の『夢』が叶う象徴である」と，4つの意味で象徴的な存在として東南汽車の成功を表現した。(『東南風采』，2003年第3期)。

　東南汽車は，このように福建省政府と緊密な関係を持つことによって，少ない投資で自動車を生産することが，早い時期に許可された。また，自らのブランドで商用車と乗用車を生産・販売するにあたっては，関税当局への対応もうまくできた。言い換えれば，国産車として，関税をなくし，三菱自動車工業の先進技術・高品質で，現在の中国自動車市場の厳しい価格競争の中で勝ち続けているわけである。

**グローバル展開期
（2004年後半以降～）**　2003年中国の自動車生産台数は，米国，日本，ドイツに続いて世界の第4位となった。2004年に入ってから，国内外自動車メーカーは，中国自動車市場，特に乗用車市場が成長し続けると予測し，新工場の建設，増産計画を打ち出した。各メーカーは，中国自動車市場におけるシェアを巡る激しい競争を繰り広げた。2004年6月1日に，中国の新自動車政策が発表され，そこで中国の自動車市場競争が一段に激しくなると予想され，120社以上が乱立する中国内自動車メーカーの再編・集約が不可避と指摘された。各自

動車メーカーは,生き残りをかけ,地方政府の保護政策を利用し,新自動車政策を沿って自社の投資・生産計画や経営戦略の見直しに直面している。

東南汽車が前述したような高成長率を保ち続けているのは,「東南汽車生産基地」でサプライヤーグループ形成,販売チャネルの構築や展開,親会社である三菱自動車からの技術提供などの貢献が否定できないだろう。新たな自動車政策や市場のグローバル化に向かって,東南汽車はより一層に発展していくため,いかに中国消費者のニーズに合うような新製品を研究・開発するのかが不可欠となる。すなわち,東南汽車は「三菱技術」をベースにしながらも,中国市場のニーズに適合する東南のオリジナルの新車種を続々と市場に送り出すことが最重要な課題になる。そのために,2004年9月1日に東南汽車は中華汽車公司で14年間の新製品開発,技術研究,新製品の導入などの技術畑を経験し,2001年1月から2002年2月まで東南汽車の総経理を担当した劉興台氏を第5任総経理として迎えた。劉氏は「今回再度,東南汽車の総経理になり,主に新製品の開発を強化し,技術開発と研究能力を高めることによって,東南汽車のコア競争力を作り出すことを目指す」と述べている(『汽車週刊』2004年12月23日)。

実際に技術力をレベル・アップするために,東南汽車は,すでに2004年11月から「技術開発研究センター」の建設に着工した。このセンターの初期規模の総投資は,930万米ドルである。その中で「技術研発ビル」という建物が768万米ドル,品質管理実験センターが108万米ドル,エンジン実験室が13万米ドル,三次元精測室が41万米ドルであり,年ごとに投資額を増加していく。また,このセンターは車体,新製品の開発力,エンジンシステムの開発などを段階的に実施していく。最

初段階には親会社である三菱自動車，中華汽車との共同開発という形で始まり，最終にはいずれに自主開発能力を持つような計画を立てている。

そして東南汽車は，競争が激化している中国自動車市場に対応するための自主研究開発の能力アップのみならず，密やかに海外市場に完成車を輸出することも探っていた。まず，三菱エンジンを搭載し，優れたデザインを持つ商業用ワゴン車「得利卡（デリカ）」は，1996年7月に市場に投入してから，販売台数が順序に伸びてきた。東南汽車は，販売台数で58社商用車メーカーの第16位からわずか5年で第2位になり，全国商用車の市場シェア率が14％を占めている。「得利卡（デリカ）」の高品質，高性能，適正価格は，国内消費者の認知を得たといえる。2004年10月26日に東南汽車は，遼寧省丹東海関で北朝鮮政府から受注した50台の「得利卡（デリカ）」を輸出した。この時，北朝鮮政府は，中国で10車種を購入する予定で，最初に東南汽車「得利卡（デリカ）」を選定した。その後，東南汽車は，「得利卡（デリカ）」を中心として，タイ，サウジアラビアなどアジア国に輸出した。さらにヨーロッパのベルギーにも輸出することもできた。

この段階で東南汽車は，自らが生産する車を輸出するに至った。その結果，東南汽車は，生産する自動車の品質・性能が国際的に認知された。多くの新聞や雑誌（『福建日報』など）もこの話題を取り上げたことによって東南汽車のブランドは高まり，「得利卡（デリカ）」の輸出をきっかけに，グローバル化へ展開する第一歩を踏み出した。

2005年に入って，東南汽車は海外市場をより開拓していく意欲を見せた。2005年7月に東南汽車は，シリアが1,500台「東南」の車の購入，総金額120万米ドルの契約に調印した。同年8月に上海港から100台の完成車をシリアに輸出した。今回の輸出車は，東南汽車の「得利卡

（デリカ）」「富利卡（フリーカ）」「東南菱帥（ランサー）」「東南菱绅（グランディス）」を含む全車種であった。さらに2005年末までにシリアに1,000台の完成車の輸出計画を立てている。

前述したように東南汽車は，自らの完成車の輸出量を拡大することのみならず，単一車種輸出から全車種の輸出への飛躍，一国から多国との貿易ができ，確かに国際的な競争力を高めてきたともいえる。

2007年以降の東南汽車の発展

2006年5月に三菱自動車工業が25％出資している東南汽車は，三菱の先進的技術で乗用車「藍瑟（ランサー）」を三菱ブランドモデル車として導入した。これにより，東南ブランドと三菱ブランドのモデル車を生産・販売し始めた。また同年11月に「戈蓝（ギャラン）」，2008年12月に「君閣（ジンガー）」，2009年12月に「藍瑟翼神（ランサーEX）」という三菱ブランド車を相次いで中国市場に投入した。その結果，安い東南ブランド車と高級な三菱ブランド車で販売を展開している。これによって販売体制も一新した。従来ディーラーのショールームも，東南ブランドの車と三菱ブランドの車が一緒に売られているため，購入者にも非常に分かりづらい状況だった。2008年に東南汽車社内に三菱ブランド販売部門を設立し，三菱ブランド商品の販売・マーケティング，サービスの機能を集約させた。そして，ディーラーも三菱ブランドと東南ブランドの2つに分けるようになっている。

東南汽車は，2007年9月に米国自動車メーカーであるクライスラーから技術ランセンスを受けて，ミニバン「大捷龙（Chrysler Grand Voyager）」と「道奇凱領（Dodge Caravan）」を生産・販売し始めた。現在2車種の販売台数はまだ少数にとどまっている現状である。しかし，東南汽車としては，国際的提携を通して，新しい技術を学ぶチャンスになる。

東南汽車は2005年の海外輸出を契機に，海外市場の開拓を重要視し，海外への輸出事業を進行させてきた。例えば東南汽車が2007年にイランに向けて商用車「得利卡（デリカ）」8000台を輸出した。これらの商用車はイランの都市部でタクシーとしての用途が多い。東南汽車はイラン以外にロシア・エジプト・シリアなど10数カ国にも輸出しており，今後の輸出がいっそう拡大し，国際ブランドとしての成長を目指す計画であった。2007年には輸出台数が合計9,478台に達している。

　2010年には東南汽車が年間生産販売115,556台になり10万台の目標を実現した。今後3カ年の発展戦略計画を発表し，2012年には生産販売台数を30万台までに引き上げる目標を掲げた。そのために2011年1月に市場販売の拡大に伴い，東南汽車の生産規模拡大（第3期）の計画案を福建省政府が承認された。同年に東南汽車は，第2期の生産設備の隣接地に新たな工場を増設し，総投資額は約20億元（約250億円）で東南ブランド車「Ｖ」シリーズ車種を生産する予定である（『日刊華鐘通信』，2011年1月24日）。稼働後，東南汽車は年間生産能力を現在の15万台から30万台までに引き上げ，中国自動車産業における「中規模自動車メーカー」の仲間入りを果たしていた。

5　日立（福建）数字媒体有限公司

　日立（福建）数字媒体有限公司は，経済技術開発区の優位性を利用して，従来のブラン管カラーテレビから脱出し，薄型テレビへとシフトする新組織を作り出した。販売業者と提携しながら，販売ネットワークの形成によって市場シェアを拡大しつつある。それらを受けて増資による設備投資と量産体制を整え，研究開発センターの設立，新技術や新製品

の導入を積極的に取り込んだ。

日立（福建）数字媒体有限公司の設立と運営

日立（福建）数字媒体有限公司の概要　日立（福建）数字媒体有限公司（以下では日立福建という）は，2001年6月15日に正式に契約書に調印し着工，8月1日から営業を開始した。資本金は一億元（約14億円）であり，総投資は40億円であり，日中双方がそれぞれ53％，47％出資，日本側は，日立グループとMax Benefit Holdings Limited（元・東栄商行）である（表4-14）。総経理は日立製作所から派遣することになっている。

　日立福建は，福建省福州市の経済技術開発区に設立され，税制の優遇措置の適用を受けることによって強固な経営基盤の確立を目指した。日立福建は，「技術の日立」のキャッチフレーズの下，最先端のデジタル研究開発でプロジェクションテレビ（以下ではPTVと略す）を始め，プラズマテレビ（PDP），多媒体投影機（MMP）など，デジタルメディア製品の設計・販売・サービス部門の一貫体制を構築し，2001年8月に年間15,000台PTVの生産販売を始めた。同年12月にMMPを生産開始し，さらに2002年3月にPDPの生産許可認定書を取得した。現在，日立福建は，PTV年間10万台，PDP3万台，MMP5万台の生産能力を持つ企業まで成長してきた。すべての製品は，中国国内市場において「HITACHI」というブランドで販売され，欧米にも輸出している。

日立（福建）数字媒体有限公司の主な業務　日立福建の主な業務内容は，「日立」ブランドのプロジェクションテレビ（PTV），プラズマテレビ（PDP），液晶テレビ（LCD），多媒体投影機（MMP）他，デジタルメディア製品の設計・製造・販売・サービスである。

表4-14 合弁会社の概要

会社名	日立(福建)数字媒体有限公司
(英 文)	Hitachi Fujian Digital Media Company Ltd.(略：HFDM)
代表者	董事長　荻本　教夫　　総経理　緒方　浩一　　副総経理　陳　浄
所在地	中国福建省福州市鼓山98号
設　立	2001年6月15日
生産開始	2001年8月1日
出資比率	日立グループ51%（日立製作所41%　日立（中国）有限公司10%） 福建省電子信息（集団）有限公司　47% Max Benefit Holdings Limited　2%
資本金	1億元（約14億円）
総投資	40億円
従業員数	1,500人（うち日本人5名，2008年10月現在）
業務範囲	プロジェクションテレビ（PTV），プラズマテレビ（PDP），液晶テレビ（LCD）多媒体投影機（MMP）他で，デジタルメディア製品の設計・製造・販売・サービス

注：董事長とは日本でいう「代表取締役会長」，総経理とは日本で言う「社長」を指す。
出所：日立福建のホームページと日立製作所のホームページをもとに筆者作成。

操業後の業績　　日立福建は，2001年6月15日に設立され，2008年現在で操業8年目になったばかりである。設立以降の業績をまとめると，図4-11，図4-12の通りである。

　また，日立福建は，福建日立が所有していたPTVの生産ラインを買収し，創立の当時に福建日立から多くの従業員を受け入れ，その土台で立ち上げた。図4-12で示すように年間生産15,000台のPTVからスタートした。2001年12月にMMPを生産し始めた。さらに2002年6月からPDPの生産・国内販売を開始した。

　日立福建は，親会社日立製作所の技術力で続々に新製品の生産が可能となり，中国での生産には最先端の技術が導入されている。2002年には，PTVの市場において，東芝40%，ソニー20%という市場シェア

第4章 形成と発展に関する実証

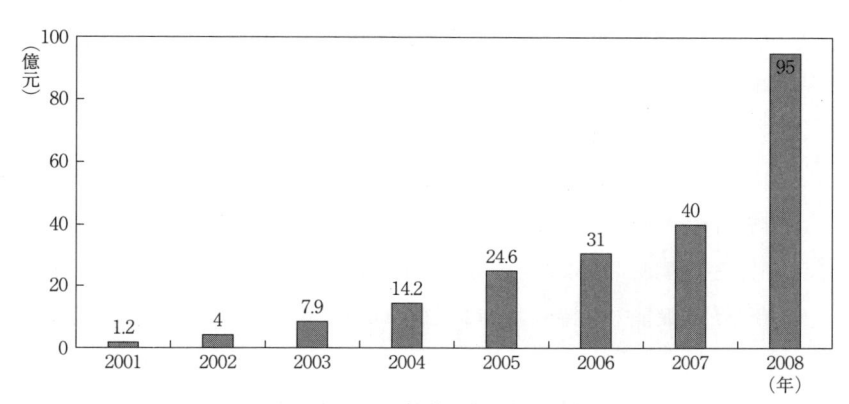

図4 - 11 日立福建の売上高の推移

年	2001	2002	2003	2004	2005	2006	2007	2008
億元	1.2	4	7.9	14.2	24.6	31	40	95

出所：日立福建のニュースリリース（2002〜2008年）をもとに筆者作成。

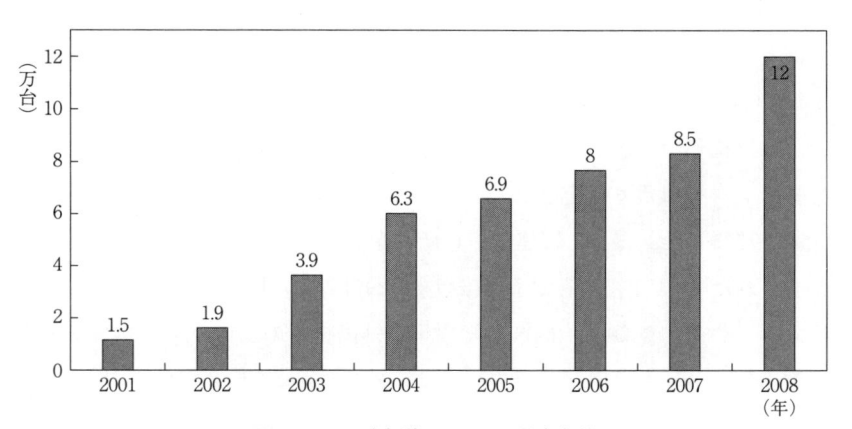

図4 - 12 日立福建のPTVの販売台数

年	2001	2002	2003	2004	2005	2006	2007	2008
万台	1.5	1.9	3.9	6.3	6.9	8	8.5	12

出所：日立福建のニュースリリース（2002〜2008年）をもとに筆者作成。

があったが，2004年5月現在には，高い付加価値の製品生産・販売を集中している日立福建は東芝，ソニーを抜いて，長虹，TCLに次いで第3位となっていた。

　2001年12月に，MMPの生産を始めてから，北京鴻合科技有限公司との販売提携により，販売台数が順調に伸びてきた。2003年にMMPの販売台数が首位に立ち，市場シェアが14％になった。このような状況で日立福建は，2004年8月にさらにMMP生産ラインを増設し，年間10万台生産能力を持つようになる（『福州市晋安区新聞』，2004年8月3日）。

　さらに2003年から販売し始めたPDPの販売台数が右上がりに伸びて，一時的に需要に追いつかない状況もあった。しかし日立福建は，「2004年はPDP元年」と位置づけ，PDPの生産ラインを拡大し，年間5万台まで生産が可能になり，市場に続々に新製品を投入した（日立福建のニュースリリース，2004年5月17日）。

　日立福建は，国家級ハイテク企業と認定され，2003年7月に賽宝認証センターにより認定されたISO9001：2000品質マネジメント体系認証を取得した。また，福建省信息産業庁が2003年度売上高によって発表された2004年福建省電子情報産業における20社重点企業リストにも入っている。さらに，2003年度福州市外国投資のランキングベスト企業（表4-15）によれば，日立福建は第8位の成績を収めている。

　しかし，日立福建は以上に述べたような業績を満足とせず，現地法人の総経理である杉崎覚氏によると，「短期間内に中国では，PDPとMMPの市場シェアが首位になり，PTVの市場シェアが3位内を目指す。現時点では，MMPとPTVに関する目標を既に実現した。2004年末までPDPの市場シェアも首位になる目標を掲げている」（『中国電子

報』, 2004年3月25日)。そのために,日立福建は日立製作所の技術的な優位性を積極的に取り込んで「信用第一」と「顧客満足」という経営理念で,大幅に意思決定と実行のスピードをアップし,多様化してきている顧客のニーズを適切に把握し,顧客からの信頼に応える知識型企業を志向している。

表4-15 2003年度福州市外国投資企業ベストテンリスト

順位	会社名
1	福建捷聯電子有限公司
2	東南(福建)汽車工業有限公司
3	冠捷電子(福建)有限公司
4	華映光電股份有限公司
5	福耀硝子工業集団股份有限公司
6	福建実達コンピュータ設備有限公司
7	福建瑞閩アルミ板有限公司
8	日立(福建)数字媒体有限公司
9	福建三豊靴業有限公司
10	三協精機(福州)有限公司

出所:福州市対外貿易経済合作局が公表したデータ(2004年3月)をもとに筆者作成。

　前述の通り,合弁創立から現状について説明をしてきたが,日立福建は,どのように福建日立から新会社へと移行し,順調に生産・販売の軌道に乗せて,福建省においてハイテク企業,福州市外国投資企業の第8位などのように急速に成長・発展してきたのか。以下,時間の経過に伴い,新会社への移行期,再建調整期,規模拡大期という3つの段階(図4-13)に分けて,ステークホルダー(親会社,顧客,地方政府,流通業者,競争相手など)との関係を重視しつつ,戦略を転換しながら販売ネットワーク構築,規模拡大に着目して考察していきたい。

日立福建におけるステークホルダー・マネジメント

新会社への移行期　日立福建の前身は,日本の電機メーカーの中国進出第一号であり,1981年2月に日中ジョイントベンチャーの象徴的存在でもあった日立製作所株式会社(48%出資)と福建省電子信息(集団)有限公司(50%出資)と東栄商行(現・Max Be-

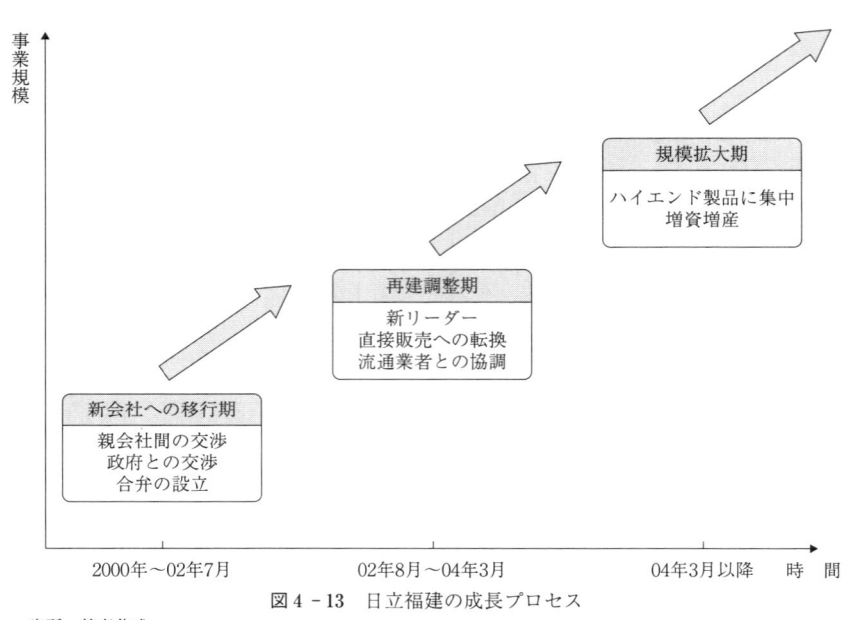

図4-13 日立福建の成長プロセス

事業規模（縦軸）／時間（横軸）

- 新会社への移行期（2000年〜02年7月）
  - 親会社間の交渉
  - 政府との交渉
  - 合弁の設立
- 再建調整期（02年8月〜04年3月）
  - 新リーダー
  - 直接販売への転換
  - 流通業者との協調
- 規模拡大期（04年3月以降）
  - ハイエンド製品に集中
  - 増資増産

出所：筆者作成。

nefit Holdings Limited）（2％出資）が共同出資で設立された「福建日立電視機（テレビ）有限公司」（以下では「福建日立」という）である（表4-16）。

　福建日立は，カラーテレビ年産20万台，白黒テレビ年産18万台からスタートした。そこで親会社日立製作所から先進的な生産技術を導入し，厳格な品質管理システムを通じて生産された「福日テレビ」は品質が評価され，90年代前半まで生産は順調に拡大し，一時期は供給が需要に追いつかない状況であった。例えば，1994年にはカラーテレビ年産100万台（うち中国国内向け69万台，日本向けを含む輸出が31万台）を突破した。しかし，現地販売は「福日」ブランドに限られ，「日立」ブランドは輸

第4章　形成と発展に関する実証

表4-16　福建日立の概要

会社名	福建日立電視機有限公司
（英　文）	Fujian Hitachi　Television Company Limited.
代 表 者	総経理　林　進挺
所 在 地	中国福建省福州市
設　立	1981年
出資比率	福建省電子信息（集団）有限公司　50% 日立製作所（株）　48%　東栄商行　2%
資 本 金	8,460万元（約11億8,400万円）
従業員数	1,250人（2001年3月現在）
業務範囲	ブラウン管テレビの設計，製造，販売

出所：日立製作所のニュースリリース（2001年6月19日）

出のみとなっていたから，「福日」ブランドは中国国内の有名ブランドとして定着した。1995年11月4日に福建電子有限公司と日立製作所は，当初の契約期間（15年間）切れに際しては，20年の合弁契約延長及びテレビ技術提携契約延長を交わした。その後，1998年にPTVの生産技術を導入し，量産し始めた。しかし，1990年代後半に入ると，中国の家電市場は生産過剰で買い手市場となり，韓国テレビメーカーと長虹，創維，TCLなどの中国テレビメーカーに加え，日・韓・中のブラウン管カラーテレビをめぐる値下げ競争が繰り広げられていた。結局，カラーテレビがメイン業務としての福建日立も市場シェアの拡大に苦戦を強いられ，業績不振が続いていた。単に1999年において，一億元（約14億円）の損失も出した。

一方で，中国のPTV市場は，所得増と住環境の改善，DVDの普及などにより，特に沿海地域の都市で富裕層，中間層を中心に高画質・大画面テレビの需要が拡大しつつあったから，1995年にPTVが市場に投入されてから，1998年では4,795台から2000年82,758台に達した。

さらに2005年には75万台と，年率35％の高い伸びが予想された（情報産業部，2002年）。また，日韓の家電メーカー各社がPTVの新製品を投入し，長虹，創維などの中国のテレビメーカーも生産に参入した。そこでPTVの価格も従来5～6万元から1.5万元まで下げるなど，市場は低価格競争と高付加価値化の二極に分化しつつある。

　長期的に見ると，PDPや液晶TVが将来のデジタルTVへシフトすると見られる。中国広播（ラジオ）と電視（テレビ）総局は，積極的にテレビのデジタル放送を推進している。2003年に北京，上海，広州などの大都市で実験的にデジタル放送を始めた。2008年北京オリンピックのすべての番組をデジタルで全世界に転送することを決定した。さらに，2005年までに全国の4分の1のテレビ局はデジタル放送を実現し，2010年には全国に普及して，2015年に地上波テレビアナログ放送を廃止する計画も立てた。PDP，液晶TVなどのようなデジタルTVは，21世紀の最も魅力的な産業の一つである。

　このような現状で，日立製作所は今後プロジェクションテレビ（背面投射型TV，PTV）の需要が拡大すると予想し，福建日立で1998年からPTVの生産を開始し，年間15,000台を生産していた。また，2001年末，中国がWTO加盟をきっかけに，日立製作所は，まず，福建日立の董事会（取締役会）の審議を経て，福建日立が現在所有しているPTVの生産設備及び土地使用権を，約37億元（約500百億円）で新たに立ち上げた日立福建に売却することになった（『中国経営報』2001年11月29日）。さらに，日立福建は，福建日立の数千万元の銀行債務を負うことになった。

　次に，日立福建の資本金は，1.6億元（約24億円）である。日立グループ，福建省電子信息（集団）有限公司とMax Benefit Holdings Limited

第4章　形成と発展に関する実証

福建日立の出資比率（旧）
- Max Benefit Holdings Limited 2%
- 日立製作所 48%
- 福建電子信息有限公司 50%

日立福建の出資比率（新）
- Max Benefit Holdings Limited 2%
- 福建省電子信息有限公司 47%
- 日立製作所 41%
- 日立（中国）10%

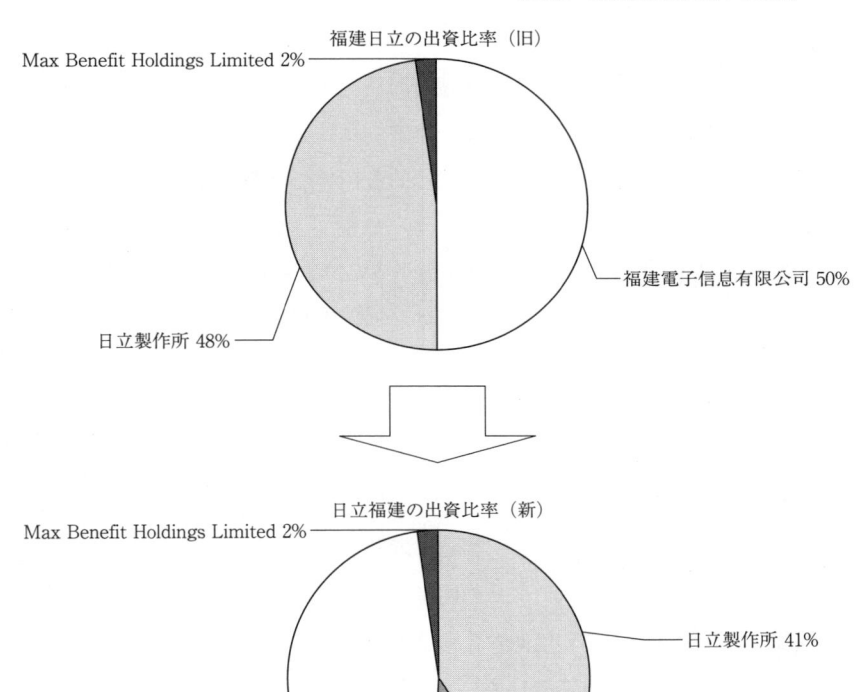

図4-14　福建日立と日立福建の出資比率
出所：各社ウェブサイト，新聞記事などをもとに筆者作成。

は，それぞれ51％，47％，2％で共同出資となった。新会社の出資者は，福建日立と同様であるが，具体的に出資比率をみると，Max Benefit Holdings Limitedが2％で変わらず，福建省電子信息（集団）有限公司と日立製作所が正反対になっている（図4-14）。つまり，福建電子信息（集団）有限公司は，20数年間合弁企業のコントロール権を日立製

165

作所に手渡した。

　日立福建は，福建省福州市経済技術開発区に所在し，税制の優遇措置の適用を受ける。現在では，生産，購買，品質管理，経理，人事，設備の各部門を強化することによって自律的な経営基盤の確立を目指している。

　福建日立は，1981年から21年間福建省で操業してきた。80年代後半から90年代初期にわたって，福建日立は，聯想集団（コンピュータ），四通集団（コンピュータ周辺機器），海爾集団（家電）と肩を並べ，家電業界の技術先駆者になり，全国ハイテク企業ランキングの第6位，18項目の中国カラーテレビ技術「No.1」の記録の持ち主になっていた。1995年まで優れた業績を上げていた福建日立は，日中ジョイントベンチャーの象徴的な存在であり，福建省政府や官僚から高い評判をされてきた。特にそこでカラーテレビの国産化への技術協力によって信頼を獲得し，それをベースにして他の合弁事業設備投資の展開が可能となる。

　前述したように，日立製作所は，出資して福建日立のPTV生産ラインを購入し，現地のパートナーである福建省電子（集団）有限公司が土地と工場という現物出資で「日立福建」という新会社を立ち上げた。しかし，その土地，工場や生産ラインがすべて福興投資区の中にあるので，日立福建は，実際には福興投資区の中で操業している現状であるが，会社の登録は福州市経済技術開発区になっている。実際にはこのような合弁会社の登録の仕方は禁じられているが，今回福建省政府の黙認の下で，福建省対外貿易経済合作庁から異例な許可を得た（福州市経済技術開発区科技開発局主任・陳処民氏，副主任・宋徳新氏のインタビュー，2004年8月12日）。

　一方で会社の登記は，馬尾港から2キロメートル，福州市内から12

第4章 形成と発展に関する実証

表4-17 外国投資企業の所得税の税率比較

税　種			税　率			
			一般地域	沿海開放地域	経済特区	福州経済技術開発区
企業所得税	通　常（％）		30	24	15	15
	減免期間	営利後第1～2年（％）	全額免除 （10年以上の操業予定）			
		営利後第3～5年（％）	15 （半減）	12	7.5	7.5
	継続減税期（％）		ハイテク企業なら，さらに3年間減税			
			15	12	10	10
地方増値税	通　常（％）		3			全額免除
	免税期		地方政府の規定による決定			

出所：福州経済技術開発区の『投資ガイド』（2004年）をもとに筆者作成。

キロメートルの場所にあり，交通の便も良い福州市経済技術開発区である。福州市経済技術開発区は，海外・国内投資者によるハイテク分野への投資・合作を奨励すると共に，投資者に対して税制・輸出の面で優遇策を設けている。当開発区で設立した企業は，利益計上年度より税率30％である企業所得税（日本の法人税に相当する）を2年間免除し，その後3年間半減する優遇が享受できる。すなわち，「二免三減」という減免政策である。また，地方政府の認定を受けたハイテク企業に対しては，さらに3年間減免を行う。税率3％である地方増値税（日本の消費税に相当する）については，すべて徴収しない（表4-17）。

このような現状で日立福建は，福建省政府では対日合作の重視といった視点からインフラ整備，優遇措置を活用すると同時に，福州市経済技術開発区で税制減免優遇政策を受けながら，福興投資区で操業することができた。新会社を設立した初期において，新たな土地の購入，工場の建設という初期投資を最小限に抑えることができ，さらに税制優遇政策

を受けて，より健全な経営基盤をできるといえる。

　一方では，福建省政府にとっても，現地の経済活性化においても，日立福建の親会社である日立製作所は，最先端的な技術の投入にもかかわらず，日立福建の設立のために新たな40億円で福建省への投資を追加した。福建省政府や幹部は，このような40億円増資に対して，地元経済への一層の発展貢献に期待していた。例えば，新会社の設立によって，新たな周辺企業を活性化することや雇用創出にも大きく寄与したと考えられる。

再建調整期　　前述したように，日立福建は福建日立のPTVの設計・生産・販売・サービス部門を分離し設立された3社による新たなジョイントベンチャーであり，設立当初に福建日立から多くの従業員を受け入れた。しかし，福建日立の失敗原因は，前述したような激変する中国テレビ市場などの外部要因のみでなく，自らの内部要因にもあった。例えばマーケティングが弱く，販売ネットワークが小さかった点がよく指摘されてきた。実際に日立福建は，人員の受け入れに伴う多くの福建日立の古い慣習も一緒に受け入れた。例えば，第2代総経理である杉崎覚氏は，「新旧会社間のコンフリクトが初期に存在していた。各事業部門における本位主義がかなり強かった。このような問題を解決するために，我々は売れる製品からこそ良い製品であり，製品の生産過程でも，内部管理過程でも，すべて市場志向の意識を強調し続けてきた」（『東南快報』，2004年10月25日）と語っている。

　また，新会社設立から1年を経過しても，日立福建は，福建日立との関係が，外部から見るとあいまいであり，福建日立とはっきり区別されづらかった。特に，福建省においては「福建日立＝日立福建」という印象を持たれていた。さらに設立したばかりの日立福建は，多くのエネル

第**4**章　形成と発展に関する実証

ギーを新会社への移行と再建に注いだが，マーケティング人員が拡充できず，中国の市場シェアの拡大に苦戦してきた。2002年の前半まで，目立った業績を上げることができなかったのである（日立福建の市場開発部・王磊氏のインタビュー，2004年8月9日）。

　親会社である日立製作所は，このような状況を分析し，マーケティングを強化するために日立福建のトップリーダーの交替が必要であると認識した。2002年の年末に日立製作所で30年近く販売の経験豊富な杉崎覚氏を，日立福建の第2代総経理に起用した。

　2002年12月に日立製作所から着任したばかりの杉崎新社長は，福建日立の販売体制を受け継いだ日立福建のマーケティングがかなり弱かったために，販売・業績不振で会社の将来性についての危機感を強く感じた（日立福建の総経理杉崎覚氏の話，『中国電子報』，2003年3月25日）。中・日・韓の家電メーカーが中国テレビ市場シェアを激しく奪い合う現況の中で，自らの存続・発展のため，日立福建は，新しい販売ネットワークの構築が最重要な課題であり，その強化に向けて一連の調整を行ってきた。

　まず，日立福建は，販売戦略を策定する能力を高めるため，新たに営業企画部を立ち上げた。営業企画部は，顧客の調査・研究，広告宣伝とセールスマニュアルの作成，販売価格設定，PSI（P・生産台数，S・販売台数，I・在庫台数）計画の作成，営業マンの養成・販売員教育などの人材育成，販売先の調査・交渉などのプロデューサー的役割を演じている。その中でも特にPSI計画において，販売機能を果たす各分公司や営業所と生産機能である工場との接点になるため，機種ごとの販売計画台数・仕入れ台数・販売価格などの情報を収集し，PSI表を作成する。このように各分公司や営業所及び工場の製品在庫を可視化した。営業企

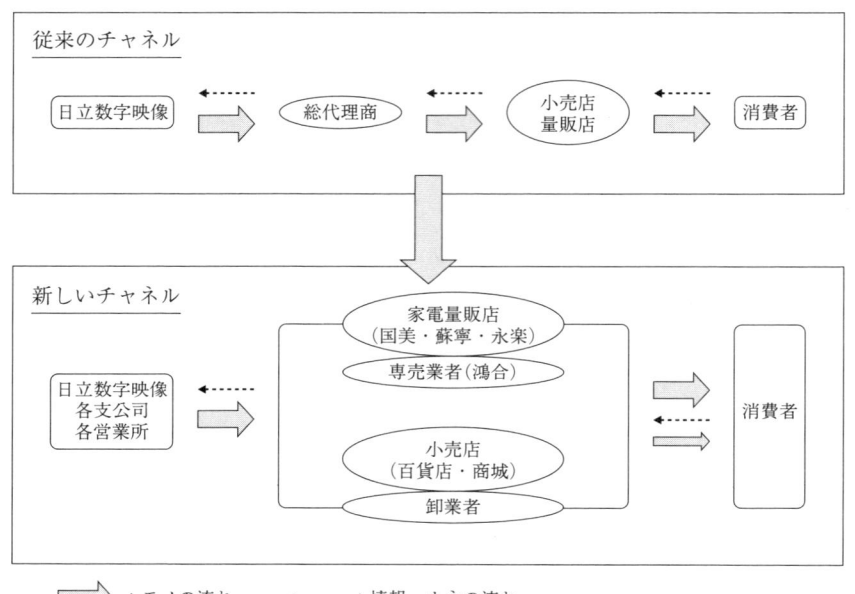

```
┌─────────────────────────────────────────────────────────────┐
│ 従来のチャネル                                                │
│                                                             │
│  ┌────────┐  ⇒  ╭──────╮  ⇒  ╭──────╮  ⇐  ┌──────┐       │
│  │日立数字映像│ ←---  │総代理商│ ←---  │小売店 │ ←---  │消費者│       │
│  └────────┘      ╰──────╯      │量販店 │      └──────┘       │
│                                ╰──────╯                     │
└─────────────────────────────────────────────────────────────┘
                            ⇓
┌─────────────────────────────────────────────────────────────┐
│ 新しいチャネル                                                │
│                       ╭──────────╮                          │
│                       │ 家電量販店 │                          │
│                       │(国美・蘇寧・永楽)│                     │
│                       ╰──────────╯                          │
│  ┌────────┐           ╭──────────╮                          │
│  │日立数字映像│           │専売業者(鴻合)│                       │
│  │各支公司 │ ⇒         ╰──────────╯         ⇒  ┌──────┐    │
│  │各営業所 │ ←---                              ←---│消費者│    │
│  └────────┘           ╭──────────╮              └──────┘    │
│                       │  小売店   │                          │
│                       │(百貨店・商城)│                         │
│                       ╰──────────╯                          │
│                       ╭──────────╮                          │
│                       │  卸業者   │                          │
│                       ╰──────────╯                          │
└─────────────────────────────────────────────────────────────┘
```

⇒：モノの流れ　　←------：情報・カネの流れ

図 4-15　福建日立の販売チャネルの変化

出所：インタビューによる筆者作成。

画部はこれらのオンタイムデータの下で,「販売」「生産」とそれぞれの製品在庫を調整し,両部門間の信頼関係を築くことも可能となった。また販売店に対して約束通りの期限,顧客の求める高品質な商品の供給責任を持つことも重要である。きめ細かい情報交換と物流システムの構築は,販売業者との良好な関係を強化する前提でもあると考えられる。

次に,日立福建は販売体制を大きく転換した。2002年8月から販売体制は,総代理商の販売から直接販売に変わりつつある(図4-15)。北京,上海,広州に販売支社にあたる分公司を設立し,また成都,大連に営業所を設けた。日立福建が直接販売体制に変わった再建調整期初期に

第4章　形成と発展に関する実証

おいて，販売員が相対的に不足しており，かつハイテク製品で価格帯も高いため，顧客層は高収入の沿岸都市や沿海大都市を中心に集中し，販売促進活動を行っていた。2003年から販売人員が大幅に増加したことに伴い，全国への販売展開を加速し，より多くの内陸市場開拓を目指した。2008年8月現在まで，北京，上海，広州という3つの分公司を含む，成都，瀋陽の2つの分公司を新たに設立し，それぞれの分公司がカバーできる39の大・中都市で約60の営業所を展開し，効率的に販売・サービスを強化している（日立福建の元総経理・杉崎覚のインタビュー，2006年6月30日，2007年8月30日）。分公司や営業所には，営業マンを配置し，家電量販店・小売店などの販売支援・販売促進活動を行う。営業マンは家電量販店・小売店などの取引先に商品知識などを教育したり，商品を供給して代金回収にあたる。

　そして，日立福建は，販売のターゲットとする人口100万以上の都市を，『中国統計年鑑』や各省市統計年鑑などのデータに基づき優先順位をつけ絞り込んだ上で，徹底的にマーケティング資源の集中投資を行った。限られた資金・人材の下で集中投資して，その地域において自社の製品のシェアトップを取るように努力してきた。営業企画部と分公司は，共同で販売先の調査・分析から，店頭展示コーナーの作り方，販売員の教育，販売店巡回などのさまざまな活動を行ってきた。そこでマーケティング関連の戦力をその地域の一番店（PTV，PDPを最も売っている店）に集中した。ある地域に参入する場合，極端な時は1店のみ（多くても2～3店）を選び，優秀な営業マンと店頭販売員を用意し，資金も集中して投資した。店内いい場所を確保するために高い入場料・店舗製作費，店の宣伝チラシに載せてもらうための販促費も要求通り支払った。何と言っても売るためにはお客様が店頭に来て自社の商品を見てもらうこと

171

が重要と考えたからである。

　この戦力の一点集中主義により，その地域の一番店でのシェアが一番になると，その地域の他の販売店からの出店要請が来るようになった。そうなると面白いようにシェアトップ店が派生し，結果としてその地域でシェアトップになることができた。日立福建は3年で全国シェアトップになる計画を立て，半年ごとの計画でどの地域に集中投資をするかを考え，順次シェアトップ地域を増やしていく方針をとっていた。「店内シェアトップ」になるために，重視した活動の一つが「営業マンがその販売店に毎日行く」ことである。毎日販売店に行って，責任者や店頭販売員と話をしていれば自然と売り筋情報が交換でき，ニーズにきめ細かく対応することで売上げは上がってくる。さらに勝負を決めるのは営業マンの販売店巡回の数である。すなわち，いかに他社の営業マンより多く販売店を巡回するかである。巡回すれば展示台の汚れや販売員の質の向上，販売店のフロアーマネージャーとのコミュニケーションなど，他社との差別化を作り出すことが出来る。この訪問は売掛金の早期回収にもよい影響があった。販売店側も取り扱いシェアがトップで対応のよい営業担当者には約束通り支払ってくれるからである（日立福建の元総経理・杉崎覚インタビュー，2006年6月30日）。

　さらに，「買っていただいたお客様の満足度」は家電事業にとっても最優先でチェックすべきポイントである。商品を消費者に渡したから，マーケティングの使命を完結するのではなく，アフター・サービスも重要視している。そのために日立福建は，中国全土にサービスデポを110拠点設置し（2008年10月現在），分公司のネットワークが届かない地域を対象に，アフター・サービスを行うことを検討している。デポにはサービスマンを数人置き，修理や故障に迅速に対応していく。通常の家電

第4章　形成と発展に関する実証

製品とは違い，デジタル機器の故障や修理は代理店レベルで対応できないことが多く，こうしたサービスデポを設置する意義が大きいといえる。このように充実したアフター・サービスを提供することによって，多くの満足を得られたお客様が自社の「生きた」宣伝になる。すなわち，「口コミ」の効果も期待できると考えた。

　日立福建は，前述したように積極的に自らの販売ネットワークの構築をしたが，ハイテク製品が短期間に消費者に広く認知されるために，近年来急速に発展してきた家電量販店との協力が不可欠なものになっている。近年来，家電流通の世界で国美電器や華聯集団のような専門量販店が台頭し，従来の代理店とメーカーとの関係という構図を革新的に変化させてきた。量販店が製品の価格まで決定権を持つようになった。

　このような急変してきている中国家電の流通業界の下で，日立福建は，従来の総代理商を通じた販売を廃止し，前述したような自社が持つ販売ネットワークにあたる各分公司・営業所が家電量販店，小売店などとの直接取引を行うことを見直した（図4-15）。その最大理由は，1995年を境に，中国市場が売り手市場から買い手市場へ移行していく中で，自社の販売ネットワークを持たず，販売コストの削減と市場シェアの短期的拡大に貢献した代理商にさまざまな弊害を現れ始めた。そこで代理商によって収集・解釈された情報では，消費者のニーズを適正に反映していない場合もあり，また売れ筋やクレームなどにも迅速に対応できないからである。

　日立福建にとって見れば，全国に販売網を持つ量販店の販売力をどう活かしていくかが，販売を左右する大きな要素といっても過言ではない。全国の薄型テレビ購入者へ積極的にアプローチするには国美電器，蘇寧電器のような家電量販店の存在は無視できない。商品販売において「キ

ャッシュ・オン・デリバリー」を徹底している日立福建は，最初は国美電器，蘇寧電器のような家電量販店に相手にしてもらえなかったため，2番手の大中電器・永楽電器という量販店との取引のみになっていた。しかし，高解像度・性能比などの商品力を高めていく一方で，前述のような一点に集中するという販売戦略で，その都市のシェアトップになるにつれ，家電量販大手である国美電器，蘇寧電器のような家電量販店側から日立福建の商品の店頭展示というオファーがくるようになった（日立福建の元総経理・杉崎覚のインタビュー，2006年6月30日）。

　また，中国でビジネスを行う上では，代金回収の問題がネックになる。これらの専門量販店は代金回収も確かなことから，日立福建は，こうした量販店の経由で特に個人向け販売がいかに市場シェアを伸ばすかが重要になる。そこで地方のショップ店への販売から量販売に的を絞った販売戦略に転換した。

　親会社である日立製作所は，1997年から急速に発展を遂げた北京鴻合科技有限公司とのMMPの特約販売契約を結んだ。北京鴻合科技有限公司は，主にMMP製品の普及，演示講義システムのデジタル化，高度IT製品の開発を力を入れている。同時に独自の販売ルートで全国数10カ所の営業所を持っている。特に教育分野において独自開発してきたシステムを広く応用展開している。例えば，1998年に販売していたHite.Proシステムは，1999年度中国教育業界Best Buy賞，2003年2月に「鴻合筆皇」＋投影機で教室のデジタル化を実現するなど優れた成果を挙げている。

　IT時代の到来に伴い，中国の投影機市場は平均年率52.1％の高い伸びで発展している（図4-16）。現在市場で販売している投影機は，すべて輸入品，あるいは部品を輸入して国内組み立て品となっている。

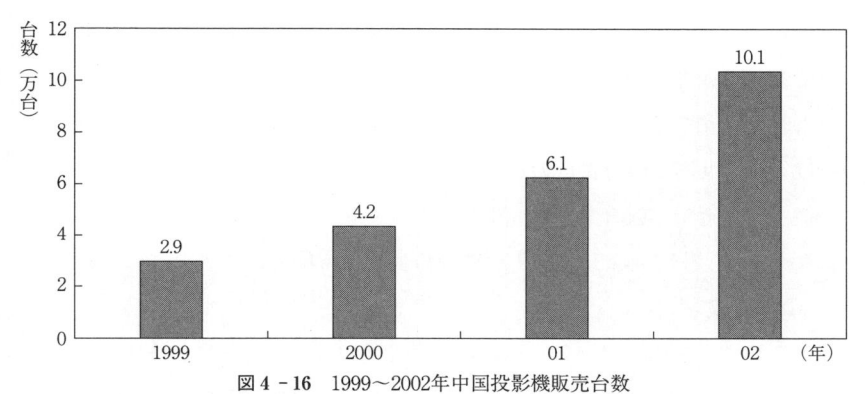

第4章　形成と発展に関する実証

図4-16　1999～2002年中国投影機販売台数
出所：中国計算機業界協会（2003年3月）

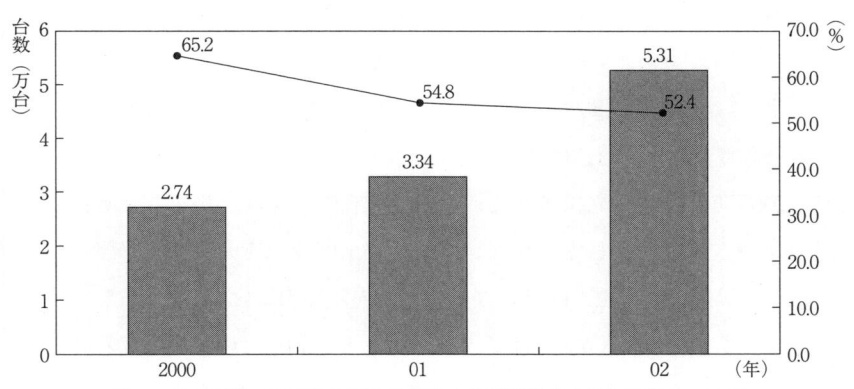

図4-17　2000～2002年中国教育業界の投影機販売台数と市場シェア率
出所：中国計算機業界協会（2003年3月）。

近年来，中国中央政府は，「科教興国」という基本の国策を打ち出している。教育デジタル化は，教育IT化の全国普及の重要なファクターであり，教育現場環境の改善と教育評価の客観条件となっている。さらに教育産業の広がりと発展によって，大量な社会資源（主に資金）を受け入れて共同で教育機関のハード部分の投入資金が年々増加している。従って，近年来教育業界は，中国プロジェクター市場の中で，最も大きなターゲットであり，MMP全体の約半分の市場者シェアを占めている（図4-17）。

　このような状況で，日立福建は，2002年12月に北京鴻合科技有限公司とMMPの国内特約販売の契約を調印した。日立福建は，2002年1月に「HITACHI」ブランドでHS/1000，HS/2000，HX/2000の投影機をはじめ，15種類の他のデジタル製品の融合性が高く，高画質も追求しているMMPを相ついで市場に投入した。両社のコラボレーションによって日立福建が生産しているMMPを搭載する演示講義システムは，教育業界において多くの導入実績を挙げている。

　2003年3月に日立福建と北京鴻合科技有限公司は，共同で海南省にて「2003年度——日立のプロジェクター全国特約店大会」を開催し，そこで黒龍江，新疆，内モンゴルなどの内陸都市を含む24カ都市から集まってきた260人が参加した。メーカーと特約店との意見交流の場となっていた。そこで日立プロジェクターと「鴻合筆皇」を展示した。11月に華北・西北・華南地域で新製品のキャンペーンを行った。

　一方で，「事業は人なり」は，事業の成否は従業員の質の高さで決まるという日立福建の経営理念である。経営者は常に従業員一人一人のレベルアップを意識しなければならないが，前述のようにさまざまな営業活動展開を進める場合，最も重要なのは，販売員のトレーニングである。

日立福建は，設立当時から生産拠点機能のみでなく，製販一体型のビジネスモデルに取り組んだ。このビジネスモデルを現地従業員に理解させるために，さまざまな方法で従業員のトレーニングを行ってきた。まず，「福建日立」の時代から引き続いてきた全従業員の日本語教育を，初級コース・生産現場コース・管理者コースに分けて積極的に行っている（日立福建の副総経理・陳浄のインタビュー，2007 年 10 月 25 日）。親会社日立製作所への派遣，自社内部研修を定期的に実施していた。また，毎年 3 〜 5 名の従業員を日本に派遣し，OJT を通じて研修を受けさせた。中国でのデジタル製品事業拡大は販売能力の高低に大きく左右されるため，日立福建は特に販売に関する研修・教育において，営業幹部の教育に全力で取り組んだ。2006 年 2 月には週末時間を利用して，福建飛騰人力資源有限公司(1)の教師を招き，目標管理・問題の分析と解決の能力アップなどの講義が集中的に行われていた（福建飛騰人力資源有限公司のホームページ，2008 年 11 月 5 日）。

　日立福建は自社の従業員の教育を充実させるだけでなく，取引相手である専売業者，家電量販店，小売業者と共同で，技術，サービス，設置・修理人員の教育にも積極的に取り組んできた。特に店頭セールスマン向けの「セールスマニュアル」は商品説明だけでなく，折衝マナーや掃除のやり方まで具体的に記述し，日立福建のトレーナーが現場で店頭セールスマンに指導していく。「サービスマニュアル」も商品納入時とクレーム対応時とに分けて，それぞれ「何をするか」「何をしてはいけないか」を明文化している。2003 年 10 月に日立福建は，日立製作所横浜プロジェクター設計部の技術者を招いて，上海日立訓練センターを利

---

(1) 福建飛騰人力資源有限公司：企業相手に，マネジメントに関する研修と教育，人事管理，派遣業務を提供するコンサルティング会社。

用して「日立」プロジェクターの特約販売業者である北京鴻合科技有限公司の修理スタッフに対して，現在の機種及び新型プロジェクターの性能・修理技能などについて詳しく解説した。また，家電量販店の展示場で実演すると同時に，修理スタッフに対してもサービス精神と顧客とのコミュニケーション能力の訓練を行った。このような活動を通じて，プロジェクターの全体的な修理技能レベルを高め，現場で顧客の疑問やトラブルを解決することによって，顧客満足度もアップすることにも繋がり，また良い対応への評判，口コミから，将来市場シェアを獲得することにも役に立つと考えられる。

　前述したように，日立福建は自らの製品を個人向け，企業向けに分けて，国美電器，蘇寧電器という家電量販店，教育分野で特化している北京鴻合科技有限公司とのパートナーシップの形成によって関係性重視のチャンネル構築に取り込んでいる。2003年にマスコミが選ぶ各賞で，日立福建のPTV，MMPは，「風雲製品」「Best Buy賞」「編集選択賞」を獲得し，激しい市場競争の中で「日立」というブランドに対する認知度を高めてきたといえる。

規模拡大期　　日立福建は，1998年から福建日立のPTVの生産を開始し，年間15,000台を生産して中国の市場で販売を試した。その結果，中国では所得増と住環境の改善，DVDの普及などにより，特に富裕層・中間層を中心に高画質・大画面テレビの需要が拡大している。実際に中国のPTV市場は，4,795台（1998年）から2002年には37万台，2005年には75万台と，年率35％の高い伸びが予想された（『中国信息年鑑』，2003年）。また，日韓，欧米の家電メーカー各社がPTVの新製品を投入し，長虹，海爾，TCLという中国のテレビメーカーも参入するなど，全体の市場は活発化している現状である。同時に，

東芝，松下，ソニー，JVC などの日本企業が同様な認識を持ち，一斉に中国市場において PTV の生産・販売を行ってきた。さらに，中国でカラーテレビの最大手である長虹は，2001 年に「精霊王」というブランドの PTV が，普段は2～3万元の外国製の PTV に比べ，約1.5万元の低価格で販売していた。中国市場で PTV の価格競争が，10年前のカラーテレビのように繰り広げられつつある。

　しかし，日立福建は，日立製作所から最先端的な技術を続々に導入し，日韓，欧米，中国国内の家電メーカーに真正面から競合することではなく，自らの高付加価値化の道を歩み続けている。すなわち，前述したような販売に力を注ぐことであり，図4-15のように代理販売を取りやめ，替わって特約販売，直接販売，家電量販店への販売という販売方法の再構築による優れた結果も現れてきた。さらに，PTV の基幹部品であるレンズを中心とする光学エンジンを自前で開発・製造し，画質の良さで高く評価されてきた日立製作所が，2001 年に独自で開発した FC4 という画像処理システムを導入し，さらに 2003 年9月に最新開発した FC5 を採用してから，高画質を実現した。PDP については，日立福建は，日立製作所と富士通が合弁会社である「富士通日立プラズマディスプレイ株式会社」が開発した ALIS（Alternate Lighting of Surfaces Method）方式の導入によって，解像度が従来の 852×480（約14万画素）から 1024×1024（約105万画素），明るさが $750cd/m^2$ から $1100cd/m^2$ の高画質・高輝度を実現し，さらに PDP の耐久時間が6万時間を達成した。

　2001 年に，中国の家電メーカーの最大手である長虹による低価格の PTV の販売をきっかけに，日本，韓国の競合企業が続々と低価格の製品で市場シェアの獲得を巡る競争を繰り広げる状況の中で，日立福建は，

日立製作所と緊密な連携で2004年10月14・15日に北京人民大会堂で「2004日立展覧会」を開催し，10月26・27日には上海国際会議センター，11月16・17日に広州の東方ホテルで展覧会を行った。そこで，日立福建は，「高価格・高機能な製品を集中する戦略を打ち出した。さらに，日・中・韓の競争相手と直接的な価格戦を巻き込まれずに，自らのハイエンド製品に集中する方針を志向した。

　日立福建は，2001年6月15日に設立されて以降，PTV，PDP，MMPの中国国内への販売を順調に伸ばしてきた。その間，2004年3月にPDPの生産ラインを，同年の8月には再びMMPの生産ラインを2つ増設した。その結果，日立福建は，年間5万台PDPと10万台MMPの生産能力を持つようになった。親会社である日立製作所は，今後MMPについては日立福建を全世界へ供給する生産拠点として位置づけ，併せて中国で需要が急増しているPTV，PDPなどの大画面テレビの増産拡張を図るため，2005年の初めに日立福建を増資することを決定した。今回増資の具体的な内容は，現在資本金1億元（約14億円相当）を6,000万元（約8億円相当）増資し，1.6億元（約24億円相当）とすることで中国での事業を拡大している（日立福建のニュースリリース，2004年12月13日）。

テレビ事業からの学習と戦略転換

　組織学習は，環境に適応するための組織のケイパビリティ（能力）として定義されてきた（Hedberg, 1981）。組織学習は，長期的に競争優位をもたらす重要な要素と認識されてきた。持続的な競争優位は，企業が継続的に資源を投資することによって可能になる。そこでダイナミック資源配分と組織学習は，特に国際的な事業を展開している企業の成長に

とって極めて重要である（Yan and Luo, 2001）。

　日立福建は，前身である福建日立から多くのマネジメントに関するノウハウやスキルを学んだ。ブラウン管テレビ事業の発展・成長・衰退というライクサイクルにおいて，技術革新などの大きな環境変化の中で，一事業では競争優位を持続させることが困難である点を学習した。そこで日立福建は，親会社日立製作所の優れた技術と製品開発力の下で，PTV，NMP，PDP，液晶 TV を相次いで中国市場に導入した現在，プロジェクターと LED 液晶 TV という二柱事業を展開している。

　また，市場シェアの獲得をめぐる競争の中に，日立福建は，自らのマーケティング力を強化してきた。そこで販売ネットワークの全国へ展開し，代理販売を廃止し，特約販売，直接販売，家電量販売での販売へシフト，アフター・サービスを充実していく。「販売ネットワーク」「サービス」「情報」を三位一体で考えるのは，日立福建のテーマである。

　両親会社は，あえて最初から，生産・販売拠点（福建日立の時代）だけでなく，研究開発も含む一貫性を持つジョイントベンチャーを立ち上げた。研究開発能力は，日立福建が持続的に発展・成長するために，不可欠なものとなる。2010 年，日立福建の部品の約 80％以上が輸入されたものであるが，長期的に見ると，現地化を進めながら現地市場の顧客に適応する製品を作るために，中国国内での部品調達や現地でのスピーディーな製品研究体制の構築は，重要な課題である。

第5章
成長プロセスにおけるインプリケーション

　第4章では，福建富士通，東南汽車，日立福建のそれぞれの成長プロセスにおいて，係わり合うステークホルダーとの関係構築とその変化のマネジメントについて検討を行ってきた。本章では，第3章で提示してきた分析枠組みをベースに，3つの事例を解釈していきたい。

　本書で取り上げた3つの日中ジョイントベンチャーの事例は，中国の経済発展の歩みに合わせて，80年代，90年代，21世紀の初めにおいて，それぞれの時期に中国企業と日本企業が形成してきたジョイントベンチャーであり，各時代の特徴に反映したものであるといえる。特に，福建富士通，東南汽車は，成功した日中ジョイントベンチャーである。また，日立福建の創立からの歴史は浅いが，現時点において順調に事業を拡大しながら成長していると解釈できる。これらの3つの日中ジョイントベンチャーの成長プロセスにおいて，ステークホルダーとの関係構築・変化及びそのマネジメントについて検討していくことは，ステークホルダー・マネジメントと日中ジョイントベンチャーの成功要因を明らかにしていく意味で有意義なことであると考えられる。

　まず，第1節において，3つの事例から得られた発見事実を記述・説明する。続いて，第2節では，発見事実から理論化できる点について考察を行うこととする。

1 事例から発見した事実

本節では，第**3**章で提示してきた分析枠組みに基づいて，第**4**章で記述してきた3つの日中ジョイントベンチャー事例から，5つの発見した事実について記述・説明する。

成長プロセスにおける親会社の役割変化

日中ジョイントベンチャーにおける親会社である中国企業，日本企業が，合弁に当たって，日中ジョイントベンチャーに関する出資比率の交渉，契約，情報開示，親会社から持ち込む補完的な経営資源など，多方面の協力は，日中ジョイントベンチャー形成の重要な前提になる。合弁する前に，日本企業と中国企業はそれぞれの動機と目的を持っていたが，いったんジョイントベンチャーが成立してからは，ひとつの共通目標を目指し，ひとつの共同事業を運営しなければならないことはいうまでもない。日中ジョイントベンチャーが成長していく過程において，親会社は，一時的に生産設備や技術だけを提供するではなく，日中ジョイントベンチャーが激しい競争環境で存続できるように，「形成期」において積極的に社員の派遣や現地の研修人員の受け入れを行い，日中ジョイントベンチャーの経営ノウハウと技術レベルの向上に貢献していく。また，「成長期」において，市場シェア拡大などの経営戦略の転換に伴い，適切な人材，特に経営者を送り込むことも大切である。「成熟期」に向けては，親会社の再投資による規模拡大，継続的に先進的技術を提供することによって，日中ジョイントベンチャーは製品多角化を可能にし，新たな市場の開拓による再成長を追求していく。

第5章 成長プロセスにおけるインプリケーション

　3つの事例では，ジョイントベンチャーの形成に際して，親会社間の目的が合意されて，積極的にコミットメントしていた。福建富士通の創業（形成）初期において，親会社富士通株式会社から日本人の社員派遣，同時に研修活動を通じて人材育成，F-150局交換機の技術などの経営資源を提供して，生産活動を行うことが可能になるだけでなく，親会社が最大の顧客でもあった。そこで形成期において安定的な財源収入を確保でき，以降の持続的な発展の基礎になったと考えられる。

　また，東南汽車，日立福建において，親会社双方がよく話し合って，三菱自動車，日立製作所という日本企業が先端的技術を提供し，技術導入と生産の許認可が早期に結着したともいえる。継続的な技術提供は，研究開発力が弱い日中ジョイントベンチャーにとって，新製品を続々市場に送り出すために不可欠である。特に，競争が激化している中国自動車産業において，東南汽車の場合，設立当初生産された車のエンジンや車体デザインは，全て日本の親会社である三菱自動車から提供された。また，台湾の出資企業は台湾で取引関係を持つ35社のサプライヤーを「東南汽車生産基地」に誘致し，生産工程の効率を高め，コストダウンを図りながら，品質の向上，販売ネットワークの構築などに大きな役割を果たした。さらには完成車を生産する技術と資金を持っていなかった地元企業は，「中国自動車産業を発展させる」というビジョンを，省・市の政府に訴え続け，協力を取り付けることができた。これによって早くに中央政府からの自動車生産の許認可が得られたといえる。特に創業期において，地元企業は，ジョイントベンチャーと省・市・県の政府との間でパイプ役を演じてきた。東南汽車は，日本親会社の技術を基盤にし，台湾出資企業の管理能力を利用して，中国市場のニーズに合う新車を継続的に送り出すことが可能となった。さらに商用車生産から乗用車

生産にまで事業を拡大し，製品の多角化を実現した。

　日立福建の場合には，21年間にわたってブラウン管テレビ事業をともに行ってきた両親会社は，福建日立の清算，新たな日立福建という会社を立ち上げることによって，激変する中国経営環境に対してブラウン管テレビから撤退し，よりハイテク分野にシフトすべきだという認識を共有していた。経済技術開発区の優位性を利用して，親会社である日立製作所は，PTVやPDPなどの薄型テレビの技術を持ち込んで，20数年間共同でカラーテレビ事業を行ってきた現地企業福建省電子信息（集団）有限公司と協力しながら，従来のカラーテレビから脱却し，薄型テレビへとシフトする新組織を作り出した。市場シェアの拡大を受けて増資による設備投資と量産体制を整えた。

　最後に，3つの事例では，成長の各段階において，親会社が専門的能力を持つ人材を日中ジョイントベンチャーに送り込んで，新しい事業が順調に展開された。操業年数が長い福建富士通は，生産技術の現地化のみならず，すでに現地人を社長に起用している。東南汽車の場合は，形成期で品質・生産の面において内部成長が重要になった時，技術系出身の劉興台氏を起用したが，市場を重要視する成長期には，マーケティング系出身の林国銘氏を社長として送り込んで，販売ネットワーク構築の成功に至った。さらに成熟期では製品多角化を追求するために，新製品を生む研究開発を重要視して，技術系出身の劉興台氏を再起用した。同様に日立福建は，新会社への移行期において，長年福建日立に係わってきた砂子芳照社長によってうまく移行できた。製品販路を拡大するために，20数年の販売経験を持つ杉崎覚氏を社長として迎え入れ，代理販売を廃止し，特約販売・直接販売・家電量販店での販売へのシフト，販売業者との提携などによって，急速に市場シェアを広げることが可能に

第5章　成長プロセスにおけるインプリケーション

なった。

突破口としての政府機関や組合との関係

　今までの中国では「経済改革・対外開放」政策が試行錯誤しながら実施され，特に経済面は急速に発展を遂げてきた。そもそも中国政府は，主導的に「経済改革・対外開放」を行っている。中国の国情と現状からみると，日中ジョイントベンチャーの成功には，中央・地方政府を含む行政機構・機関，あるいは組合の支援が不可欠の要素である。参入形態から見れば，中国政府の外資政策は，特に石油，自動車，重電などの基幹産業に係わるジョイントベンチャーにとって極めて強力な政治環境として位置づけており，そのために経営行動による経営成果の多少は，政治的な裁量の影響を受ける場合も多い。法や経済政策を設ける中央・地方政府との関係が，規制関係しか見てこなかった従来の認識を固持してはいけない。つまり，政府の法や経済政策を守ればよいわけでもない。これらを守る上で，政府が持っているパワー，情報，財源能力（助成金や奨励金）などの資源を引き出し，有効に活用することが，日中ジョイントベンチャーの順調な経営に役に立つと考えられる。また，前述したような高い業績を上げられた日中ジョイントベンチャーである東南汽車は，省の自動車などのような特定の産業を発展するモデルになっており，それによって地域の党・政府のリーダーたちの実績も上がるのである。そのインセンティブが，地方政府と日中ジョイントベンチャーとの協調関係のひとつの推進要因とも言える。

　3つの事例の間では，産業分野の違いによって政府規制が異なってくるにもかかわらず，政府や組合との関係構築の仕方や維持・展開にも異なるものが見られた。まず，東南汽車の場合には，厳しい自動車産業の

規制の下で，うまく地方政府を巻き込むという形で，中央政府からの許認可が早く下りたことによって正当性を獲得した。東南汽車の形成段階でも，生産ラインの投資や乗用車市場への参入による生産許可でも，省・市・県各レベルの地方政府が，経営に深く関与していたため，スムーズに生産，発展の軌道に乗ることができたと考えられる。工場用地に関しても，12村の村民移住をスムーズに行い，水道，電気，道路などのインフラを整備し，生産工場を順調に建てることが可能になったともいえる。

　東南汽車と違って，福建富士通は，地方政府との関係性を形成するために，各レベル人材育成を通じて地道な活動を行ってきた。会社創立以来，親会社富士通株式会社の先進な技術サポートの下で，福建省電信公司から政府側の多くのプロジェクトに参加している。さらに地方政府の要求に応じて，これまで官僚や政府系企業の技術員が約300名の育成をしてきた。福建富士通は，その人脈を活用して，ビジネスチャンスに係わる情報をいち早く獲得し，しかも実施しているビジネスに対して，地方政府から優位な取り扱いを追求する経営行動をとった。例えば，政府部門の日常業務の電子化の実現に向かって，「デジタル福建」という巨大なプロジェクトを実施する際には，多数の仕事を受け取っている。さらに，福建軟件国際合作聯盟を設立したのは，海外（主に欧米）市場に進出したことから，主要顧客を分散するという単なるリスクヘッジにはとどまらず，自社を鍛えてグローバル企業への発展・進化を狙ったものということができる。福建富士通は，自らのドメインを欧米市場まで拡大し，競合企業と手を組んで地域社会に対する役割として福建軟件国際合作聯盟を，福建省政府機関とともに設立した。そしてこれまで海外市場の進出など全く考えていなかった，あるいは進出したくても単独の資

第5章 成長プロセスにおけるインプリケーション

源不足が原因でできなかった中小企業を発展・育成し，欧米日市場に焦点を絞り，諸活動（表4 - 10）を展開していた。

　日立福建の場合には，親会社である日立製作所は，80年代においてカラーテレビ国産化への技術協力によって，福建省政府や官僚から高い評価をされてきた。それをベースにして，新会社を立ち上げる際に，日立福建は，実際に福興投資区の中で操業しているという現状もある。一方で，合弁会社が福州市経済技術開発区で登録しているという福建政府と福建省対外貿易経済合作庁から異例の許可を得て，新会社を設立した初期において，新たな土地の購入，工場の建設という初期投資を最小限に抑えることができた。さらに税制優遇政策を受けて，より健全な経営基盤ができたといえる。

販売ネットワーク構築の重視——販売業者との競争 - 協力関係の創出

　正常な生産の軌道に乗った日中ジョイントベンチャーは，販路の拡大と製品の海外マーケティング活動の展開を，経営活動の一環として進めている。日中ジョイントベンチャーが初期の「生産輸出型」ジョイントベンチャーから「国内販売型」ジョイントベンチャーへと転換しつつある。これによって自らの販売ネットワークを構築するのは，日中ジョイントベンチャーにとって急務である。また，販売業者や流通業と一緒に新たな市場を開拓することが要求されている。さらに親会社である日本企業との協力によって，国際市場の最新情報を常に提供してもらい，製品の開発と内外市場での競争力を強化している。

　中国現地企業の技術のキャッチアップによって，製品品質の差はなくなりつつある。そこで製品の差別化を図るために，日中ジョイントベンチャーはアフター・サービスを重要視するようになった。アフター・サ

ービスの充実のために，販売ネットワークの展開は必要な条件になる。また，重要なステークホルダーである顧客の特性と消費意識が大きく変わってきたことに対応するため，販売ネットワークの展開は，日中ジョイントベンチャーにとって一層不可欠なものになっている。

　製－販の機能を一体化させることによって，顧客のニーズや求める価値という点からも，日中ジョイントベンチャーは全国的な販売ネットワークを構築していくことが見られた。さらに海外市場を求めていくケースもある。東南汽車は中国の広い国土で異なる地域の地理環境に対応し，7つの部品流通センターで最適に部品を配置しており，全国ベースで顧客の要求や問題を24時間以内に対応できるような体制を整えた。販売店やサービス・センターに対して技術者，販売人員の訓練を行っているという仕組みによって，東南汽車は，販売店，サービス・センターの満足度・忠誠度を高め，彼らとの良好な関係を築いてきている。東南汽車が，国内販売にとどまらず完成車の海外輸出ができたのは，販売店との協力関係があったからである。また，東南汽車は，顧客が自動車を安心して安全に運転できるように，年一回の車検キャンペーンを実施している。このような取組みは，製－販の調整を行い，前述したように販売ネットワークで顧客とのフェイス・ツー・フェイスという関係で，情報を迅速に収集，情報処理能力を高めたため，迅速な意思決定も可能となった。さらに，東南汽車は，毎年販売店，サービス・センターの業績を分析し，サービスやクレームへの対応などを評価基準に取り入れた，総合的な査定を行っている。販売店，サービス・センターにランクを付けることによって，次年度のマージン率を決定する。このような方法で販売店，サービス・センターの間に競争原理を導入することで，サービスの質が向上することに繋がると考えられる。

第5章 成長プロセスにおけるインプリケーション

　東南汽車と違って，市場シェアの獲得をめぐる競争の中で，日立福建は自らのマーケティングを強化してきた。そこで販売ネットワークを全国展開し，代理販売から特約販売，直接販売，家電量販店での販売へシフト，アフター・サービスを充実していく。「販売ネットワーク」「サービス」「情報」を三位一体で考えるのは，日立福建のテーマである。日立福建は，上海・北京・広州などの大都市で分公司を設立し，中都市には事務所を置く全国の販売展開を加速している。分公司や事務所には，営業マンを配置し，特約販売業者・家電量販店の販売支援・販売促進活動を行う。営業マンは特約販売業者・家電量販店に商品知識などを教育し，商品を供給して代金回収にあたる。日立福建は，自らの製品を個人向け，企業向けに分けて，国美電器，蘇寧電器という家電量販店，教育分野で特化している北京鴻合科技有限公司とのパートナーシップの形成によって，短期間に市場シェアを獲得することが可能になった。さらに激しい市場競争の中で，「日立」というブランドに対する認知度を高めてきたといえる。

競争力の源泉であるサプライヤーとの協調関係

　日中ジョイントベンチャーの場合には，親会社以外のサプライヤー企業から原材料や部品などの提供を受け，その見返りの対価として発注や代金，雇用創出効果を受け取るというのが，日中ジョイントベンチャーとサプライヤーとの取引関係である。価値連鎖で分析すると，川上にいる各種資源を提供するものを一括してサプライヤーと呼んでいる。日中ジョイントベンチャーは，各種資源をインプットとし，それを消費することによって，生産した製品をアウトプットとするため，原材料や部品などの資源購買のあり方は，大きく製品販売のあり方に影響を与える。

それは単に製品の質や量に影響を与えるだけではなく，例えば納期にも大きな影響を与える。サプライヤーチェーンに関する多くの研究は，主に SCM，EMS，その構築の仕方が企業の競争力を左右するひとつの有力な要因である（稲垣，2001；藤本他編，1998）と指摘されてきた。

日中ジョイントベンチャーは，中国政府が産業保護政策に基づいて未成熟な現地中小企業を育成するために，現地調達率を要求される場合が多い。現地サプライヤーの未熟な生産体制に悩まされたが，技術者の派遣・研修人員の受入れなどを通じた技術移転や経営ノウハウを教え込んだサプライヤーと協力しながら，製品の品質をアップすることを可能にすると同時に，協調関係を通じて，製造コストの低減に大きく貢献した。

さらに日中ジョイントベンチャーとそれぞれのサプライヤーとの協調関係は，部品の単純なコスト削減にとどまらない。日中ジョイントベンチャーは，サプライヤーの集積を形成させ，サプライヤーをネットワーク化する。いわゆる，JIT 体制を構築し，大量の在庫部品を抱えるムダが省けるのである。これによって日中ジョイントベンチャーは，高品質・低価格な製品のスピーディーな生産を可能にし，競争優位性をもたらすと考えられる。

東南汽車は，生産拠点でローカル・ネットワークを通じて，生産工程の効率を高め，コストダウンを図った。中心に位置する自動車メーカーは，各レベル政府との関係や全国の販売ネットワークから集まってくる企業，顧客などの情報を統合して，情報センターとして，その情報を必要とするグループのすべての部門に発信する役割を担う。こうした機能を強化するために，現在の生産基地全体を包括する ERP システムの構築を段階的に実施している。東南汽車は，生産の効率化を図りながらも，サプライヤーとの長期的かつ安定的な関係を構築し，経験や情報の蓄積

によって，製品の品質向上や新製品の開発にも情報を活用している。

持続的成長の源泉である外部連携による自主的な開発研究能力アップ

　日中ジョイントベンチャーは，経済のグローバル化やIT革命などの技術革新の進展に伴って，国際的に市場競争が激化している新たな局面を迎えていくことになる。特に中国の現地企業のキャッチアップが進む中，日中ジョイントベンチャーは，存続・成長するために，技術の開発研究能力を高めることを要求されている。

　しかし，現時点において日中ジョイントベンチャーは，製品の研究開発において親会社に依存している。すなわち，日中ジョイントベンチャーは自社研究を中心とした「自前主義」が不可能である。したがって，自らがコア技術を持っていないという最大の弱点を克服するため，日中ジョイントベンチャーは幅広い外部連携を強化していくことを通じて，共同研究開発で自社の能力を高めながら，近い将来独自の研究開発能力を持つという目標に向かって努力する。これによって，消費者のニーズに合わせる新製品を続々市場に投入することで，持続的成長を可能にする。

　3つの事例をみると，研究開発の重要性に対する意識，または成長プロセスにおいて自らの経営活動に研究開発を取り込む時期はかなり異なっている。研究開発を行う際に，親会社やサプライヤーのみならず，政府，大学が参加するケースは多かった。いわゆる，産・官・学連携のモノづくりや人材育成である。福建富士通は先端的な技術を得るために社内の人材育成が不可欠であり，最も早い段階に研究開発を手がけた事例である。通信・情報分野で激しい変化に直面している福建富士通は，自社の人材を育成するために，主に2つの手段を取っていた。

第1に，親会社富士通株式会社から派遣されてきた日本人技術者が，OJT などの共同作業によって，自社内の幹部・技術者の専門知識や技術をアップさせた。

　第2に，親会社富士通株式会社の協力を通じて，自社内の幹部，技術員や一般従業員の長期的・複数回にわたる日本への研修派遣が，早い段階に実施され，トータル技術レベルが質的に躍進したことで，F-150 局交換機や PHS のジョットメールの統合ソフトなどの自主開発に至るわけである。通信分野のみならず，情報分野のソフトウェア開発も手掛け始めた。さらに産・官・学連携によって IT 人材育成の新たな道を拓いた。こうした活動に関しては業界誌，新聞などの多くが取り上げ，現地企業，社会から福建富士通の評判を高めることになった。

　新たな自動車政策や市場のグローバル化に向かって，東南汽車はより一層に発展していくため，いかに中国消費者のニーズに合うような新製品を研究・開発するのかが不可欠となる。実際に技術力をレベル・アップするために，東南汽車は，すでに 2004 年 11 月から「技術開発研究センター」の建設に着工した。このセンターは車体，新製品の開発力，エンジンシステムの開発などを段階的に実施していく。最初段階には親会社である三菱自動車と中華汽車公司との共同開発という形で始まり，最終的には自主開発能力を持つような計画を立てている。

　日立福建の両親会社は，あえて最初から，生産・販売拠点（福建日立の時代）ではなく，研究開発も含まれる一貫性を持つ合弁企業を立ち上げた。そこで研究開発能力は，日立福建が持続的に発展・成長するために不可欠なものとなる。

　さらに 2010 年現在，日立福建の製品部品は 80％以上輸入されたものであるが，長期的に見ると，現地化を進めながら現地市場の顧客に適応

する製品を作るために，研究開発能力は重要である。

2　マネジメントの考察

　ここまで日中ジョイントベンチャーは，自らを取り巻く中国環境の中で，多様なステークホルダーと成長・発展の過程でいかに係わり合うのかを明らかにしてきた。第1節で記述・説明してきた5つの発見事実を踏まえ，日中ジョイントベンチャーが自らの成長プロセスにおいて，経営戦略を転換しながら，ステークホルダーの分析及び重要なステークホルダーとの戦略的な関係の構築とその変化のマネジメントについて考察を行う。

成長プロセスにおける重要なステークホルダーの特定化

　山倉（1997，1999）は，企業とステークホルダーとの関係を明らかにする際に，パワーという概念に注目した。すなわち，パワーを持つステークホルダーの要求や期待を優先的に対応するのが必要なのである。企業がパワーを持つステークホルダーとの好ましい関係を構築するのは，戦略上非常に重要な問題となっており，それが競争優位の源泉にもなっていると指摘している。企業の成長・存続に対して，最も貢献をするステークホルダーへの配慮，こうしたステークホルダーからの正当性の付与を行っていくことになる。

　前述したような時間の経過に伴い，日中ジョイントベンチャーの経営実態をふりかえってみると，重要なステークホルダーは，親会社，顧客，政府，組合，サプライヤー，競合相手，販売業者，流通業者であると考えられる。日中ジョイントベンチャーを取り巻く経営環境は，常に変化

している。そこで存在しているステークホルダーも流動的である。ジョイントベンチャーの成長プロセスによって，係わり合うステークホルダーは変化し，また特に重視すべくステークホルダーはシフトしていく。

　第**3**章で提出した日中ジョイントベンチャーの成長プロセス，すなわち，形成期，成長期，成熟期に沿って，日中ジョイントベンチャーとステークホルダーが共進化する中で，ステークホルダーの数の変化だけでなく，質的な変化も伴うため，すべてのステークホルダーを平等に配慮することは不可能になる。その意味で，各段階で直面している具体的な課題に対応するため，重要なステークホルダーを特定することに焦点を絞って経営行動を展開しなければならない。ステークホルダーとの相互作用を通じて関係形成に対して異なる戦略を選択していく（表5－1）。

　まず，形成期において，いかに効率的に会社を立ち上げるか，順調に生産の軌道を乗せ，高い品質の製品を提供できるかという課題が最優先の課題となる。そこでは親会社，政府が重要なステークホルダーである。日中ジョイントベンチャーの形成・発展において親会社は，資金を出し合うだけでなく，技術や経営ノウハウを提供しながら，日中ジョイントベンチャーの経営行動に大きな影響を与える。特に日中ジョイントベンチャーの形成期においては，その段階の日中ジョイントベンチャーに必要とされる親会社からの協調的な行動を要請する。例えば，親会社からの社員派遣による技術と経営の指導によって，生産や製品の品質を向上することができた。同時に親会社は日中ジョイントベンチャーの管理職，技術員，一般従業員を受け入れ，さまざまな研修活動を提供することにより，技術や専門知識の移転を積極的に行った。そこで日中ジョイントベンチャーは，主に「協調戦略」を打ち出し，両親会社との三人四脚でさまざまな協力を得ながら，自らの発展・成長を可能にすることとなっ

第5章 成長プロセスにおけるインプリケーション

表5-1 重要なステークホルダーと戦略選択

成長プロセス	形成期	成長期	成熟期（グローバル化期）
諸課題	・会社の立ち上げ ・生産体制 ・製品の品質	・販路拡大 ・大量生産 ・人材育成	・新技術新製品 ・研究開発 ・新市場（海外）
重要なステークホルダー	・親会社 ・政府	・顧客 ・販売業者 ・サプライヤー ・地方政府	・親会社 ・組合や聯盟 ・競合相手 ・政府や大学
関係調整の戦略選択	親会社：協調戦略（生産技術⟶R&D） サプライヤー：協調戦略（品質⟶R&D） 顧客：協調戦略＋政治戦略 販売業者：協調戦略（提携など） 代理販売店：協調戦略 競合相手：協調戦略＋政治戦略 政府・組合：政治戦略⟶協調戦略 　　　　　　　　　　　　⟶モニタリング		

出所：筆者作成。

た。また，日中ジョイントベンチャーが地方政府との緊密な関係を構築することは，自らの中国市場で事業を展開する中で，十分な条件とは言えないが，必要なひとつの条件である。日中ジョイントベンチャーの経営活動において，政府から生産許認可，税優遇政策などの行政指導が常に存在している。日中ジョイントベンチャーは，政府の行政指導を受けながら，政府の支援を利用して，道路・水道・電気などのインフラ整備を早急に配備することを可能にする。これはWTOの加盟にかかわらず，将来にわたってかなり長期の間変わらないだろう。特に規制のある産業において，政府との緊密かつ良好な関係構築が，より一層に重要になるといえよう。例えば優遇政策が短期間のものと言っても，ジョイントベンチャーの形成期においては，ひとつのコスト削減のあり方と言え

る。

　次に，生産能力を向上してきた日中ジョイントベンチャーは，大量生産・大量販売の成長期に入る。この段階では，市場シェア拡大が重要な課題になる。そこでマーケティングや販売チャネル構築，同時に大規模生産の管理運営に優れた能力が要求される。そのために顧客，販売業者，サプライヤーが重要なステークホルダーになってくる。顧客が重要であるのは，次の理由による。確かに急速に成長する消費市場において，ここ数年で「法治国家」を目指す中国政府の努力と大衆の消費者権利への目覚めから，品質へのクレームや補償問題が目立っている。これらの問題を考えれば，単に協調的な行動をとるばかりではなく，「政治戦略」を選択し，消費者団体という組合や政府のパワーを利用して解決していくことが重要となる。また，日中ジョイントベンチャーは，全国的な販売ネットワークの構築によって，顧客の要求を満たし，充実なアフター・サービスを提供できるようになった。さらに流通業者との販売提携によって，短期間で市場シェアを急速に拡大することが可能となっている。特定の業界において，信頼できるパートナーとの販売提携は大変重要である。流通業者との取引代金回収も確かになることから，スムーズなキャッシュフローに貢献し，短期的な投資を回収しながら長期安定的な業績を獲得することができる。そのようにして日中ジョイントベンチャーは，自らの発展・成長を可能にすることとなった。

　また，日中ジョイントベンチャーの成長プロセスにおいて，製品の品質を高めるため，サプライヤーに対する指導・教育も不可欠である。それはサプライヤーとの協調的な行動に繋がっていく。激しい価格競争を繰り広げることによって，製品のコスト削減，新製品開発において，サプライヤーとの良好な関係は，日中ジョイントベンチャーの競争優位を

第5章　成長プロセスにおけるインプリケーション

もたらす。海外進出のために，競争する競合相手との協力関係を形成し，競争力を高め，単独進出に比べて規模の制限，リスク分散などの現実問題を乗り越える場合も多い。

　最後に，成熟期（グローバル化期）では，日中ジョイントベンチャーが顧客（消費者）の所得水準や技術の遅れなどの理由で市場の限界に直面し，親会社から新技術や新製品などの新しい経営資源を導入し，製品ラインナップを多角化する戦略を取る。新製品を既存市場あるいは海外も含む新市場に売り出す。また，親会社やサプライヤーを取り込んだ共同研究開発も行われた。そこでは，再び親会社，政府，組合，サプライヤー，競合相手が重要なステークホルダーになる。日中ジョイントベンチャーは，新製品を開発する能力がまだ低いので，その多くが親会社に依存している。そこで親会社，サプライヤーを巻き込みながら，新製品を開発していくことは，この段階において必要不可欠である。また，日中ジョイントベンチャーは，組合や聯盟を創立するに当たって，地方政府に設立の意図と目的を説得し，人員派遣や資金支援を要請する。そこで地方政府を仲介者として参加してもらうことによって，協力可能性が低い競合相手との調整に進出先政府との関係を十分に利用し，海外進出を果たした。さらに組合や聯盟は，各組員の代理人になって，政府や官僚へのロビー活動や新しい規制案への働きかけ，広報活動などの活動をさせることができ，そこで加盟各社にグローバル競争に役立つ統計資料や情報を提供している。近年，製品の安全性，環境汚染，公害などの問題で，政府機関（代理人），消費者団体の動きを慎重にモニタリングすることにより，外部環境の変化を確認することもできるし，問題発生の未然防止にも貢献すると考えられる。

　多くの日中ジョイントベンチャーの経営行動は，上記のような顧客，

199

政府，組合，親会社，，サプライヤー，販売業者，流通業者，競合相手という重要なステークホルダーとの関係の中に形成・展開されていくのである。

成長プロセスにおけるダイナミックなステークホルダー・マネジメント

前述したように，日中ジョイントベンチャーが自らの成長プロセスにおいて，経営戦略を転換し，その時々に必要な経営資源が変化するとともに，係わり合うステークホルダーも変わっていくことを分析してきた。そこでの記述は，成長の諸段階の重要なステークホルダーを特定するため，大まかな素描にとどまっていた。ここでは，日中ジョイントベンチャーの成長プロセスに合わせて，ステークホルダーとの関係変化を，より詳細かつ具体的に展開してみることにしたい。これらの論述を通じて，成長に伴うダイナミックなステークホルダー・マネジメントを把握しておきたい。

日中ジョイントベンチャーは，形成期，成長期，成熟期というような成長プロセスにおいて直面する異なる経営的な課題に対応するため，ステークホルダーとの関係を意図的に変化させる場合があり，時に変化せざるを得ない場合もある。特に，ある特定の段階から次の段階にシフトしていく際に，市場の需要変化，新市場の開拓，技術革新などのさまざまな環境変化によって，親会社，政府，サプライヤー，販売業者や大学などのステークホルダーとの新たな関係を作り出したり，既存の関係を強化したりする。一方で，従来では必要不可欠であったステークホルダーの経営資源は，日中ジョイントベンチャー自らの主体的な努力によってその必要性が少なくなることもあるし，環境変化に直面し必要な経営資源も変化するから，既存の関係を打ち切ることもある。また，日中ジ

第5章 成長プロセスにおけるインプリケーション

ョイントベンチャーが重要なステークホルダーと形成した関係は，他のステークホルダーとの関係を強化させたり，弱化させるといった影響も与える。さらに，成長の諸段階においても，同一のステークホルダーとの関係は固定的なものではなく，常に変動している。日中ジョイントベンチャーは，自らが新たな経営戦略を策定・実行することによって成長していくと同時に，係わり合うステークホルダーも変化させていく。その意味で日中ジョイントベンチャーとステークホルダーは，相互作用をしながら，共進化していく過程で，ダイナミックな関係を構築していく。つまり，日中ジョイントベンチャーが存続・成長していく過程では，このようなダイナミックなステークホルダー・マネジメントが極めて重要になってくるのである。

以下では，日中ジョイントベンチャーの成長プロセスについて簡単に分析した上で，ステークホルダーとの関係変化を論述する。表5－1で示すように，日中ジョイントベンチャーは，形成期，成長期，成熟期という成長プロセスにおいて，それぞれの段階でさまざまな課題を抱えている。これらの課題に対応するために必要とされるステークホルダーは，明らかに異なっている。日中ジョイントベンチャーは，自らの関心を重要なステークホルダーに向かって発信し，ステークホルダーとの良好な関係を構築し，それを自らの成長に繋げていく経営管理を行うことになる。

日中ジョイントベンチャーの成長プロセスにおいて，ステークホルダーとの関係がダイナミックなものであることを明らかにしてきたが，これらの関係がいかに変化していくのかについて，特定のステークホルダーにスポットライトを当てながら考えてみたい。形成期に経営資源を提供している親会社は，成熟期において研究開発の力が弱い日中ジョイン

トベンチャーに再成長を導くために，新技術・新製品を提供していく。あるいは共同研究開発を行うことを通じて，日中ジョイントベンチャーとの関係をさらに強化していく。また，政府を例にとってみると，形成期で進出分野の制限や出資上限の設定といったさまざまな行政指導があったが，税制優遇などの経済政策，会社を立ち上げる際に政府のパワーを利用して道路・水道・電気などのインフラ整備が順調に進む場合も多い。その他にも，成長期に地域人材育成，地域産業振興を掲げて，援助金・支援金などの政府の財政力を引き出し，成熟期では，海外市場に進出するため，政府が直接に人員を派遣し，競合相手との調整を図りながら，組合や聯盟を作り出すことがある。

　日中ジョイントベンチャーにとって，成長プロセスにおいてすべてのステークホルダーを重要視することは必要ではなく，異なる時期や局面におけるステークホルダーとの関係もすべて同質というわけではない。日中ジョイントベンチャーは，新しい経営戦略の採用に伴い，ステークホルダーを多様化させていく。ステークホルダーも，環境変化に直面し変化していくので，ダイナミックな関係である。例えば，成長期における販売ネットワークの構築で，直接販売店との新たな関係を作り出して，さらに流通業者との提携を形成していく際に，既存の代理販売との関係を見直し，時に関係を打ち切る場合もある。一方で，これらの関係を通じて市場シェアを拡大していくことに伴い，販売に間に合うような生産体制を整えなければならない。それはサプライヤーとの関係にも影響を与える。具体的には，日中ジョイントベンチャーは自らの生産を順調に展開していくためには，サプライヤーが提供する部品の品質の安定性，部品納期の遵守などが大きく係わっているので，社員を派遣してサプライヤーの技術指導を行うことが重要になる。場合によって出資を伴う関

第5章　成長プロセスにおけるインプリケーション

係性の再構築や，ERPなどを通じた情報共有化・見える化によって，日中ジョイントベンチャーとサプライヤーとの関係は一層強くなる。さらに成熟期において，新製品を開発する際や既存工程・品質を改善する際に，親会社や大学だけでなく，サプライヤーを積極的に巻き込みながら，製品の開発を行っていく。

　前述したように日中ジョイントベンチャーは，ステークホルダーとの係わりで経営行動を展開していく。経営行動はステークホルダーとの相互作用の中で行われるのであり，日中ジョイントベンチャーは彼らが参加することによって存続・成長していくことが初めて可能になる。日中ジョイントベンチャーの成長プロセスにおけるステークホルダーは，多様なものとなる可能性があり，また時に経営上重要なステークホルダーは，段階によってシフトすることがある。自らの長期的な存続と成長を実現するため，これらのステークホルダーとの良好な関係をダイナミックに構築していくことが要求される。その意味で，ステークホルダー・マネジメントの確立は，日中ジョイントベンチャーに価値をもたらし，かつ市場における成功という目的を実現するための手段として考えることができる。

関係性形成にとって重要であるステークホルダーとの信頼

　日中ジョイントベンチャーを成功させるために，経営資源の相互依存やコミットメントと並んで信頼はもうひとつの重要な要素である。すなわち，ステークホルダーとの関係が円滑に進行し，安定性を維持するには，相互信頼を基本としなければならない。したがって日中ジョイントベンチャーの場合には，当事者（親会社）間の信頼だけで不十分である。また，他のステークホルダーとの信頼関係の形成にも注目する必要があ

る。Child and Faulkner（1998）は，企業が他組織と協力するに当たって，また協力関係を強化していくに当たって，信頼を必要とし，特に戦略提携の形成・実行・進化において，相互理解・絆の形成へと発展していくメカニズムの中で，信頼の存在が不可欠であるとしている。また，信頼は関係形成のきっかけになり，関係の継続・強化にも繋がる。

　中国で事業を行う以上，中国のビジネススタイルを理解しなければならない。すなわち，中国のビジネススタイルは明示化の下に実行される。パートナーである相手にせよ，顧客や政府機関にせよ，約束したことを実行に移し成果を出すことも重要である。特定業界において，日中ジョイントベンチャーの規模，成長率，所持する経営資源や能力に基づいた社会からの評価によって，ステークホルダーからの信頼性が得られる。これによって関係形成が導かれる。つまり，日中ジョイントベンチャーが実際に事業を営んでいく中で，規模，成長率などの統計的なデータの公表，あるいは積極的に ISO などの資格を取得することで，ステークホルダーから日中ジョイントベンチャーへの「能力に対する信頼」がもたらされ，関係を形成するきっかけになる。例えば，東南汽車の事例では，形成期において多くの販売業者が東南汽車の投資規模，自動車の生産能力を疑問視したため，東南汽車は販売業者との関係を形成するには至らなかった。

　また，日中ジョイントベンチャーは存続していくために必要不可欠な資源を持っているステークホルダーとの関係を優先的に形成していく。それに伴う資源交換の過程の中で，相互作用しながら信頼を高めていくと同時に，関係も維持・強化されていく。

　福建富士通の成長プロセスを見ると，設立・運営までわずか2年間であるのにもかかわらず，1989年の天安門事件の際の適切な対応で，福

建省政府や官僚から高い信頼を得ることができた。また，産・官・学連携を通じた地域IT人材の育成により，現地企業や社会から福建富士通の評判を高めることとなった。それだけではなく，政府機関の関係者を迎え，福建軟件国際合作聯盟も創立した。同様に東南汽車の創立，乗用車市場の参入の場合でも，政府との関係は段階的に深まっている。

つまり，日中ジョイントベンチャーは，ステークホルダーが相互に独自の資源や能力を持ち，活用することで成り立っていく。またそうした関係を続けるために，資本やサービスのみならず，人員の出向や派遣などのように相互に積極的にコミットメントすることも重要である。そこでフェース・ツウ・フェースで確認しあい，相互に理解を深めて，その結果として「信頼関係」が形成され，強化されていく。

戦略的なポジショニングの獲得――ネットワークにおける中心性

すでに述べたように日中ジョイントベンチャーは，多様なステークホルダーから構成されるネットワークに埋め込まれている。その意味でネットワークの構造は，日中ジョイントベンチャーの経営行動に大きな影響を与える。日中ジョイントベンチャーがステークホルダー・ネットワークにおける中心的ポジションに立つことは，一朝一夕に成し遂げられるものではない。関係性構築は，日中ジョイントベンチャーが持つ独自性のある経営資源や能力に大きく依存している。表5－1で示すように，日中ジョイントベンチャーは，長期にわたって生産，販売，研究開発などの能力を，段階的にアップしてきた。しかもこの総合的な能力は，日中ジョイントベンチャーが親会社，サプライヤー，販売店，政府，競合相手などのステークホルダーを積極的に取り込んで，形成した関係を活用することによって，徐々に構築されてきたものである。日中ジョイン

トベンチャーは，外的な変化に対応し，ネットワークの参加者に高い成果をもたらしたり，必要な情報を特定し速やかに配信したりする総合的な能力を持つことで，ネットワークの中心的ポジションを獲得できる。そこで，日中ジョイントベンチャーは，ネットワークの外部性や新しい技術に対してファースト・ムーバー・アドバンテージを実現していくだけでなく，グローバルなマーケットへのアクセスやサービス提供体制を確立したり，品質のレベルを高めたり，ステークホルダー間の協調的な行動を進めることによって継続的なリーダーシップを発揮する。したがって，日中ジョイントベンチャーは中心的ポジションを保つために，独特の資源や能力が必要であり，また前節で述べてきた長期的な協力関係によって生み出された信頼関係も不可欠なものとなっていくのである。

　ステークホルダーのネットワークにとって有益である経営資源を保有・提供することは，焦点組織に対して競争優位をもたらす一方で，ネットワークにおける中心性を高めることでもある。焦点組織が関係や情報を仲介する中心的ポジションにあるとき，行為者の期待や要求に影響を与え，情報の流れや経営資源へのアクセスをコントロールする。日中ジョイントベンチャーは，社会的ネットワークで中心性を構築する。ステークホルダーを取り込むローカル環境における高い中心性は，多くのステークホルダーが直接にアクセスできることを意味し，存続に必要な経営資源，情報を得ることに繋がる。その意味で，中心的な日中ジョイントベンチャーは，他のステークホルダーに影響を与える重要なポジションにより，ステークホルダーからの抵抗を吸収・回避することができる。

　福建富士通は，福建軟件国際合作聯盟を設立するためにさまざまな政府機関，競合企業といった組織と協力関係を結ぶ一方で，資源共有，共

第5章 成長プロセスにおけるインプリケーション

同受注によって国際競争力を身につけることになる。また，聯盟の諸活動や交流に積極的に参加することによって，福建富士通は競合企業の特長を取り込み，自らの短所を補足して，通信分野から情報分野まで広げることにより，福建省における中心的なポジショニングを得ることができている。

　こうした諸活動を通じて，地域社会における中心性の獲得ができるようになり，企業の評判を高め，既存顧客との関係を強化し，潜在的な顧客にまで拡大した。

　また，日中ジョイントベンチャーは，ステークホルダー・ネットワークの中に存続・成長している。このステークホルダー・ネットワークは，そこで中心的なポジションを占める日中ジョイントベンチャーの立場からみると，販売業者ネットワーク，サプライヤー・ネットワークというサブ・ネットワークから構成されているものとして捉えられる。そこで日中ジョイントベンチャーは，サブ・ネットワークにおいて，日中ジョイントベンチャー自身と個々のステークホルダー，ステークホルダー間の協力‐競争関係をうまく組み合わせていくことが重要となる。例えば東南汽車のサプライヤー・ネットワーク，日立福建の直販売店ネットワークにおいて，日中ジョイントベンチャーとステークホルダーは，製品の取引のみならず，情報提供，社員の教育などの面でも協力関係を構築してきたが，各自が評価制度を用いて，個々のステークホルダーの事業貢献度とステークホルダーへの配当を整合化しつつ，個々のステークホルダー間において競争関係も作り出す。日中ジョイントベンチャーとステークホルダーとの協力‐競争関係の構築によって，ステークホルダーは日中ジョイントベンチャーへの忠誠心を高めるだけでなく，個々のステークホルダーのインセンティブを十分に引き出すことも可能になる。

そこで日中ジョイントベンチャーは，先導者でありながら，サブ・ネットワーク全体の業績に重要な貢献を行うことにより，その中心的なポジションをさらに高めていくことができる。

終　章
日中ジョイントベンチャーの実態と今後の課題

　ここまでは，まず第**1**章において，中国経済発展の中で，日本企業の対中直接投資と日中ジョイントベンチャーの役割を記述・説明し，日中ジョイントベンチャーに関する背景と研究重要性を明らかにした上で，第**2**章では，日中ジョイントベンチャーとステークホルダーに関する先行研究レビューを行い，それらの意義と問題点について論じてきた。次に第**3**章では，第**2**章で提起される問題点に対応するため，分析枠組みを提示した上で，ステークホルダー・マネジメントと関係形成の戦略選択，関係維持における信頼の役割，またステークホルダー・ネットワークにおける中心性の獲得に関して論じてきた。第**4**章では，創立の年代順に，福建富士通，東南汽車，日立福建という3つの日中ジョイントベンチャーの事例を取り上げて記述してきた。さらに，第**5**章では，第**3**章で提示してきた分析枠組みに沿って，3つの事例を比較しながら，解釈を行った。

　本章では，このような議論を踏まえ，本書の結論について述べていく。次に本書の理論的貢献も検討する。最後に本書では解明されなかった問題を明らかにし，今後の課題・展望を明らかにする。

1　ステークホルダー・マネジメントの実態

　本書は，日中ジョイントベンチャーが成長・発展していく過程におけるステークホルダー及びそのマネジメントという点に焦点を絞り，特に親会社以外，政府・顧客・サプライヤー・競争相手など多数のステークホルダーの存在に注目した。これらのステークホルダーとの関係を能動的に構築していくのは，日中ジョイントベンチャーの成功の鍵であるといわれているが，その実態を包括的に把握することが本研究の目的であった。中国特有の市場環境の下で，日中ジョイントベンチャーが取り巻く親会社・サプライヤー・顧客・政府・競争相手という多様なステークホルダーとの関係を構築する分析フレームワークを提示し，これに基づいて日中ジョイントベンチャーのダイナミックなステークホルダー・マネジメントの展開を分析することを試みた。

　中国の「経済改革・対外開放」以降，経済発展の過程をみると，一段と加速する経済グローバル化や急速な技術革新に直面している日中ジョイントベンチャーを含むすべての合弁企業は，80年代，90年代において，市場の参入規制を受けながら，安価な労働力を求めていた「生産輸出型」ジョイントベンチャーから，「国内販売型」ジョイントベンチャーに移行しつつある。さらに21世紀の初め，「研究開発型」ジョイントベンチャーに向かって着々と進んでいる大きな流れの中にある。日中ジョイントベンチャーは形成段階においては先進的技術と資金を提供する親会社，生産許可を下す政府が重要なステークホルダーであったが，成長段階では販売ネットワークの展開に伴い，競合企業，自社の製品を買いロイヤリティを提供する顧客，製品の品質アップと改善及びコストダ

終　章　日中ジョイントベンチャーの実態と今後の課題

ウンに貢献するサプライヤーなどが，日中ジョイントベンチャーが自らの事業を展開していく過程で，不可欠な存在となってくる。その意味で，日中ジョイントベンチャーのステークホルダー・マネジメントを包括的に把握するため，これらのステークホルダーとその重要性のシフトを取り込んだ議論は不可欠である。また，親会社が先進の技術と資金を提供して成立させた合弁企業は，単独企業に比べてステークホルダーが多様かつ複雑なので，日中ジョイントベンチャーのマネジメントは非常に複雑かつ困難になる。そこで合弁企業の成長プロセスを，段階に分けて検討してきた。この分析枠組みを利用すると，関係するステークホルダーが流動的であることが明確に現れてくる。ステークホルダーのネットワークにとって有益である経営資源を保有・提供することにより，日中ジョイントベンチャーが，直接に関係するステークホルダー，ステークホルダー間の協力－競争関係を創出し，そのネットワークの全体としての業績を向上させることによって，ネットワークにおける中心的ポジションを高めることが可能となった。日中ジョイントベンチャーが関係や情報を仲介する中心的ポジションにあるとき，行動者の期待や要求に影響を与え，情報の流れや資源へのアクセスをコントロールすることができる。日中ジョイントベンチャーの成長プロセスの各段階で経営戦略の策定と転換に伴い，資源重要性・協力可能性を分析した。そして，ステークホルダーとの関係性を構築・維持・強化するというダイナミックなステークホルダー・マネジメントが，日中ジョイントベンチャーの成功にとって，極めて重要になる。

　上記の分析結果を踏まえた上で，本書では，日中ジョイントベンチャーは，ステークホルダーとの関係をダイナミックに構築していくようなステークホルダー・マネジメントが存在していることを明らかにするこ

とができた。

　その中で，日中ジョイントベンチャーは，自らの形成期，成長期，成熟期において，ステークホルダーとの経営資源を交換していく中で，いかに取引コストを節約し，コンフリクトを減少させ，効率的な経営を行っていくためには，信頼が不可欠な要素であることも指摘した。また，信頼は，日中ジョイントベンチャーとステークホルダーが経営資源を交換することによって形成してきた関係を，安定的・持続的にする重要な役割を果たしている。さらに，日中ジョイントベンチャーがステークホルダー・ネットワークにおいて，高い中心性を持つことは，企業イメージの向上，競争優位をもたらすことも明らかにすることができた。

　以上のような結論を踏まえ，本書の理論的な貢献は，第1に，日中ジョイントベンチャーに関するインタビューなどの実態調査で収集したデータを中心に，また，関連資料や文献を分析した結果，日中ジョイントベンチャーが成長していく過程で，親会社，政府との関係だけを考えるのではなく，従来の合弁企業に関する研究では十分に取り上げられなかった販売業者，サプライヤー，大学などというステークホルダーとの関係を射程に入れて，日中ジョイントベンチャーの経営実態を多面的に把握したことである。つまり，日中ジョイントベンチャーの成長プロセスに注目し，戦略の変化に伴い多様なステークホルダーとの調整の重要性と必要性を明らかにしたことである。

　第2に，従来のステークホルダー理論は，企業とステークホルダーのダイアド関係（直接的な関係）を想定して議論を展開している。これに対して，本書では，ステークホルダー・ネットワークの考え方を視野に捉え，このような間接的関係はどのように企業の経営行動に影響を与えるかという問題に本格的に取り込んでいる。具体的には，日中ジョイン

トベンチャーの成長プロセスにおいて販売業者間，サプライヤー間，あるいは競合相手間に，協力－競争関係を構築していたことを確認することができた。その意味で，本書は間接的関係の構築が，日中ジョイントベンチャーの成長に与える影響を明らかにした実証的な研究であるといえる。

第3に，本書の分析結果から明らかとなったダイナミックなステークホルダー・マネジメントは，企業とステークホルダーの関係は常に変化している。本書で，企業成長と組織間関係調整メカニズムに焦点を当てて，ステークホルダー・マネジメントは時間的経過に伴い，どのように変化するかについて示した。

2　今後残された課題

本書において，残された課題として次の点を指摘できる。

第1に，全体の分析結果からみると，議論の中心が企業の外部に目を向けられていたために，企業内部について十分には分析できていない。すなわち，企業内のステークホルダーである従業員に焦点を当て，企業の成長・発展の過程における内部の変化を今後詳細に分析することが必要である。例えば，企業の成長・発展に伴い，従業員のキャリアやインセンティブについて，より詳しい分析が求められるであろう。

第2に，本書は製造業を中心として3つの事例でのケース・スタディーを行い，これに基づいて解釈・考察したものである。WTO加盟以降に，国際的なルールに接近を試みる中ででも，中国特有の制度などの制約条件の現存する複雑な環境のもとで，サービス業，金融（銀行）業という他の産業でも一般理論化できるかについては，今後の課題として他

の産業の事例も取り上げて検証する必要性があると考える。

　第3に，日中ジョイントベンチャーは，現在でも中国の経済発展に伴い，「生産輸出型」ジョイントベンチャーから「国内販売型」ジョイントベンチャーに着々と移行しているが，開発研究段階に進化したのは2001年から数年の間である。今後どのような方向に向かって展開していくのを，引き続き注視し観察する必要がある。

3　日中ジョイントベンチャーの転換期

　中国の経済改革・対外開放は，現在まで30年以上継続的に行われてきた。特に2001年に中国はWTO加盟で開放的な市場経済の発展をさらに加速し，世界的に経済が一体化しつつある。21世紀の最初の10年の間に，中国の経済状況が著しく変化している。その象徴的な出来事として以下をあげることができる。①当初は「世界の工場」と位置づけられていた中国が「巨大な市場」へと変貌した。②2010年に中国のGDPが日本を抜き，アメリカに次いで世界第2位の経済大国になった。このことは日本企業に対して多くの有利な取引機会となると同時に，厳しい競争の構図も意味している。

　日本企業には，中国の経済改革・対外開放の政策を背景として，積極的に中国に進出してきた今日までの約30年の歴史がある。その中は何度もの進出ブームがあり，成功・失敗の物語の溢れた約30年の進出の歴史であるといえる。日中ジョイントベンチャーは，中国に進出する日本企業による経営戦略の展開手法として，鉄鋼，自動車，通信，石油などの規制産業に限定せず，多くの進出企業で採用されている。

　しかしながら，日中ジョイントベンチャーは，自らを取り巻く経営環

境の変化に適応しつつ，事業戦略を再構築し，経営体制の再編成を行って，ダイナミックに存続・成長を遂げている。これは主に，以下のような3つの新しい潮流を示している。

日本の親会社が増資する傾向

中国政府の規制緩和によって，新たなジョイントベンチャー設立に際して，日本側の親会社が過半数出資することが多くなる。また既存の日中ジョイントベンチャーにおいて，日本側の親会社は，中国での事業再編成の一環として，過半数を超えて増資する動向が認められる。段階的に出資比率を引き上げることにより，日中ジョイントベンチャーに対して親会社のコントロールを強化するものは，重要な経営戦略に関する意思決定のスピード・アップを図ることである。一方で日本親会社グループの一員になり，親会社との関係が一層強化することに伴い，新たな技術・製品の導入をさらに引き出し，再び成長を可能にする。しかし，日中ジョイントベンチャーは，増資により，経営者と従業員などの労使関係が緊張化し，社内のコンフリクトを頻発させている。

「国内販売型」ジョイントベンチャーへのシフト

21世紀に向けて，単に投資額・生産量などの量的変化だけでなく，「巨大な市場」を狙って，重要なステークホルダーである中国消費者のニーズに応え，自社の製品・サービスを提供していく「国内販売型」ジョイントベンチャーは質的に変化している。販売ビジネスの展開においては，どのようなマーケティング活動を行うかの戦略を立てるとともに，社内にその対応専門部署を設けて販売体制作りを目指し，販売ネットワークを着実的に展開していくと同時に，補完的ネットワークを持つ外部

の販売業者との販売提携を形成し，そこで現地スタッフの採用，経営幹部，販売要員の教育・訓練を積極的に取り組む人材育成が重要である。

「研究開発型」ジョイントベンチャーへのシフト

親会社・子会社関係という位置づけである日中ジョイントベンチャーは，ビジネスを展開する中で，商品の研究開発，生産，販売それぞれの役割を分担している。生産拠点としての位置づけの日中ジョイントベンチャーは，親会社が新たに開発した商品を生産する。しかし，親会社による新商品企画・開発が現地の市場で必ずしも売れるとは言い難い。そこで中国消費者のニーズに応える商品を開発する「研究開発型」ジョイントベンチャーは，新しいステップとして既に現れ始めた。すなわち，日中ジョイントベンチャーは，生産拠点でありながら，研究開発拠点へと変容しつつある。研究開発の現地化は販売や生産の現地化と異なって，企業の経営戦略の中枢部分である。さらに親会社の製品の改善・改良のみならず，中国消費者のニーズに適合した製品の開発・企画において，政府の奨励金・援助金を活用しながら，現地の大学・研究機関との連携が不可欠になる。このように政府，親会社，現地大学・研究機関，中国消費者，優秀な現地スタッフなどの多様なステークホルダーが参加した研究開発のマネジメントが，一層に重要な課題となる。そのため研究開発活動を通じて，共同開発してきた技術・特許などの知財のマネジメントが今後の課題として真剣に取り組まなければならないテーマとなるであろう。

日中ジョイントベンチャーは，前述したように「国内販売型」ジョイントベンチャーにせよ，「研究開発型」ジョイントベンチャーにせよ，中国市場を志向した明確な市場戦略をとるとするならば，中国の消費者

　　　　　　終　章　日中ジョイントベンチャーの実態と今後の課題

が求める製品を開発し，消費者を満足させるサービスを提供することが最も基本になる。こうした戦略課題に対するソリューションのカギを握っているのは，日本企業ではなく中国の消費者を熟知している優秀な現地従業員である。しかし，日本的経営を持ち込んだ日中ジョイントベンチャーは，流動性高い中国人材市場で高度な知識やスキルを持つ優秀な人材の獲得・定着というチャレンジすべき問題に直面している。

　上記のような変化の潮流を踏まえて，今後の日中ジョイントベンチャーの経営行動の分析は重要な課題となる。

参考文献

外国語文献

Alkhafaji, A. F. (1986), *A Stakeholder Approach to Corporate Governance : Managing in A Dynamic Environment*, New-York, Quorum.

Agle, B. R., Mitchell, R. K. and Sonnenfeld, J. A. (1999), "Who Matters to CEOs ?: An Investigation of Stakeholder Attributes and Salience, Corporate Performance, and CEO Values", *Academy of Manangement Journal*, Vol. 42, pp. 507-525.

Anderson, J. C. and Narus, J. A. (1990), "A Model of Distributor Firm and Manufacturing Firm Working Partnerships", *Journal of Marketing*, Vol. 54, No. 1, pp. 42-58.

Anderson, J. C. and Hakansson, H., Johanson J. (1994), "Dyadic Business Relationships Within a Business Network Context", *Journal of Marketing*, Vol. 58, pp. 1-15.

Ansoff, H. I. (1965), *Corporate Strategy*, Mcgraw-Hill, Inc. (広田寿亮訳『企業戦略論』産能大学出版部，1969 年)

Arino, A. and Torre, J. (1998), "Learning From Failre : Toward an Evolutionary Model of Collaborative Vetures", *Organization Science*, Vol. 9, pp. 306-325.

Astley, W. G. and Fombrun, C. J. (1982), "The Telecommunications Community : An Institutional Overview", *Journal of Communication*, Vol. 32, No. 4, pp. 56-67.

Astley, W. G. and Fombrun, C. J. (1983), "Collective Strategy : Social Ecology of Organizational Environments", *The Academy of Management Review*, Vol. 8, No. 4, pp. 576-587.

Badalacca, J. L. (1991), *The Knowledge Link*, Harvard Business School Press. (中

村元一・黒田哲彦訳『知識の連鎖』ダイヤモンド社, 1991年)

Barber, B. (1983), *The Logic and Limit of Trust*, New Brunswick, Rutgers University Press.

Barnard, C. I. (1938), *The Functions of the Executive*, Harvard Business Press. (山本安次郎・田杉競・飯野春樹訳『経営者の役割』ダイヤモンド社, 1979年)

Barney, J. B. (1991), "Firm Resources and Sustained Competitive Advantage", *Journal of Management*, Vol. 17, pp. 99-120.

Barney, J. B. (1996), *Gaining and Sustaining a Competitive Advantage*, Addison-Wesley, Prentice Hall.

Beamish, P. W. (1988), *Multinational Joint Venture in Developing Countries*, Routledge, London.

Beamish, P. W. (1993), "The Characteristics of Joint Ventures in The People's Republic of China", *Journal of International Marketing*, Vol. 1, pp. 29-48.

Beamish, P. W. (2000), "The Design and Management of International Joint Ventures", In Beamish, P. W., Morrison, A. J. and Inkpen, A. C. (eds.), *International Management*, Irwin McGraw-Hill.

Beamish, P. W. and Banks, J. C. (1987), "Equity Joint Ventures and the Theory of the Multinational Enterprise", *Journal of International Business Studies*, 18(2), pp. 1-16.

Berman, S. L., Wicks, A. C., Kotha, S. and Jones, T. M. (1999), "Does Stakeholder Orientation Matter? The Relationship Between Stakeholder Management Models and Firm Financial Performance", *Academy of Management Review*, Vol. 42, pp. 488-506.

Blau, P. M. (1964), *Exchange and Power in Social Life*, John Wiley & Sons. (間場寿一・居安正・塩原勉訳『交換と権力』新曜社, 1974年)

Brandenburger, A. M. and Nalebuff, B. J. (1996), *Co-opetitive*, Currency and

参考文献

Doubleday.(嶋津祐一他訳『コーペティション経営』日本経済新聞社,1997年)

Brouthers, K. D., Brouthers, L. E. and Wikinson, T. J. (1995), "Strategic Alliances: Choose Your Partners", *Long Range Planning*, Vol. 28, pp. 18-25.

Burt, R. S. (1992), *Structural Holes*, Harvard University Press.

Carroll, A. B. and Buchholtz, A. K. (2003), *Business and Society: Ethics and Stakeholder Management*, 5th edition, Ohio: South-Western.

Chandler, A. D. (1962), *Strategy and Structure*, Cambridge, MA, MIT Press.(三菱経済研究所訳『経営戦略と経営組織』実業之日本社,1976年)

Clarkson, M. E. (1995), "A Stakeholder Framework for Analyzing and Evaluating Corporate Social Performance", *Academy of Management Review*, Vol. 2 pp. 92-117.

Clarkson, M. E. (1998), *The Corporation and Its Stakeholders: Classic and Contemporary Readings*, University of Toronto Press.

Child, J. (1994), *Management in China During the Age of Reform*, Cambridge University Press.

Child, J. (2001), "Trust-The Fundamental Bond in Global Collaboration", *Organization Dynamic*, Vol. 29, pp. 274-288.

Child, J. and Faulkner, D. (1998), *Strategies of Cooperation: Managing Alliances, Network, and Jiont Ventures*, Harvard University Press.

Child, J. and Stewant, S. (1997), "Regional Differences in China and Their Implications for Sino-Foreign Joint Ventures", *Journal of General Management*, Vol. 23, pp. 65-86.

Coff, R. W. (1999), "When Competitive Advantage Doesn't Lead to Performance: The Resource-Based View and Stakeholder Bargaining Power", *Organization Science*, Vol. 10, No. 2, pp. 119-133.

Coleman, J. S. (1990), *Foundation of Social Theory*, Belknap Press.

Cook, K. (1977), "Exchange and Power in Networks of Interorganizational Relations", *Sociological Quarterly*, Vol. 18, pp. 62-82.

Cummings, J. L. and Doh, J. (2000), "Identifying Who Matters: Mapping Key Players in Multiple Environment", *California Managenment Review*, Vol. 42, pp. 83-104.

Daft, R. L. and Weick, K. E. (1984), "Toward a Model of Organizations as Interpretation Systems", *Academy of Management Review*, Vol. 9, No. 2, pp. 284-295.

Das, T. K. and Teng, B. (1998), "Between Trust and Control: Developing Confidence in Partner Cooperation in Alliances", *Academy of Management Review*, Vol. 23, pp. 491-512.

Das, T. K. and Teng, B. (2000), "Instabilities of Strategic Alliances: An Internal Tensions Perspective", *Organization Science*, Vol. 11, pp. 77-101.

Das, T. K. and Teng, B. (2001), "Trust, Contol, and Risk in Strategic Alliances: An Integrated Framework", *Organization Study*, Vol. 22, pp. 251-283.

David, W. and Maria, S. (1997), *The Stakeholder Corporation: A Blueprint for Maximizing Stakeholder Value*, London, Pitman.

Davidson, W. H. (1982), *Global Strategic Management*, New York, John Wiley and Sons.

Davidson, W. H. (1987), "Creating and Managing Joint Ventures in China", *California Management Review*, Vol. 24, pp. 77-94.

Dodgson, M. (1993), "Learning, Trust and Technological Collaboration", *Human Relations*, Vol. 46, No. 1, pp. 77-95.

Donaldson, T. (1999), "Making Stakeholder Theory Whole", *Academy of Management Review*, Vol. 24, pp. 237-241.

Donaldson, T. and Preston, L. E. (1995), "The Stakeholder Theory of the Corporation: Concepts, Evidence and Implications", *Academy of Management*

参考文献

Review, Vol. 20, pp. 65-91.

Doz, Y. L. (1996), "The Evaluation of Cooperation in Strategic Alliances: Initial Conditions or Learning Processes?", *Strategic Management Journal*, Vol. 17, pp. 55-83

Doz, Y. L. and Hamel, G. (1998), *Alliance Advantage*, Harvard Business School Press.(和田正春訳『競争優位のアライアンス戦略』ダイヤモンド社, 2001年)

Dyer, J. H. (1996), "Specialized Supplier Networks as a Source of Competitive Advantage: Evidence from The Auto Industry", *Strategic Management Journal*, Vol. 17, pp. 271-291.

Dyer, J. H., Dong Sung Cho, and Wujin Chu (1998), "Strategic Supplier Segmentation: The Next "Best Practice" in Supply Chain Management", *California Management Review*, Vol. 40, No. 2, pp. 57-77.

Dyer, J. H. and Kentaro Nobeoka (2000), "Creating and Managing a High Performance Knowledge-Sharing Network: The Toyota Case", *Strategic Management Journal*, Vol. 21, pp. 345-367.

Dyer, J. H. and W. G. Ouchi (1993), "Japanese-Style Partnerships: Giving Companies a Competitive", *Sloan Management Review*, Vol. 35, No. 1, pp. 51-63.

Dyer, J. H. and Singh, H. (1998), "The Relational View: Cooperation Strategy and Sources of Interorganizational Competitive Advantage", *Academy of Management Review*, Vol. 23, pp. 660-679.

Emerson, R. (1962), "Power-Dependence Relations", *American Sociological Review*, Vol. 27, pp. 31-41.

Emshoff, J. R. (1980), *Managerial Breakthroughs Action Techniques for Strategic Change*, New-York, Amacom.

Evan, W. E. (1966), "The Organization Set: Toward a Theory of Interorganizational Relations", In Thompson, J. D. (ed.), *Approach to Organizational Design*,

University of Pittsberg Press.

Evan, W. E. (1976), *Organization Theory*, John Wiley and Sons.

Evan, W. E. and Freeman, R. E. (1988), "A Stakeholder Theory of the Modern Corporation : A Kantian Capitalism", In Beauchamp, T. L. and Bowie, N. E. (eds.), *Ethical Theory and Business* 3rd edition, New Jersey, Prentice-Hall, pp. 97-106.

Faulker, D. (1995), *International Strategic Allianace*, McGraw-Hill.

Freeman, E. R. (1984), *Strategic Management : A Stakeholder Approach*, Boston, Pitman publishing Inc.

Freeman, E. R. (1994), "The Politics of Stakeholder Theory : Some Future Directions", *Business Ethics Quarterly*, Vol. 4, pp. 409-422.

Freeman, E. R. (1999), "Divergent Stakeholder Theory", *Academy of Management Review*, Vol. 24, pp. 233-236.

Freeman, E. R. and Gilbert, R. Jr. (1988), *Corporate Strategy and The Search For Ethics*, Pentice-Hall.（笠原清志監訳『企業戦略と倫理の探求』文眞堂, 1998年）

Freeman, E. R. and Reed, D. L. (1983), "Stockholders and Stakeholders : A New Perspective on Corporate Governance", *California Management Review*, Vol. 25, pp. 88-106.

Freeman, L. C. (1979), "Centrality in Social Networks : Conceptual Clarifications." *Social Networks*, Vol. 1, No. 3, pp. 215-239.

Frooman, J. (1999), "Stakeholder Influence Strategies", *Academy of Management Review*, Vol. 24, pp. 191-205.

Galbraith, J. R. and Nathanson, D. A. (1978), *Strategy Implementation : The Role of Structure and Process*, West Publishing Co.（岸田民樹訳『経営戦略と組織デザイン』白桃書房, 1989年）

Geringer, J. M. and Hebert, L. (1989), "Control and Perfprmance of International

参考文献

Joint Ventures", *Journal International Business Study*, Vol. 20, pp. 235-254.

Gomes-Casseres, B. (1987), "Joint Venture Instability : Is It a Problem ?", *Columbia Journal of World Business*, Vol. 6, pp. 77-96.

Gomes-Casseres, B. (1989), "Joint Ventures in the Face of Global Competitive", *Sloan Management Review*, Vol. 3, pp. 17-26.

Goodpaster, K. E. (1991), "Business Ethics and Stakeholder Analysis", *Business Ethics Quarterly*, Vol. 1, pp. 53-72.

Goodpaster, K. E. (1997), "Stakeholder Paradox", In Werhane, P. and Freeman, R. E. (eds.), *Blackwell Encyclopedia Dictionary of Business Ethics*, Massachusetts, Blackwe, Vol. ll, pp. 601-602.

Grant, R. M. (1991), "The Resource-Based Theory of Competitive Advantage : Implications for Strategy Formulation", *California Management Review*, Vol. 33, pp. 114-135.

Granovetter, M. S. (1973), "The Strength of Weak Ties", *American Journal of Sociology*, Vol. 78, pp. 360-380.

Gulati, R. (1998), "Alliances and Networks", *Strategic Management Journal*, Vol. 19, pp. 293-317.

Gulati, R., Nohria, N. and Zaheer, A. (2000), "Strategic Network", *Strategic Management Journal*, Vol. 21, pp. 203-215.

Hamel, G. and Prahalad, C. K. (1994), *Competing for the Future*, Harvard Business School Press.（一條和生訳『コア・コンピタンス経営』日本経済新聞社，1995年）

Harrison, J. S. and Freeman, E. R. (1999), "Stakeholders, Social Responsibility, and Performance : Empirical Evidence and Theoretical Perspectives", *Academy of Management Review*, Vol. 42, pp. 479-485.

Harrigan, K. R. (1986), *Managing for Joint Venture Success*, Lexington Books.（佐伯光彌訳『ジョイントベンチャー成功の戦略』有斐閣，1987年）

Harrigan, K. R. (1987), "Strategic Alliances : Their New Role in Global Competition", *Columbia Journal of World Business*, Vol. 22, No. 2, pp. 67-69.

Harrigan, K. R. (1988a), "Joint Ventures and Competitive Strategy", *Strategic Management Journal*, Vol. 9, pp. 141-158.

Harrigan, K. R. (1988b), "Strategic Alliances and Partner Asymmetries", *Management International Review*, Vol. 88, pp. 53-72.

Hedberg, L. T. (1981), "How Organizations Learn and Unlearn", In P. C. Nystrom and W. H. Starbuck (eds.), Handbook of Organizational Design, New York : Oxford University Press, pp. 3-27.

Hennart, J. F., T. Roehl and D. S. Zietlow (1999), "Trojan Horse or Workhorse ? The Evolution of U. S. -Japanese Joint Ventures in the United States", *Strategic Management Journal*, 20(1), pp. 15-29.

Inkpen, A. C. (1995), "Organizational Learning and International Joint Ventures", *Journal of International Development*, Vol. 21, No. 2, pp. 83-100.

Inkpen, A. C. (1998), *The Management of International Joint Ventures : An Organizational Learning Perspective*, London, Routledge.

Inkpen, A. C. & Beamish. P. W. (1997), "Knowledge, Bargaining Power, and the Instability of International Joint Ventures", *Academy of Management Review*, 22(1), pp. 177-202.

Inkpen, A. C. & Currall, S. C. (1997), "International Joint Venture Trust : An Empirical Examination". In P. W. Beamish & J. P. Killing (eds.), *Cooperative strategies : North American perspectives*. San Francisco : New Lexington Press.

Inkpen, A. C. and Currall, S. C. (1998), "The Nature, Antecedents, and Consequences of Joint Veture Trust", *Journal of International Management*, Vol. 4, pp. 177-202.

Inkpen, A. C. and Currall, S. C (2004), "The Coevolution of Trust, Control, and Learning in Joint Ventures", *Organization Science*, Vol. 15, pp. 586-599.

参考文献

Jensen, M. C. (2001), "Value Maximization, Stakeholder Theory, and The Corporate Objective Function", *Journal of Applied Corporate Finance*, Vol. 14, pp. 8-21.

Jones, T. M. (1995), "Instrumental Stakeholder Theory : A Synthesis of Ethics and Economics", *Academy of Management Review*, Vol. 20, pp. 404-437.

Jorde, T. M. and Teece, D. J. (1989), "Competition and Cooperation : Striking the Right Balance", *California Management Review*, Vol. 13, No. 3, pp. 25-37.

Jones, T. M. and Wicks, A. C. (1999), "Convergent Stakeholder Theory", *Academy of Management Review*, Vol. 24, pp. 206-221.

Kale, P., Singh, H., Perlmutter, H. (2000), "Learning and Protection of Proprietary Assets in Strategic Alliances : Building Relational Capital," *Strategic Management Journal*, 21, pp. 217-37.

Kanter, R. M. (1994), "Collaborative Advantage : The Art of Alliances", *Harvard University Review*, Vol. 7-8, pp. 96-108.

Kochan, T. A. and Rubinstein, S. A. (2000), "Toward Stakeholder Theory of the Firm : The Saturn Partership", *Organization Science*, Vol. 11, No. 2, pp. 367-386.

Kogut, B. (1988a), "A Study of the Life Cycle of Joint Ventures", *Management International Review*, Vol. 28, pp. 39-52.

Kogut, B. (1988b), "Jiont Ventures : Theoretical and Empirical Perspectives", *Strategic Management Journal*, Vol. 9, pp. 319-332.

Kogut, B. (1989), "The Stability of Joint Ventures : Reciprocity and Competitive Rivalry", *Journal of Industrial Economics*, Vol. 38, pp. 183-198.

Kogut, B. (1991), "Joint Ventures and the Option to Expand and Acquire", *Management Science*, Vol. 37, pp. 19-32.

Kotter, J. P. (1979), *Power in Management*, AMACOM. (加護野忠男・谷光太郎訳『パワー・イン・マネージメント』白桃書房, 1981 年)

Kotter, J. P. (1985), *Power and Influence*, Free Press. (加護野忠男・谷光太郎訳

『パワーと影響力』ダイヤモンド社,1990 年)

Lecraw, D. J. (1984), "Bargaining Power, Owership and Profitibility of Transnational Corporations in Developing Countries", *Journal of International Business Study*, Vol. 15, pp. 27-43.

Lin Xiaohua & Richard Germain, (1998), "Sustaining Satisfactory Joint Venture Relationships : The Role of Conflict Resolution Strategy," *Journal of International Business Studies*, 29(1), pp. 179-196.

Lorange, P. and J. Roos (1992), *Strategic Alliances : Formation, Evolution and Implementation*, Basil Blackwell, Lodon.

Luo, Y. (1997), "Partner Selection and Venturing Success : The Case Joint Ventures in China", *Organization Science*, Vol. 8, pp. 660-676.

Luo, Y. (1998), "Joint Venture Success in China : How Should We Select a Good Partner ?", *Journal of World Business*, Vol. 33, pp. 145-166.

Luo, Y. and Chen, M. (1996), "Managerial Implications of Guanxi-Based Business Strategies", *Journal of International Management*, Vol. 2, pp. 293-316.

Madhok, A. (1995), "Revisiting Multinational Firm Tolerance for Joint Ventures : A Trust-Based Approach", *Joural of International Business Studies*, Vol. 26, pp. 117-137.

Mahon, J. F. (2002), "Corporation Reputation : A Research Agenda Using Strategy and Stakeholder", *Literature Business and Society*, Vol. 14, pp. 415-445.

March, J. G. and H. A. Simon (1968), *Organizations*, John Wiley & Sons. (土屋守章訳『オーガニゼーションズ』ダイヤモンド社,1977 年)

Michell, R. E., Agle, B. R, and Wood, D. J. (1997), "Toward a Theory of Stakeholder Identification and Salience : Defining The Priciple of Who and What Really Counts", *Academy of Management Review*, Vol. 22, pp. 853-886.

Mintzberg, H. (1983), *Power In and Around Organizations*, Englewood cliffs, Prentice-hall.

参考文献

Mintzberg, H., Ahlstbrand, B. and Lampel, J. (1998), *Strategy Safari*, Free Press. (斉藤嘉則監訳『戦略サファリ』東洋経済新報社，1999年)

Nohria N., Garcia-Pont C. (1991), "Global Strategic Alliances and Industry Structure," *Strategic Management Journal*, Summer Special Issue 12, pp. 105-124.

Olive, C. (1990), "Determinants of Interorganizational Relationships : Integration and Future Directions", *Academy of Management Review*, Vol. 15, pp. 241-265.

Osland, E. O. and Cavusgil, S. T. (1996), "Performance Issues in U.S-China Joint Ventures", *California Manage Review*, Vol. 38, pp. 106-129.

Penrose, E. T. (1959), *The Theory of Growth of The Firm*, New York, Blackwell. (末松玄六訳『会社成長の理論』ダイヤモンド社，1980年)

Pfeffer, J. (1981), *Power in Organization*, Pitman Book Limited.

Pfeffer, J. and Salancik, G. R (1978), *The External Control of Organizations : A Resource Dependence Perspective*, Stanford University Press.

Phillips, R. (2003), *Stakeholder Theory and Organizational Ethics*, Berrett-Koehler Publishers, Inc.

Phillips, R. and Reichart, J. (2000), "The Environment as a Stakeholder : A Fairness-Based Approach", *Journal of Business Ethics*, Vol. 23, pp. 183-197.

Porter, M. E. (1980), *Competitive Strategy*, Free Press. (土岐坤他訳『競争の戦略』ダイヤモンド社，1982年)

Porter, M. E. (1985), *Competitive Advantage*, Free Press. (土岐坤他訳『競争優位の戦略』ダイヤモンド社，1985年)

Porter, M. E. and Kramer, M. R (2006) "Strategy and Society : The Link Between Competitive Advantage and Corporate Social Responsibility", *Harvard Business Review*, December, pp. 78-92.

Post, J. E., Preston, L. E. and Sachs, S. (2002), *Redefining the Corporation : Stakeholder Management and Organizational Wealth*, Massachusetts, Stanford

University Press.

Prahalad, C. K. and Doz, Y. L. (1981), "An Approach to Strategic Control in MNC's", *Sloan Management Review*, Vol. 24, pp. 5-13.

Prahalad, C. K. and Hamel, G. (1990), "The Core Competence of The Corporation", *Harvard Business Review*, Vol. 5-6, pp. 79-91.

Preston, L. E. (1990), "Stakeholder Management and Corporate Performance" *Journal of Behavioural Economies*, 19(4), pp. 361-375.

Preston, L. E. and Donaldson, T. (1999), "Stakeholder Management and Organizational Wealth", *Academy of Management Review*, Vol. 24, pp. 619.

Reich, R. B. and Mankin, E. D. (1986), "Joint Ventures With Japan Give Away Our Future", *Harvard Business Review*, March-April, pp. 78-86.

Ring, P. S. and Van de Ven, A. (1994), "Development Processs of Cooperative Interorganizational Relationships", *Academy Management Journal*, Vol. 19, pp. 90-118

Root, F. R. (1982), *Foreign Market Entry Strategies*, AMACOM.（中村元一監訳『海外市場戦略』HBJ 出版局, 1984 年）

Rowley, T. J. (1997), "Moving Beyond Dyadic Ties: A Network Theory of Stakeholder Influences", *Academy of Management Review*, Vol. 24, pp. 887-910.

Sako, Mari. (1991), "The Role of "Trust" in Japanese Buyer-Supplier Relationships", *Ricerche Economiche*, XLV No. 2-3, pp. 449-474.

Sako, Mari. (1998), "Does Trust Improve Business Performance ?", In Lane, C. and Bachmann, R, Trust Within and Between Organizations, Oxford, Oxford University Press.

Salancik, G. R. and Pfeffer, J. (1977), "Who Gets Power and How They Hold On To It : A Strategic Contingency Model of Power", *Organizational Dynamics*, Vol. 5, pp. 3-21.

Sanyal, R. and T. Guvenli. (2000), "Introducing Modern Management Control

Techniques in an Economy in Transition," *Mid-Atlantic Journal of Business*, 36 (4), pp. 1-16.

Savage, G. T., Nix, T. W., Whitehead, C. J. and T. W., Blair, J. D. (1991), "Strategies for Assessing and Managing Organizational Stakeholders", *Academy of Management Executive*, Vol. 5, pp. 61-75.

Schurr, P. H. and Ozanne, J. L. (1985), "Influence on Exchange Process : Buyer's Perceptions of a Seller's Trustworthiness and Bargaining Toughness", *Journal of Consumer Research*, Vol. 11, pp. 939-953.

Stewart, D. (1996), *Business Ethics*, New-York, McGraw-Hill. (企業倫理研究グループ訳『企業倫理』白桃書房, 2001 年)

Svendsen, A. (1998), *The Stakeholder Stratery : Profiting from Collaborative Business Relationships*, Berrett-koehller Publishers, Inc.

Tan, J. and Litschert, R. (1994), "Environment-Strategy Relationship and Its Performance Implications : An Empirical Study of The Chinese Elestronics Industry", *Stategic Management Journal*, Vol. 15, pp. 1-20.

Thompson, J. D. (1967), *Organizations in Action*, McGraw-Hill. (高宮晋監訳『オーガニゼーション・イン・アクション』同文館, 1987 年)

Uzzi, B. (1997), "Social Structure and Competition in interfirm Networks : The Paradox of Embeddedness", *Administtrative Science Quarterly*, Vol. 42, pp. 35-67.

Walker, S. F. and Marr, J. W. (2001), *Stakeholder Power : A Winning Plan for Bluilding Stakeholder Commitment and Driving Corporate Growth*, Masschusetts, Perseus.

Wernerfelt, B. (1984), "A Resource-Based View of the Firm", *Strategic Management Journal*, Vol. 18, pp. 171-180.

Williamson, O. E. (1975), *Markets and Hierarchies*, New York, The Free Press.

Williamson, O. E. (1979), "Transaction Cost Economies : The Governance of

Contractual Relations", *Journal of Law and Economics*, Vol. 22, pp. 233-262.

Wong, Y. (1995), "Succeeding in China in the 21 Century", *SAM Advanced Management Journal*, 60(3), pp. 4-9.

World Bank (2004), *World Development Report*.

Woodcock, C. P., Beanish, P. W. and Shige, M. (1994), "Ownership-Based Entry Mode Strategies", *Journal of International Business Studies*, Vol. 2, pp. 253-273.

Yan, A. and Gray, B. (1994), "Bargaining Power, Management Control and Performannce in United States-China Joint Ventures: A Comparative Case Study", *Academy of Management Journal*, Vol. 37, pp. 773-796.

Yan, A. and Luo, Y. (2001), International Joint Ventures: Theory and Practice, New York, M. E. Sharpe.

Yanni Yan (2000), *International Joint Ventures in China*, Palgrave Macmillan.

Ying Fan (2002), "Questioning Guanxi: Definition, Classification and Implications", *International Business Review*, Vol. 11, pp. 543-561.

日本語文献

相葉宏二（1999）『MBA　経営戦略』ダイヤモンド社。

青島矢一・加藤俊彦（2003）『競争戦略論』東洋経済新報社。

浅沼萬里（1990）「日本におけるメーカーとサプライヤーとの関係」京都大学『経済論叢』第145巻　第1・2号。

浅川和宏（2003）『グローバル経営入門』日本経済新聞社。

浅羽茂（1995）『競争と協力の戦略』有斐閣。

浅羽茂（2004）『経営戦略の経済学』日本評論社。

天野倫文・範建亭（2003）「日中家電産業発展のダイナミズム（上）（中）（下）」『経営論集（東洋大学）』第58・59・60号。

天野倫文（2005）「中国家電産業の発展と日本企業──日中家電企業の国際分業の展開」『開発金融研究報』第22号。

参考文献

アーサーアンダーセンビジネスコンサルティング編（1999）『グループ経営マネジメント』生産性出版。

安保哲夫(1988)『日本企業のアメリカ現地生産―自動車・電機 日本的経営の「適用」と「適応」』東洋経済新報社。

安保哲夫（1994）『日本的経営・生産システムとアメリカーシステムの国際移転とハイブリッド化』ミネルヴァ書房。

安藤哲生（1989）『新興工業国と国際技術移転』三嶺書房。

安藤哲生（1998）『技術取引・移転の基礎』産能大学出版社。

安藤哲生・韓金江（2005）『中国の技術発展と技術移転――理論と実証』ミネルヴァ書房。

伊丹敬之（1984）『新経営戦略の論理』日本経済新聞社。

伊藤孝夫（1999）『ネットワーク組織と情報』白桃書房。

伊藤邦雄（1999）『グループ連結経営』日本経済新聞社。

稲垣公夫（1997）『TOC革命』日本能率協会マネジメントセンター。

稲垣公夫（2001）『EMS戦略――企業価値を高める製造アウトソーシング』ダイヤモンド社。

稲垣清（2002）『中国進出企業地図』蒼蒼社。

稲葉元吉（1982）『経営行動論』丸善。

稲葉元吉（2000）『コーポレート・ダイナミックス』白桃書房。

稲葉元吉編（2002）『社会の中の企業』八千代出版。

石井淳蔵（1983）『流通におけるパワーと対立』千倉書房。

石井淳蔵・奥村昭博・加護野忠男・野中郁次郎（1996）『経営戦略論』有斐閣。

石井真一（2003）『企業間提携の戦略と組織』中央経済社。

石田英夫（1999）『国際経営とホワイトカラー』中央経済社。

井原宏（1994）『企業の国際化と国際ジョイントベンチャー』商事法務研究会。

今井賢一（1984）『情報ネットワーク社会』岩波書店。

今井賢一（1990）『情報ネットワーク社会の展開』筑摩書房。

今井賢一・金子郁容（1988）『ネットワーク組織論』岩波書店。

井沢良智（1996）『日本企業グローバル化の構図』学文社。

薄田雅人（1995）『海を越える経営——日中合弁企業・浙江機電の 10 年』中央経済社。

苑志佳（2001）『中国に生きる日米生産システム』東京大学出版社。

江夏健一（1994）『国際戦略提携』晃洋書店。

江夏健一・桑名義晴編著（2001）『国際ビジネス』同文館。

王洛林・魏后凱編（2003）『中国西部大開発政策』経済管理出版社。

王志楽（1998）『日本企業在中国的投資』中国経済出版社。

大内靖（2002）「一企業人から見た現状中国の断片」『SPEC ジャーナル』Vol. 20, No. 3。

大滝精一・金井一頼・山田英夫・岩田智（1997）『経営戦略』有斐閣アルマ。

緒方卓（2004）「急成長する中国市場における日本企業の課題と対応」野村総合研究所編『NRI マネジメントレビュー』2004 年, Vol. 9。

岡本康雄（1991）「企業の利害関係と日本企業の今日的課題」『組織科学』Vol. 24, No. 3。

岡本康雄（1998）『日系企業 in 東アジア』有斐閣。

奥村悳一（2003）『日系合弁企業の組織体制と管理システム』多賀出版。

小河光生（1997）『図解　持株会社とグループ経営』東洋経済新報社。

大原盛樹（2000）「中国家電メーカーの競争優位」『日中経協ジャーナル』Vol. 2, No. 75。

柯　隆（2005）「中国企業の対外直接投資に関する考察」『富士通総研経済研究所研究レポート』No. 235, 富士通総研経済研究所。

華鐘コンサルタントグループ編『日刊華鐘通信』2011 年 1 月 24 日。

郝燕書（1999）『中国の経済発展と日本的生産システム——テレビ産業における技術移転と形成』ミネルヴァ書房。

加護野忠男（1980）『経営組織の環境適応』白桃書房。

参考文献

加護野忠男・井上達彦（2004）『事業システム戦略』有斐閣。

片平秀貴（1999）『新版　パワー・ブランドの本質』ダイヤモンド社。

金堅敏（2005）「外国直接投資が中国産業発展に与える影響とその示唆——ケーススタディを中心に」『富士通総研経済研究所　研究レポート』No. 203，富士通総研経済研究所。

金山権（2000）『現代中国企業の経営管理——国有企業のグローバル戦略を中心に』同友堂。

河合忠彦（2004）『ダイナミック戦略論——ポジショニング論と資源論を超えて』有斐閣。

機械システム振興協会（2000）『アジア地域における自動車産業共通基盤システムに関する調査研究報告書』財団法人日本自動車研究所。

北真収（2001）「日本企業の工場部門改革の参考になるか——EMS ビジネスモデル」『開発金融研究所報』2001 年 1 月　No. 5。

北真収（2002a）「中国への研究開発（R&D）投資とそのマネジメント——インタンジブルの蓄積と保護の視点から」『開発金融研究所報』2002 年 1 月　No. 9。

北真収（2002b）「中国市場を指向した共生型製造モデル——日中企業間連携の模索とマネジメント上の留意点」『開発金融研究所報』2002 年 4 月　No. 11。

工藤市兵衛・趙大生（1994）『中国の企業経営と投資環境』同友館。

久道雅基（1998）「日本的サプライチェーンマネジメントと ERP/SCP による情報システム革新」『Japan Reserch Review』12 月号。

公文溥・安保哲夫編著（2005）『日本型経営生産システムと EU』，ミネルヴァ書房。

桑田耕太郎（1991）「ストラテジックラーニングと組織の長期適応」『組織科学』Vol. 25，No. 1。

桑田耕太郎・田尾雅夫（1998）『組織論』有斐閣アルマ。

現代企業研究会編（1994）『日本の企業間関係：その理論と実態』中央経済社。

現代中国経済（http://kccn.konan-u.ac.jp/keizai/china/05/03.html）。

黄磷（2003）『新興市場戦略論』千倉書房。
国際協力銀行「海外直接投資アンケート調査結果」各年版
小島清（1985）『日本の海外直接投資—経済学的接近』文眞堂。
酒向真理（1998）「日本のサプライヤー関係における信頼の役割」藤本隆弘他編『リーディングス　サプライヤー・システム　新しい企業間関係を創る』第4章，有斐閣。
櫻井克彦（1991）『現代の企業と社会』千倉書房。
櫻井克彦（2001）「企業経営とステークホルダー・アプローチ」『経済科学』（名古屋大学経済学研究科）Vol. 49, No. 4。
佐々木利廣（1993）『現代組織の構図と戦略』中央経済社。
鮫島敬治・日本経済研究センター編（2001）『中国WTO加盟の衝撃』日本経済新聞社。
産業研究所（1994）『日中合弁企業の経営と中国の国情・文化に関する調査研究』アジア社会問題研究所。
宍戸善一・草野厚（1988）『国際合弁——トヨタ・GM ジョイントベンチャーの軌跡』有斐閣。
嶋口充輝（1984）『戦略的マーケティングの論理——需要調整・社会対応・競争対応の科学』誠文堂新光社。
嶋口充輝（1994）『顧客満足型マーケティングの構図』有斐閣。
嶋口充輝（1994）「非満足顧客に向けた喜び創造の戦略的対応を」『ダイヤモンド・ハーバード・ビジネス』7月号。
嶋口充輝（1997）『柔らかいマーケティングの論理』ダイヤモンド社。
嶋口充輝・吉川明希訳（1998）『MBA 講座——経営』日本経済新聞社。
清水公一（1996）『共生マーケティング戦略論』創成社。
下谷政弘（1993）『日本の系列と企業グループ——その歴史と理論』有斐閣。
鈴木典比古編著（2000）『グローバリゼーションの中の企業』八千代出版。
蘇東水・橋本喬他主編（1997）『中国三資企業研究』復旦大学出版社。

参考文献

関満博（1993）『フルセット型産業構造を超えて』中公新書。
関満博（1993）『中国開放政策と日本企業』新評論。
関満博（1997）『上海の産業発展と日本企業』新評論。
関満博（2000）『日本企業／中国進出の新時代』新評論。
関満博（2003）『現場学者中国を行く』日本経済新聞社。
関満博・池谷嘉一編（1997）『中国自動車産業と日本企業』新評論。
関満博・範建亭（2003）『現地化する中国進出日本企業』新評論。
総合研究開発機構（1997）『中国に進出した日系企業の労使問題に関する研究——日本と日系企業は労使関係の確立のためにどのような政策をとるべきか』総合研究開発機構報告書。
ダイヤモンド・ハーバード・ビジネス編集部（1996）『持株会社の原理と経営戦略』ダイヤモンド社。
高井透（2001）「組織間学習と合併企業の組織能力」『組織科学』Vol. 35, No. 1。
高橋伸夫編（1996）『未来傾斜原理——協調的な経営行動の進化』白桃書房。
高橋伸夫編（2000）『超企業・組織論』有斐閣。
竹田志郎・内田康郎・梶浦雅己（2001）『国際標準と戦略提携——新しい経営パラダイムを求めて』中央経済社。
谷本寛治編著（2004a）『CSR経営——企業の社会的責任とステークホルダー』中央経済社。
谷本寛治（2004b）「社会から信頼させる企業システムの確立に向けて」小林俊治・百田義治編著（2004）『社会から信頼される企業』中央経済社。
田端昌平（1998）『日本型研究開発の変容とグローバル化』近畿大学商経学会。
丹野勲（1994）『国際比較経営論』同文館出版株式会社。
張淑梅（2004）『企業間パートナーシップの経営』中央経済社。
中華人民共和国国家統計局編『中国統計年鑑』1981～2001年各年版　北京：中国統計出版社。
中国網（http://japanese.china.org.cn）

日中投資促進機構（2000）「日系企業アンケート調査」2000年。
（財）日中経済協会編（2003）『対中ビジネスの経営戦略』蒼蒼社。
（財）日中経済協会編（2005）『データで見る中国経済と日中経済関係』。
曺斗燮（1994）「日本企業の多国籍化と企業内技術移転―段階的な技術移転理論」『組織科学』，Vol. 27, No. 3。
デビット．J. コリス（2004）『資源ベースの経営戦略論』東洋経済新報社。
寺本義也（1990）『ネットワークパワー』NTT出版。
東北大学経営学グループ編（1998）『ケースに学ぶ経営学』有斐閣。
東洋経済新報社編『海外進出企業総覧』1979～2005年各年版，東洋経済新報社。
東洋経済新報社編（1998）『全図解　日本の企業系列』東洋経済新報社。
西口敏宏（2000）『戦略的アウトソーシングの進化』東京大学出版会。
西口敏宏・天野倫文・趙長祥（2005）「中国家電企業の急成長と国際化」『一橋ビジネスレビュー』2005年，SPR：54-71。
西山忠範（1991）「利害関係構造論序説――人間生存のための戦略」『組織科学』Vol. 24, No. 3。
日本貿易振興会（JETRO）編『ジェトロ貿易投資白書』1980～2005年各年版。
21世紀政策研究所編（2001）『中国の国有企業改善とコーポレート・ガバナンス』。
野中郁次郎他（1978）『組織現象の理論と測定』千倉書房。
長谷川信次（1998）『多国籍企業の内部化理論と戦略提携』同文館。
範建亭（2001）「直接投資を通じた技術移転」アジア経済研究所『アジア経済』2001年7月。
一橋大学イノベーション研究センター編（2001）『イノベーション・マネジメント入門』日本経済新聞社。
文載皓（1997）「情報化の進展による企業間関係の変化に関する予備的考察」『商学研究論集』第7号，191-210。
文載皓（2001）「組織間関係の構築における信頼の役割」『経営情報学部論集』第

14巻第1号，23-32。

日立福建のニュースリリース，2002〜2008年。

日向裕弥（2003）「中国の外資導入と日系企業の対中投資」アジア経済研究所。

藤本隆宏他編（1998）『サプライヤー・システム』有斐閣。

藤沢武史（2000）『多国籍企業の市場参入行動』文真堂。

松行彬子（2000）『国際戦略的提携』中央経済社。

真鍋誠司（2002）「企業間協調における信頼とパワーの効果──日本自動車産業の事例」『組織科学』Vol. 36, No. 1。

真鍋誠司・延岡健太郎（2002）「ネットワーク信頼の構築──トヨタ自動車の組織間学習システム」『一橋ビジネスレビュー』第50巻第3号，184-193。

丸屋豊二朗（2001）「日本企業の中国進出の現状と課題」『岐阜県製造業のアジア諸国におけるグローバル展開の将来像』（財）岐阜県産業経済振興センター。

水尾順一・田中宏司編著（2004）『CSRマネジメント──ステークホルダーとの共生企業の社会的責任』生産性出版。

水尾順一（2004）「戦略的CSRマネジメントと企業倫理」『日経CSRプロジェクト』日本経済新聞社広告局。

水村典弘（2001）「利害関係者をめぐる経営学的研究の推移」『日本経営学会誌』第7号。

宮坂純一（1999）『ビジネス倫理学の展開』晃洋書房。

宮坂純一（2000）『ステークホルダー・マネジメント』晃洋書房。

村松司叙（1991）『国際合弁戦略』中央経済社。

森本三男（1994）『企業社会責任の経営学的研究』白桃書房。

森本三男（2004）「企業社会責任の論拠とステークホルダー・アプローチ」『創価経営論集』No. 28。

森田保男（1999）『企業と国際経営』同文館。

森岡孝文（2003）『戦略的連携におけるネットワーク視点からの研究課題──Gulati（1998）の問題提起』早稲田大学IT戦略研究ワーキングペーパーシリ

ーズ　No. 3。

茂垣広志（1994）「グローバル戦略と調整メカニズム」『横浜経営研究』Vol. 14, No. 4。

茂垣広志（2001）『グローバル戦略経営』学文社。

茂垣広志・根本孝他（2004）『グローカル経営』同文館出版。

諸上茂登・杉田俊明編（1999）『アジアからの輸入と調達』同文館出版株式会社。

安田雪（1996）『日米市場のネットワーク分析』木鐸社。

安田雪（1997）『ネットワーク分析――何が行為を決定するか』新曜社。

安田雪（2001）『実践ネットワーク分析――関係を解く理論と技法』新曜社。

安室憲一（1999）『地球環境時代の国際経営』白桃書房。

安室憲一（2003）『中国企業の競争力』日本経済新聞社。

安室憲一・他編著（1997）『現場イズムの海外経営』白桃書房。

安室憲一・（財）関西生産性本部・日中経済貿易センター・連合大阪編（1999）『中国の労使関係と現地経営』白桃書房。

谷地弘安（1999）『中国市場参入――新興市場における生販並行展開』千倉書房。

谷地弘安（1999）「市場志向 JV への期待とオペレーション問題」,『横浜経営研究』Vol. 55, No. 1。

柳田純子（2003）「日中合弁企業における現地中間管理職人材の育成」『東京情報大学研究論集』Vol. 6, No. 2。

山岸俊男（1998）『信頼の構造』東京大学出版社。

山岸俊男（1999）『安心社会から信頼社会へ』中央公論新社。

矢作恒雄・青井倫一・嶋口充輝・和田充夫（1996）『インタラクティブマネジメント――関係性重視の経営』ダイヤモンド社。

山倉健嗣（1977）「組織間関係の分析枠組」『組織科学』Vol. 11, No. 3。

山倉健嗣（1989）「組織間マネジメント」『続・現代経営学ガイド』日本経済新聞社。

山倉健嗣（1993）『組織間関係―企業間ネットワークの変革に向けて』有斐閣。

参考文献

山倉健嗣（1997）「企業組織をめぐる倫理・パワー・ステイクホルダーに関する一考察」『組織科学』Vol. 31, No. 2。

山倉健嗣（1999）「経営戦略と組織間関係論」『横浜国際開発研究』Vol. 4, No. 3。

山倉健嗣（2001）「アライアンス論・アウトソーシング論の現在」『組織科学』Vol. 35, No. 1。

山倉健嗣（2002）「第1章　企業と社会」稲葉元吉編『社会の中の企業』八千代出版。

山田英夫（1997）『デファクト・スタンダード——市場を制覇する規格戦略』日本経済新聞社。

山澤逸平・今井健一編（2001）『中国のWTO加盟——グローバル・エコノミーとの共生を目指して』アジア経済研究所。

兪成華（2003）『日本国有企業の民営化プロセス——組織革新の政治的視点』横浜国立大学大学院国際社会科学研究科修士学位論文。

兪成華（2005a）「日中ジョイントベンチャーとステークホルダー・マネジメント——福建富士通通信軟件有限公司の事例を中心」『横浜国際社会科学研究』第9巻第6号。

兪成華（2005b）「東南（福建）汽車工業有限公司の成長・発展プロセスにおける経営戦略とステークホルダー・マネジメント」首都大学東京『経営と制度』第3号。

兪成華（2006）『中日ジョイントベンチャーの成長戦略とステークホルダー・マネジメント』横浜国立大学大学院国際社会科学研究科博士学位論文。

兪成華（2010a）「多様な戦略的アライアンスを生かす東風汽車集団の変革」『帝京平成大学紀要』第21巻第2号

兪成華（2010b）「中国市場における日系家電企業の販売戦略に関する一考察——日立数字映像（中国）有限公司の事例を中心に」国際ビジネス研究学会『国際ビジネス研究』第2巻第2号。

余永定（2002）「日中経済協力のあるべき姿とは」『日中関係』。

横山恵子（2003）『企業の社会戦略とNPO——社会的価値創造にむけての協働型パートナーシップ』白桃書房。

吉原英樹（1984）『中型企業の海外進出——6社の成功例にみる』東洋経済新報社。

吉原英樹（2003）『新版　国際経営』有斐閣。

吉原英樹・林吉郎・安室憲一（1988）『日本企業のグローバル経営』東洋経済新報社。

若林直樹（2002）『社会ネットワークと企業の信頼性——「埋め込み」アプローチの経済社会学的分析』日本社会学会　第75回年次大会。

和田正春（1997a）「リレーションシップ・アプローチの変遷と新展開(1)」新たなビジネスにおける「関係性」の意味と役割の解明」『東北学院大学論集』第135号。

和田正春（1997b）「リレーションシップ・アプローチの変遷と新展開(2)」『東北学院大学論集』第136号。

和田充夫（1998）『関係性マーケティングの構図』有斐閣。

和田充夫他著（1996）『マーケティング戦略』有斐閣アルマ。

SCM研究会（1998）『サプライチェーン・マネジメントがわかる本』日本能率協会マネジメントセンター。

参考文献

参考ホームページ

事例：福建富士通

福建富士通信息軟件有限公司（http://www.ffcs.cn）。

福建軟件国際合作聯盟（http://www.seufj.org.cn）。

福建省情報産業庁（http://www.fjit.gov.cn）。

福建省対外貿易経済合作庁（http://www.fiet.gov.cn）。

福建省電信公司（http://www.fjtelecom.com）。

福建日報（http://fjrb.fjsen.com）。

福州日報（http://mag.fznews.com.cn）。

富士通株式会社（http://www.fujitsu.co.jp）。

富士通（中国）有限公司（http://www.fujitsu.com）。

清華大学（http://www.tsinghua.edu.cn）。

通信信息報（http://txxxb.com）。

中華工商時報（http://cbt.com.cn）。

事例：東南汽車

東南（福建）汽車工業有限公司（http://www.soueast-motor.com）。

福建省汽車工業集団有限公司（http://www.fjmotor.com.cn）。

中華汽車有限公司（http://www.china-motor.com）。

三菱自動車工業（株）（http://www.mitsubishi-motors.co.jp）。

中国汽車工業協会（http://www.caam.org.cn）。

汽車週刊（http://bitauto.com）。

事例：日立福建

日立（福建）数字媒体有限公司（http://www.hitachi-dm.cn）。

日立製作所（株）（http://www.hitachi.co.jp）。

日立（中国）有限公司（http://www.hitachi.com.cn）。

243

北京鴻合科技有限公司（http://www.honghe-tech.com）。

国美電器（http://www.gome.com.cn）。

中国投影网（http://www.ty360.com.cn）。

福州市経済技術開発区（http://www.fdz.com.cn）。

福州市晋安区（http://jinan-fz-fj.gov.cn）。

中国計算機業界協会（http://www.chinaccia.org.cn）。

福建飛騰人力資源有限公司（http://42377.szpxe.com）。

東南快報（http://dnkb.com.cn）。

中国電子報（http://epaper.cena.cn）。

中国経営報（http://cb.com.cn）。

あとがき

　本書を執筆するにあたり，多くの方々からご協力・ご支援をいただいた。ここに記して感謝の意を捧げたい。
　何よりもまず，大学院時代から，いろいろとご教示をいただいている横浜国立大学教授山倉健嗣先生に心から感謝を申し上げたい。先生には段階的に進捗状況をきめ細かくチェックしていただき，そのたびに私の思考を刺激する数多くの有益なコメントをいただいた。本研究に取り組むことを薦めていただいたのも，山倉健嗣先生である。私の研究指導のために大変貴重な時間を割いていただき，学問をする大切さ，学びの謙虚さを教えていただいた。先生からいただいた無形の財産と誇りを持って，社会への第一歩を踏み出すことができた。感謝をあらわす言葉がみつからない。
　本研究において，茂垣広志教授（故人），曺斗燮教授，谷地弘安教授，ヘラー・ダニエル准教授，青木洋教授，森田洋教授からも，多くの貴重かつ適切なご意見・コメントをいただき，温かく見守ってくださった。厚く御礼を申し上げる。
　また，東京都立大学（現・首都大学東京）の学部時代から，今日に至るまで変わらぬご指導をいただき，常にサポートをいただいているのは，首都大学東京教授桑田耕太郎先生である。経営学，とりわけ近代組織論に関する古典のみではなく，実践の中での組織活動に基づいた理論構築の重要性を常に教えていただき，研究者の道を進むきっかけを与えてく

だささった。今日までの先生からの変わらぬご鞭達ご支援への感謝の意は言葉では尽くし難い。

　一方，横浜国立大学大学院における先輩・同僚との交流からは，多くの知的な刺激を受けてきた。特に流通経済大学梅木眞准教授，東京経営短期大学仁平晶文准教授，横浜国立大学成長戦略センター溝部陽司研究員，岐阜経済大学大野貴司准教授からは，本書に対して様々なアドバイスやアイデアをいただいている。心から感謝したい。

　さらに組織学会，国際ビジネス研究学会の諸先生からも，学会報告に際して多数の有益な教示をいただいた。ここでは特に，福井県立大学唱新教授，慶応義塾大学浅川和宏教授，京都大学椙山泰生教授，法政大学洞口治夫教授，横浜市立大学森本三男名誉教授，明治大学大石芳裕教授，首都大学東京森本博行教授，中京大学銭佑錫教授，学習院大学河野豊弘名誉教授，法政大学李瑞雪教授，神戸大学黄磷教授，成城大学境新一教授，駒沢大学中村公一教授に厚く感謝の意を表したい。

　1997年から2004年までは，幸いにも財団法人小原白梅育英基金，2005年から2007までは，JT（日本たばこ産業）アジア奨学金をいただくことができことにも，触れておかねばならない。温かいご支援の中で安定した生活を可能とし，本研究に専念することができたことは，筆者にとって大きな助けとなった。奨学金の関係者と学校の先生方々に厚く御礼申し上げたい。

　私の前職場である帝京平成大学現代ライフ学部レジャービジネス学科長小浪博英教授をはじめ，橋本善太郎教授，太田和男教授，丸山洋典教授，鈴木泰夫教授，宮越雅明教授，林孝二郎教授，浮田千枝子教授，江川由布子准教授，狩野朋子助教にも感謝申し上げたい。私の研究活動に対して，3年間常に温かく見守っていただいていた。そして，現代ライ

あとがき

フ学部経営マネジメント学科安保哲夫教授は，私を日本多国籍企業研究グループのメンバーとして受け入れてくださり，アフリカ調査研究に参加するチャンスを与えてくださった。本書出版のきっかけと出版助成金の獲得にもご尽力いただいた。感謝にたえない。また，日本多国籍企業研究グループの武蔵大学板垣博教授，法政大学公文溥教授，帝京大学短期大学宮地利彦教授，静岡産業大学山﨑克雄教授，明治大学郝燕書教授，帝京大学郭四志教授，立正大学苑志佳教授，中京大学銭佑錫教授，立命館大学シュルンツェ・ロルフディーター教授，東京大学ものづくり経営研究センター糸久正人特任助教，横澤公道特任助教に心より感謝したい。さらに東京都立大学（現・首都大学東京）二村敏子名誉教授からは帝京平成大学で2年間の教育に関する温かいご指導・ご支援をいただいた。心より感謝申し上げたい。

　実務家の方々からも多くのご協力・ご支援をいただいた。特に福建富士通信息軟件有限公司，日立数字映像（中国）有限公司，東南（福建）汽車工業有限公司，福建ソフトパーク，福州市経済技術開発区の方々には私の調査に貴重な時間を割いていただいた。一人一人のお名前を挙げることはできないが，改めて深く感謝したい。

　本書の出版に際しては，財団法人関科学技術振興記念財団に御礼申し上げたい。同財団の出版助成を受けることによって，昨今の厳しい出版事情にもかかわらず，順調に出版できるようになった。深く感謝の気持ちを表したい。なお，本書の出版を快く引き受けてくださり，入念な編集と校正で大変お世話になった，ミネルヴァ書房の堀川健太郎氏に厚くお礼を申し上げる。

　最後に，私事で恐縮だが，このような留学のチャンスを与え，留学生活を支えてくれた両親をはじめ，私の大きな精神的支えとなっている妻

と 2 人の娘にも感謝を捧げたい。

2012 年 11 月 22 日

愈　成華

索　引

あ 行

ISO 認証　131
IT 人材　126, 194
アウトソーシング　134
アジア通貨危機　10, 25
アナログ放送　164
アフター・サービス　38, 172, 189, 191
アライアンス（提携）　51
意思決定　74, 215
以市場換技術　23, 44
依存関係　82
一国二制度　27
一点集中主義　171
インセンティブ　207, 213
　　――制度　63
インタビュー調査　107, 111
インフラ整備　114, 145, 197
WIN-WIN 関係　78
薄型テレビ　186
売掛金　172
　　――の回収　41, 49
営業企画部　169
営業マン　171, 172
M ＆ A（買収）　35, 45
沿海開放地域　22
沿海地域経済発展戦略　15, 19
欧米市場　130
OJT（On the Job Training）　62, 123
オープン・システム　81

か 行

海外市場　34, 90, 154, 188, 190
海外マーケティング活動　189
海外輸出　109, 142
外国企業による直接投資　17
外資政策　67, 187
外資導入政策　14
外資認可基準　23
開発研究能力　193
価格競争　28, 48, 138, 179
科学政策　20
科教興国　174, 176
華僑の郷　138
加工貿易　34
傘型企業　30
価値連鎖　84, 191
家電産業　108
家電量販店　173
華南地区　19
環境問題　99
関係
　　――構築　5, 92, 183, 197
　　――の強弱　87
　　――の継続性　101
間接的関係　72, 213
広東国際信託投資公司　25, 26
機会主義　103
基幹産業　30, 143
企業
　　――管理　47
　　――市民　97
　　――所得税　167
　　――戦略　76
　　――統治　69
　　――の社会的責任　72, 78
技術
　　――移転　43, 58, 60, 65, 124, 144
　　――開発　153
　　――革新　200
　　――協力　166
　　――支援体制　125

──指導研修 89
──政策 19, 20
──先駆者 166
──ソリューション 120, 125
──提供 185
──導入 2, 151
──ライセンス 155
──力のキャッチ・アップ 19, 189
規制緩和 32, 67, 98, 215
共生・協調関係 74
行政指導 202
競争-協力関係 84, 207
競争原理 190
競争戦略論 75
競争優位 46, 105, 212
──の源泉 195
共存共栄 104, 146
協調関係 187, 192
協調性 55
協調戦略 95, 196
共同開発 87, 194, 199
共同受注 133
共同出資 139
業務内容 157
協力可能性 iii, 80, 94
協力関係 92, 98, 147, 206
局用交換機 115
巨大市場 i, 1, 33, 41
口コミ 173
グローバル化 53, 90, 153, 154, 188
訓練課程 126
経営管理 201
──自主権 12
経営資源 54, 107, 212
経営戦略 5, 91, 107, 195
景気刺激策 22
経済改革・対外開放 1, 7
経済技術開発区 14
経済制裁 16
経済全方位開放政策 24, 27
経済的効率性 77

経済特区 13
形成期 88, 184
形成動機 52
系列部品メーカー 38
研究開発（R＆D） 38, 117, 119
──型 210
──センター 34, 43, 44, 146, 216
研究能力 153
研修派遣 123
現地化 61, 65
現地調達率 89
現場管理 59
コア競争力 153
工会 68
──機能 68
交換 97, 100
合作企業 64
工場長責任制 12
江沢民政権 27
郷鎮企業 11
合弁企業 20, 28, 29, 55, 64, 114, 211
広報部門 112
胡-温体制 31
顧客価値 126
顧客満足度 160, 178
国際競争力 206
国際市場 189
国際的合作 152
国際的ジョイントベンチャー 52
国際的な競争力 155
国際的な分業関係 45
国際ブランド 156
国際分業 35
国産率 143
国内総生産 9
国内販売型 210
国務院 11
国有企業 66
──改革 12
国家プロジェクト 139
胡耀邦総書記 16

鼓励競争　11
混合生産　148

　　　　さ　行

サービス　181
　　──精神　178
　　──デポ　172
　　──マニュアル　177
　　──理念　135
財政的特性　56
サプライヤー　46, 185
　　──企業　191
　　──チェーン　192
　　──・ネットワーク　207
産，官，学の連携　127
三種の神器　21
三大自動車集団　137
三中全会　10
CMM 標準　128
JIT システム　148
自家用設備免税輸入制度　25
資源依存関係　95
資源依存パースペクティブ　4, 81
資源共有　133
資源交換　204
資源重要性　80, 94
自主研究開発　124, 154
自主ソフトウェア開発　120
市場シェア　141, 160, 179
市場志向　168
市場製品セグメント　33
市場戦略　217
市場ニーズ　49
システム・インテグレーション　116
システムエンジニア（SE）　129
システム設計人材　128
持続的成長　75
持続的な競争優位　180
自動車産業　33
　　──振興　144
自動車政策　143

自動車生産基地　135
自動車生産届け　144
自前主義　193
社会主義市場経済　27, 68, 137
社内人材育成　109
収（引き締め）　16
重症急性呼吸器症候群（SARS）　42
珠江デルタ　14, 40
出資比率　57, 66, 164, 184, 215
焦点組織　105
消費意識　190
消費者団体　99
情報　181
　　──共有　101, 147
　　──センター　192
所得水準　33
所得税　13
ジョブ・ローテーション　62
白黒テレビ　162
新工場建設　144
人材　128
　　──育成　62, 89, 125, 188, 193, 216
　　──の獲得・定着　217
　　──流動率　129
新三種の神器　21
新自動車政策　152
新商品企画・開発　216
人本主義　61
人脈形成　120
信頼　99, 123, 203
　　──関係　102, 205
　　──の創出　101
ステークホルダー　3, 70
　　──・マップ　86
　　──・マネジメント　73, 183, 200, 209
　　──分析　73
　　──理論　4, 73, 79
清華大学　126
生産許認可　197
生産責任制　11
生産輸出型　26, 210

251

政治的な優位性　55
税制優遇政策　167, 189
製造コスト　192
製造販売拠点　40
製造販売併重型　42
製品多角化　186
製品単一性　129
製品販路　89
製品持ち帰り　48
製品ライフサイクル　53
政府　85
　——機関　119
　——規制　66
　——系企業　188
西部大開発政策　28
税優遇政策　197
世界の工場　1, 31, 214
世界の市場　214
先行者優位　53
全国人民代表大会　22
先進技術型外資企業　15
全米自動車労働組合　57
全方位発展戦略　19
全面建設小康社会　32
戦略
　——提携　204
　——的特性　56, 82
　——転換　86
　——プログラム　76
操業的な制約　106
相互依存　203
総合的な能力　205
相互作用　103, 204
増資　180
　——増産　109
走出去（海外進出）戦略　34, 46
総代理商　170
増値税　28
組織
　——学習　57, 180
　——価値　77

　——間関係論　4
　——間協働　54
　——的特性　54, 56
ソフトウェア産業　128, 134
ソフト技術　115

た 行

ダイアド関係　212
第1次5カ年計画期　18
対外開放　13
対外借款　18
大画面テレビ　163, 180
対中円借款　17
対中経済制裁　40
対中直接投資　4, 7
対面形式　113
多国籍企業　30, 60
董事長　69
WTO　29, 30
地域コミュニティー　78
地財　216
知識移転　60
知識型企業　161
知的財産権　42
中央政治局常務委員　24
中華人民共和国外資企業法　15
中華人民共和国中外合資経営企業法　13
中規模自動車メーカー　156
中国市場　41, 42
中国自動車産業　44, 151
中国消費者　194, 215
中国進出ラッシュ　40
中国社会主義市場経済　9, 24
中国ブーム　7, 21, 39
中心的ポジション　105, 205, 211
長期的な存続　203
長江デルタ　14, 25
趙紫陽総書記　16
直接投資　43
デジタル放送　164
天安門事件　16, 22

索　引

電信通信分野　114
鄧小平　23
　　──理論　31
統制行動　67
東南汽車生産基地　146
独資企業　13, 29, 64
特定ステークホルダー　201
特約販売契約　174
土地改革　11
共進化　201
取引
　　──機会　214
　　──コスト　102
　　──代金回収　198

な 行

内販型投資　35
南巡講話　2, 23
日中ジョイントベンチャー　2, 7, 39, 44, 49, 51
日本語教育　177
日本市場　134
日本人技術者　122, 194
日本的経営　45, 217
日本的生産管理方式　57, 149
二免三減　167
値下げ競争　163
ネットワーク　80
　　──構築　120
　　──中心性　80
年功序列制度　63
納車期間　149
農村市場　33

は 行

パートナー選択　53
ハイエンド製品　180
媒介性　105
ハイテク分野　111, 166
ハイブリッド経済　9
発展戦略計画　156

販売　38
　　──経験　186
　　──促進活動　170
　　──体制　155, 170, 216
　　──チャネル構築　198
　　──提携　34, 90, 160, 198
　　──ネットワーク　91, 109, 142, 148, 161, 169, 181
PSI 計画　169
PDP 元年　160
PTV 市場　163
フェース・ツウ・フェース　104
福州市経済技術開発区　157, 167
ブラウン管テレビ　186
放（緩和）　16
包括提携　36
放権譲利　11
補完的経営資源　55
保護政策　153
ホワイトカラー　63
本位主義　168

ま 行

マーケティング　47, 168, 191
　　──資源　171
　　──力　181
マージン率　150
マネジメント能力　82
見える化　147
民族自動車産業　135
民族ブランド　44
閩南（厦門・漳州・泉州）デルタ　14
毛沢東思想　31

や 行

優遇政策　98, 166
輸出型外資企業　15, 119
輸出計画　155
輸入関税　32
4つの近代化　20

253

ら　行

来料加工　26, 48
利害関係性　71, 106
利改税　12
リサーチデザイン　107
ロイヤリティ　149

労使関係　68
労働組合　85
労働紛争　70
ローエンド製品　48
ローカルコンテンツ　65
ローカル・ネットワーク　147
ロビー活動　96, 199

《著者紹介》

俞　成華（YU CHENGHUA）
　1971年　中国福建省生まれ。
　1995年　4月来日。
　2001年　東京都立大学経済学部卒業。
　2006年　横浜国立大学大学院国際社会科学研究科博士課程修了，博士（経営学）。
　現　在　横浜国立大学成長戦略研究センター研究員。
　主　著　「東南（福建）汽車工業有限公司の成長プロセスにおける経営戦略とステークホルダー・マネジメント」東京都立大学大学院社会科学研究科経営学専攻学術後援会『経営と制度』第3号，2005年。
　　　　　「多様な戦略的アライアンスを生かす東風汽車集団の変革」帝京平成大学『帝京平成大学紀要』第21巻第2号，2010年3月。
　　　　　「中国市場における日系家電企業の販売戦略に関する一考察——日立数字映像（中国）有限公司の事例を中心に」国際ビジネス研究学会『国際ビジネス研究』第2巻第2号，2010年9月ほか。

MINERVA 現代経営学叢書㊼
日中合弁企業のマネジメント
——技術・資金・人的資源——

2013年4月20日　初版第1刷発行	〈検印省略〉
	定価はカバーに表示しています

著　者　　俞　　　成　華
発 行 者　　杉　田　啓　三
印 刷 者　　林　　初　彦

発 行 所　　株式会社　ミネルヴァ書房
　　　　　607-8494 京都市山科区日ノ岡堤谷町1
　　　　　電話代表　（075）581-5191
　　　　　振替口座　01020-0-8076

© 俞成華，2013　　　　　　　太洋社・新生製本

ISBN 978-4-623-06431-1
Printed in Japan

日本石油・ガス企業の国際競争戦略	安保哲夫編著	四六判二二八頁　本体二八〇〇円
日米関係の構図	安保哲夫・柴垣和夫・河合正弘編著	四六判三五六頁　本体三三〇〇円
中国における日・韓・台企業の経営比較	板垣博編著	Ａ５判二六五頁　本体六〇〇二円
日本的経営・生産システムと東アジア	板垣博編著	Ａ５判四三二頁　本体四〇〇〇円
日本型経営・生産システムとEU	安保哲夫・公文溥編著	Ａ５判四〇八頁　本体三八〇〇円

―― ミネルヴァ書房 ――
http://www.minervashobo.co.jp/